POLUIÇÃO MARÍTIMA
POR HIDROCARBONETOS
E
RESPONSABILIDADE CIVIL

CARLOS DE OLIVEIRA COELHO
Membro Convidado do Centro de Direito Marítimo e dos Transportes
Advogado

POLUIÇÃO MARÍTIMA POR HIDROCARBONETOS E RESPONSABILIDADE CIVIL

(em torno da Convenção Internacional sobre a responsabilidade civil
pelos prejuízos devidos à poluição por hidrocarbonetos de 29 de Novembro de 1969
revista pelo Protocolo de Londres de 27 de Novembro de 1992)

ALMEDINA

POLUIÇÃO MARÍTIMA POR HIDROCARBONETOS
E
RESPONSABILIDADE CIVIL

AUTOR
CARLOS DE OLIVEIRA COELHO

EDITOR
EDIÇÕES ALMEDINA, SA
Avenida Fernão de Magalhães, n.º 584, 5.º Andar
3000-174 Coimbra
Tel.: 239 851 904
Fax: 239 851 901
www.almedina.net
editora@almedina.net

PRÉ-IMPRESSÃO • IMPRESSÃO • ACABAMENTO
G.C. – GRÁFICA DE COIMBRA, LDA.
Palheira – Assafarge
3001-453 Coimbra
producao@graficadecoimbra.pt

Julho, 2007

DEPÓSITO LEGAL
261793/07

Os dados e as opiniões inseridos na presente publicação
são da exclusiva responsabilidade do(s) seu(s) autor(es).

Toda a reprodução desta obra, por fotocópia ou outro qualquer processo,
sem prévia autorização escrita do Editor,
é ilícita e passível de procedimento judicial contra o infractor.

À Sagrada memória dos meus pais

À minha irmã

Um conhecimento de bordo tem tanta individualidade
E uma assinatura de um comandante de navio é tão bela e moderna
Rigor comercial do princípio e fim das cartas:
Dear Sirs – Messieurs – Amigos e Srs.,
Yours faithfullly – ... nos salutations empressés ...
Tudo isto não é só humano e limpo, mas também belo,
E tem ao fim um destino marítimo, um vapor onde embarquem
As mercadorias de que as cartas e as facturas tratam

FERNANDO PESSOA

Ode Marítima

AGRADECIMENTOS

Não teria conseguido levar a bom termo este trabalho e menos ainda com a configuração que apresenta sem as contribuições de várias pessoas. Não me é possível indicar todas. Contudo, constituiria grave negligência e ingratidão deixar de referir e agradecer algumas cuja intervenção na feitura e apresentação deste trabalho foram determinantes.

Antes de mais, devo mencionar o Senhor Professor Doutor Manuel Januário da Costa Gomes, Professor de Direito Marítimo na Faculdade de Direito de Lisboa, a partir do ano lectivo de 2001/02. Com efeito, ao ser informado do meu, nessa ocasião, ainda mero projecto, o Ilustre Maritimista desde logo me encorajou a prosseguir, atitude que aliás, sempre se manteve ao longo da elaboração deste trabalho e concretizada através de importantes indicações bibliográficas e de elementos de trabalho. Não fossem as suas palavras, de interesse, de apoio e de incentivo muito amigos, muito em especial em momentos de descrença, com que sempre invariavelmente me estimulou, por certo que o presente estudo não teria sido concluído, não passando ainda de mero e simples esboço. Devo, também, deixar uma menção especial à minha Colega Sr.ª Dr.ª Ema Neves, pelo apoio moral que, constantemente, me prodigalizou, permitindo-me ultrapassar as dúvidas sobre a prossecução deste trabalho, particularmente, em doloroso momento da minha vida. A dívida de gratidão que para com ela tenho não é susceptível de ser paga.

Igualmente não posso deixar de referir a interessada atenção da parte do Sr. Dr. Cecílio Pereira, do Instituto de Seguros de Portugal, relativamente a este trabalho. Ao mesmo, de resto, fico a dever importantes elementos bibliográficas, respeitantes às perspectivas seguradoras da temática do dano causado pelo derramamento de hidrocarbonetos no mar. Tenho, ainda, igualmente presente o conhecimento que me deu dos projectos de directiva, elaborados pela Comissão Europeia, após os casos envolvendo, respectivamente, os navios *Erica* e *Prestige*. Infelizmente, estes últimos elementos, cuja tomada em atenção só reforçaria as conclusões aqui sustentadas, já não puderam ser levados inteiramente em consideração, dado o estado de avanço da preparação do presente estudo. Em todo em caso, já foi, embora sumariamente, examinada a temática dos *portos de refúgio*.

Assinalável compreensão recebi dos meus colegas de escritório, particularmente da Sr.ª Dr.ª Maria José Travelho que, generosamente, aceitou que não poucas tarefas do escritório fossem subalternizadas em função das necessidades de conclusão das primeiras versões deste estudo. Devo à Sr.ª D. Helena Maria Aniceto a composição, em processador de texto, da primeira versão completa do presente trabalho, no decorrer de penosas e demoradas etapas diárias que um verão tórrido e inclemente tornou ainda mais desconfortáveis e incómodas.

Lisboa, Dezembro de 2006.

CAPÍTULO I
Introdução

1. A 13 de Novembro de 2002, o navio-tanque *Prestige* afundou-se ao largo das costas da Galiza. Nos dias que se seguiram, o crude que o mesmo transportava libertou-se das cisternas do navio e, após ter-se derramado nas águas do mar, dando à costa, veio a produzir enormes destruições na fauna e flora, marítimas e costeiras. Os danos causados nas actividades piscícolas e turísticas, profundamente afectadas, atingiram proporções tão elevadas que o seu cálculo revelou-se praticamente impossível. No que respeita à gravidade e elevada expressão quantitativa dos danos causados por tais destruições, nada há de novo: idêntico quadro já havia ocorrido, precedentemente, com outros navios tanque. Foi o que sucedeu com o navio *Erica*, agora nas costas francesas, em 12 Dezembro de 1999, ou, a 5 de Janeiro de 1993, com o *Braer*, que poluiu as costas escocesas no sul das ilhas Shetland. E, remontando, ainda mais no passado, poderiam recordar-se, entre outros incidentes do mesmo género susceptíveis de serem recordados, o do *Amoco Cadiz*, ocorrido a 16 de Março de 1978, para não mencionar já o do *Torrey Canyon*, em 18 de Março de 1967: em ambos os casos, o litoral inglês foi gravemente danificado.

Embora de consequências muito menos graves, mesmo as costas portuguesas alentejanas podiam recordar os incidentes ocorridos, respectivamente, com os navios tanque *Nisa* (26 de Maio de 1987) e *Marão* (14 de Julho de 1989). Do primeiro caso reportoriado, veio a resultar o derramamento de 900 toneladas de *crude arabian light*. Do segundo resultou o derrame de 5000 toneladas de *crude iranian heavy* que poluíram a costa alentejana. Para além destes incidentes, quase todos os dias as costas marítimas são objecto de poluições causadas pelas águas provenientes da lavagem dos tanques dos petroleiros no alto mar. As mesmas, levadas por ventos e correntes, acabam por atingir as costas dos vários Estados costeiros, designadamente dos que se encontram nas rotas dos petroleiros, poluindo-as. Era natural, à data em que o acidente do *Torrey Canion* ocorreu, que, perante estes acidentes, para as quais as várias legislações nacionais não se encontravam preparadas, tivessem surgido reacções do mundo do direito. No que concerne à área da responsabilidade, a resposta veio a surgir com a Convenção internacional de Bruxelas de direito privado sobre a responsabilidade pelos prejuízos devidos à poluição por hidrocarbonetos de 29 de Novembro de 1969, que no presente trabalho terá papel central. Com efeito, trata-se de texto – aqui designado por CLC/69 *(Civil Liability Convention),* por Convenção de Bruxelas ou por Convenção de 1969[1] – que contém a disciplina de relevantes aspectos relativos à responsabilidade civil dos transportadores marítimos de hidrocarbonetos.

Trata-se de uma convenção internacional de direito uniforme destinada a unificar o regime de indemnização da responsabilidade civil pelos causados pelo derramamento no mar de hidrocarbonetos. Embora, no decurso dos debates, não tenha sido esquecida a temática ambiental e respectivas preocupações, a verdade é que estas encontram-se em segundo plano no texto de 1969; no de 1992, as coisas, substancialmente, não são diferentes. A tardia consciência dos perigos criados ou, pelo menos, potenciados pelo transporte deste tipo de mercadoria, afinal de contas, significa que a percepção dos danos causados pela poluição não foi decisiva no emergir das preocupações do legislador internacional a este respeito. De facto, o que, em primeiro lugar, suscitou a preocupação do mundo do *shipping,* foi a dimensão dos danos a indemnizar e respectivos reflexos nos fretes marítimos, por influência do seguro marítimo, a isto acrescendo a influência dos *media.*

Em parte substancial à acção conjunta destes dois factores[2] deve atribuir-se a percepção da necessidade de, através de uma convenção de direito uniforme, regulamentar as mais importantes facetas destas ques-

---

[1] Portugal veio a aderir a esta Convenção Internacional através do Decreto n.º 694/76, de 21 de Setembro. Cfr. texto em MANUEL JANUÁRIO DA COSTA GOMES, *Leis Marítimas,* Coimbra, 2004, págs. 813 e segts.

[2] De facto, se a dimensão quantitativa tivesse sido a decisiva, regulamentações como a da CLC 1969 teriam emergido, na ocasião do sinistro, com o navio «Grandcamp», no porto de "Texas City", cujos danos foram cinco vezes superiores aos resultantes com o incidente do «Torrey Canon». Cfr., a este respeito, PIERRE BONASSIES, *La Loi du Pavillon et les Conflits de Droit Maritime,* "Recueil des Cours", Vol. 128, pág. 622.

Introdução 11

tões, nomeadamente a ressarcitória. Negociada em Novembro de 1969, sob os auspícios da CMI e da OMI (ao tempo designada por IMCO) uma convenção de direito uniforme, a Convenção de Bruxelas de 1969, objecto de importantes alterações, através do Protocolo de Londres de 1992, veio disciplinar alguns dos aspectos centrais da temática da responsabilidade civil resultante da poluição marítima causada pelo derramamento de hidrocarbonetos no mar[3], por navios ou a partir dos mesmos e, muito em particular, a conexa com a respectiva dimensão indemnizatória[4].

2. Por ser assim, a faceta que, em toda esta matéria, mais sobressaía, continuava a ser a da maneira de reforçar a capacidade indemnizatória, considerando a elevada expressão quantitativa dos danos a ter em atenção e as diminutas possibilidades materiais do autor, ou autores materiais, designadamente a tripulação colectivamente considerada ou os seus membros, individualmente tomados. A associação, desde então nunca mais desfeita, entre um difícil problema jurídico-marítimo e as sempre inevitáveis dimensões dos danos causados e do elevado número de lesados, por si só, coloca, no campo do direito, difíceis questões. Na verdade, as precedentes reflexões implicam a passagem ao primeiro plano do imperativo de equacionar a probabilidade da *grande catástrofe* ou, numa expressão já

---

[3] Por *mar* não deve entender-se, tão só, os espaços oceânicos. Na verdade, na convenção de Bruxelas (cfr. supra nota 1), ao indicar-se o seu âmbito de aplicação espacial, fala-se em «território», o que denota a sua aplicabilidade a incidentes decorrentes de poluições verificadas em águas internas. Será o caso, v.g., dos grandes estuários e, até mesmo, dos espaços lacustres com comunicação para espaços marítimos abertos. Neste sentido, cfr. René Rodière, *Traité Géneral de Droit Maritime, Introduction, L'Armement,* Paris, 1976, pág. 660. Este, igualmente, foi o critério aplicado no caso do navio russo «Victorya». No mesmo, esse navio carregava crude num porto do Rio Volga em que as marés já não se fazem sentir (o sinistro ocorreu a cerca de 1.500 km do Mar Cáspio e do Mar de Azov). No entanto, a Assembleia Executiva do IOPCF, a partir do facto do partir do «Victorya» ser um navio no sentido definido na CLC (Texto de Londres) e não obstante a aplicação da CNUDM de 1982 excluir a navegação interna do seu âmbito, aceitou a aplicação ao caso da CLC/92; cfr. relatório anual de 2003 do IOCPF, Londres, 2004, págs. 119 e segts., *passim* e, em particular para a questão da aplicabilidade à situação em causa da CLC/92, cfr. pág. 121.

[4] Não significa isto que a responsabilidade criminal decorrente da poluição marítima seja ignorada. Trata-se, no entanto, de realidade puramente nacional. Veja-se, a este respeito, a sentença do Tribunal Judicial da Figueira da Foz de 10 de Abril de 1996 (navio «Puertollano») in http://www.diramb.gov.pt.

12 Poluição Marítima por Hidrocarbonetos e Responsabilidade Civil

consagrada doutrinariamente, do *dano catastrófico*[5], ser objecto, e em que termos, de dada disciplina jurídica. Igualmente, justificam o interesse de examinar a susceptibilidade da existência, neste sector, de regras sobre responsabilidade civil, em particular da extra-contratual, e, bem assim, sobre a reparação dos danos, postulada por esse denominado *dano catastrófico*.

O que acaba de ser referido conferiu à CLC/69 um papel central como texto que, embora concebido para lhes fazer face, procedia a partir duma perspectiva de dano de montante elevado, mas não de *dano catastrófico*. Assim, embora não pensado para esta última situação, era susceptível de lidar com ela. A meu ver, isso deve-se à adopção do instituto da responsabilidade civil como resposta para as mesmas. Ao longo dos anos, o seu papel foi reforçado. Os vários incidentes ocorridos com petroleiros permitiram o reconhecimento de que, com os mesmos, faz-se frente a uma dupla realidade. Por um lado, dada a extensão dos danos causados (tanto no sentido da sua extensão geográfica, como na gravidade das situações em causa) mostrou a insuficiência dos mecanismos ressarcitórios então colocados ao alcance dos lesados, para conduzir à reparação razoável das situações ocorridas carecidas de indemnização. Por outro lado, relativamente aos danos ocorridos, tornou mais patente que entre os mesmos não se encontravam, tão só, danos caracterizados por uma natureza puramente individual. Ao contrário, tais danos atingiam bens que, bem vistas as coisas, pertenciam a todos, mesmo dos que, porventura, estivessem bem afastados do local do sinistro. O dano ambiental, em suma, procurava penetrar

---

5 É o caso, v.g., do curso regido na Academia de Direito Internacional em Haia, por TITO BALLARINO e subordinado ao tema *Questions de Droit International Privé et Dommages Catastrophiques,* "Recueil des Cours", Vol. 220, 1990, págs. 229 e segts., *passim.* Sobre o conteúdo e noção deste "dano catastrófico", cfr. as reflexões que o autor consagra a este assunto, págs. 300 e segts., *passim.* A doutrina acabou por vir a reconhecer o interesse de conceptualizar estas situações, reconhecendo a sua especificidade e a necessidade de as colocar em categoria própria, ainda que sob múltiplas designações. Assim, TITO BALLARINO, *Questions de Droit International Prive et dommages catastrophiques, ob. cit.,* págs. 289 e segts., denominou-os de *dommages catastrophiques*; CHRISTIAN VON BAR, *Environmental Damage in Private International Law,* "Recueil des Cours", 268 (1997), págs. 219 e segts., classificou-os como *Environmental Damages* e UPENDRA BAXI, *Mass torts, Multinational Enterprise Liability and Private International Law,* "Recueil des Cours", 276 (1999), págs. 297 e segts., intitulou-os de *Mass Disaters* ou *Mass Torts.* Esta autora, acrescente-se ainda, passa em revista a terminologia mais geralmente utilizada a este respeito, *ob. cit.,* págs. 321 e segts., *passim.*

Introdução 13

no mundo do *shipping*. Contudo, como se verá, permanecia à margem das preocupações prosseguidas, normativamente, pelo direito marítimo. Mais de trinta anos passados após a sua redacção, esse papel foi reforçado. O desastre do *Amoco Cadiz*, com efeito, permitiu o reconhecimento de uma dupla realidade. Por um lado, dada a extensão dos danos causados, tanto no sentido da sua extensão geográfica, como no da gravidade das situações em causa, mostrou a insuficiência dos mecanismos ressarcitórios até então colocados ao alcance dos lesados, para conduzir à reparação razoável das situações ocorridas, carecidas de indemnização[6]. Por outro lado, permitiu equacionar, como questão central, a opção pela *canalização* como aspecto decisivo para, no plano jurídico, proporcionar às vitimas indemnizações pelos danos sofridos. Para além disto, uma outra dimensão deste tipo de acidentes revelou-se. Com efeito, reconhecida a peculiaridade do condicionalismo que rodeia este tipo de eventos, aceite a especificidade do tipo de lesões que causa, admitida a especial natureza do risco presente, apurada enfim a extraordinária, mesmo anormal, dimensão[7] monetária dos danos, haverá que retirar a conclusão de que o fenómeno deixou de revestir natureza puramente nacional. Ao ver-se aqui mais uma manifestação da actividade poluidora, a dimensão jurídica internacional do fenómeno passou a recortar-se de forma mais visível por, como nota um autor, «...a cres-

---

[6] Ao tempo da catástrofe do "Torrey Canyon" encontrava-se em vigor a Convenção sobre os limites da responsabilidade dos proprietários dos navios de alto mar, de 10 de Outubro de 1957 (ratificada por Portugal através do Decreto n.° 48.036, de 14 de Novembro de 1967, introduzida no direito interno português pelo Decreto-lei n.° 49028, juntamente com o Decreto n.° 49.029, ambos de 26 de Maio de 1969; cfr. textos em ALCIDES DE AGUIAR, Miranda Duarte, *Legislação Marítima Anotada*, Coimbra, 1971, II Volume, respectivamente a pás 213 e segts. e a págs., 225 e segts.). Ora, se aplicados, os critérios desta Convenção dariam lugar a uma indemnização, três vezes superior, de US$ 14.240.000. À luz deste contexto, compreende-se que a Inglaterra e a França tenham aceitado um acordo por, somente, USD$ 7.000.000. Cfr., a este respeito, GONIGLE/ZACHER, *Pollution, Politics and International Law*, University of California Press, 1979, pág. 164.

[7] Que a faceta «dimensão» está presente na temática jurídica internacional da regulamentação do ressarcimento dos danos causados, resulta da dificuldade, sentida quando da elaboração do protocolo de 1984, de abandonar o sistema de considerar a responsabilidade do petroleiro poluidor, directamente proporcional à sua tonelagem, pela fixação de um montante mínimo de indemnização. Sobre toda esta questão, tão ligada à questão da responsabilidade dos pequenos petroleiros, cfr. LAURENT LUCCHINI, *Le Procés de L'Amoco Cadiz: Présent et Voies du Futur*, "Annuaire Français de Droit International Public", 1985, págs. 762 e segts. e, para este ponto, pág. 779.

cente globalização dos mercados através das actividades das sociedades multinacionais ou sociedades nacionais associadas levou à crescente internacionalização do direito envolvendo a responsabilidade ambiental»[8]. Tudo o que para cima fica, no campo da poluição marítima, nomeadamente da devida ao derramamento no mar de hidrocarbonetos, igualmente é válido.

Na ocasião do desastre ocorrido com o *Torrey Canyon*, no entanto, o governo inglês de então pediu o auxílio da *Royal Society*[9]. Visivelmente, o incidente era captado como um problema científico e como tal equacionado. Mas esta visão alterara-se na ocasião do incidente – cerca de dez anos mais tarde – com o *Amoco Cadiz* e mais ainda com o do *Exxon Valdez*. As imagens do sofrimento e das mortes de pássaros marinhos e de peixes, envoltos no crude derramado, as fotografias das praias e das rochas envoltas nos óleos derramados a flutuar no mar, levaram «...ao que pode ser, adequadamente descrito como um *corte epistemológico* ao nível das representações dos *media*»[10-11]. Como recentemente foi observado, «Progressivamente os «media» representaram as vozes das populações locais como que proporcionando relatos de confiança juntamente com os peritos científicos»[12]. Ou seja, inicialmente, tratava-se de uma questão de *conservação da natureza*[13] tendo-se tornado, posteriormente, sem perder esses iniciais contornos, numa *matéria jurídica*, a saber a de determinar a quem

---

[8] CHRISTIAN VON BAR, *Environmental Damage in Private International Law*, "Recueil des Cours", *cit.*, págs. 291 e segts. e, para a citação supra no texto, cfr. pág. 303.

[9] HILARY ROSE, *Risk, Trust and Sceptcism in the new ages of the New Genetics*, in "The Risk Society and Beyond", Edit, Barbara Adam, Ulrich Beck and Joost Van Loon, pág. 64, Londres, 2002.

[10] STUART ALLAN, BARBARA ADAM e CYNTHIA CARTER, *The media politics of environment risk*, in "Environmental Risks and the Media", Stuart Allan, Barbara Adam e Cynthia Carter, edt. London, 2000, pág. 3

[11] HILARY ROSE, Risk, *Trust and Sceptcism in the new ages of the New Genetics*, in "The Risk Society and Beyond", *cit.*, pág. 64.

[12] HILARY ROSE, *Risk, Trust and Sceptcism in the new ages of the New Genetics*, *cit.* in "The Risk Society and Beyond", cit. pág. 64.

[13] STUART ALLAN, BARBARA ADAM e CYNTHIA CARTER, *The media politics of environment risk, cit.*, notam que o "...exame crítico dos tipos pertinentes de cobertura de notícias produzidas durante este período indica que os termos preferidos de «conservação» foram, gradualmente, suplantados por conceitos novos ou, pelo menos, agudamente redefinidos por conceitos ecológicos explicitamente associados com o «meio ambiente», pág. 3.

Introdução 15

pertencia a obrigação, emergente de responsabilidade civil extra-contratual, de indemnizar os prejuízos decorrentes do sucedido[14]. Indo, porventura, mais longe neste caminho, dois autores notam que, bem vistas as coisas, a causa do lucro cessante do hoteleiro não é tanto a maré negra, «...mas as informações da imprensa que deram conhecimento da mesma e as reacções das agências de viagem»[15].

A estas duas dimensões, acresceu posteriormente, mas agora tão só no plano sociológico, o facto de toda essa temática, para alguns autores, poder integrar, ainda, algo a ser «...compreendido como integrando a modernidade tardia»[16], temática tão perto da da sociedade de risco. Estas alterações na forma de considerar, tanto o fenómeno da poluição como o das suas consequências, acentuaram a perspectiva que via nestes eventos fonte de danos a ressarcir. Os incidentes de poluição, visionados como desastres de natureza científica (caso do *Torrey Canyon*), ampliados os seus efeitos pela acção dos *media* (caso do *Amoco Cadiz* ou do *Exxon Valdez*), acabaram, enfim, por ser considerados como mais uma ilustração característica das sociedades industriais contemporâneas enquanto sociedades de risco. A verdade é que o aumento da tonelagem dos navios-tanque afectos a este tipo de transporte bem como o alargamento contínuo, desde há decénios, do transporte marítimo desta mercadoria, potenciou o crescimento do número de acidentes, o acréscimo da sua gravidade, o número de lesados e o custo dos danos a reparar. Este circunstancialismo fez acrescer ao enquadramento jurídico deste tipo de eventos uma outra ordem de tematização na qual estes passam a ser encarados como mais uma das manifestações do fenómeno da poluição do meio ambiente causada pelo homem, tudo concorrendo para, aos mesmos, ser atribuída uma nova e, até esse momento, insuspeita dimensão[17]. Na verdade, passa a ser

---

[14] Estratégias de grupos de interesses e normas jornalísticas: Estrutrura nas notícias dos *media* e problemas ambientais, in STUART ALLAN, BARBARA ADAM e CYNTHIA CARTER, *The media politics of environment risk, cit.,* pág. 50, descrevem esta evolução a propósito do caso «Exxon Valdez».

[15] RENÉ RODIÈRE/MARTINE REMOND-GOUILLOUD, *La Mer, Droits des Hommes ou Proie des Etats,* Paris, 1980, pág. 124.

[16] HILARY ROSE, *Risk, Trust and Sceptcism in the new ages of the New Genetics, cit.* in "The Risk Society and Beyond", *cit.,* pág. 64.

[17] Veja-se, v.g., a seguinte associação do fenómeno da poluição marítima causada por acidentes devidos a navios-tanques a outro tipo de desastres ambientais – se não mesmo verdadeiras catástrofes – como que abrindo o caminho a uma visão unitária de

encarado não apenas como qualquer outro acto ilícito mas ainda como mais um facto passível de integrador da *sociedade de risco,* expressão, cunhada e utilizada muito após o aparecimento do condicionalismo que pretendia designar[18-19] e com natureza acentuadamente sociológica. Posta a questão desta forma, haverá que reconhecer que a elaboração jurisprudencial da CLC pode desenvolver-se, igualmente, nesta mesma maneira de encarar a poluição marítima como mais uma manifestação da sociedade de risco. No nosso contexto, é oportuno recordar, com um importante teorizador desta temática, Ulrich Beck, ser possível afirmar que *"Riscos que eram calculáveis nas sociedades industriais tornaram-se imprevisíveis e*

---

todos estes circunstancialismos: «A crescente consciência nos países desenvolvidos manifestou-se, igualmente, no plano internacional. Em 1965, por exemplo, soube-se que a excessiva exploração do alto mar tinha consumado finalmente a extinção comercial da baleia azul, o maior animal que alguma vez habitou o planeta. Dois anos mais tarde, a confirmação visual da negligência ambiental foi, dramaticamente, retratada perante uma audiência mundial chocada quando no encalhe do navio liberiano "Torrey Canyon" foram derramadas 120.000 toneladas de crude ao longo de centenas de milhas de costas inglesas e francesas. Esta visão repetiu-se, dois anos mais tarde, quando em 1969, uma exploração "off-shore" derramou petróleo, ao longo da costa de Santa Bárbara, Califórnia. Entretanto, com a expansão das ambições humanas para o espaço exterior adquiriu-se uma nova consciência do espaço interior. Fotografias captadas a partir da nave espacial "Earth", em breve confirmaram o que, antes, só intelectualmente podia ser apreendido: que a terra é, na verdade, pequena, deslumbrante, única, finita e vulnerável», MICHAEL M'GONIGLE, MARK W. ZACHER, *Pollution, Politics and International Law, cit.,* pág. 5. Estes mesmos autores, de resto, linhas antes, já haviam notado que "A tarefa de protecção do meio ambiente tornou-se, ainda, mais difícil, dadas as suas repercussões globais. A poluição, muitas vezes, ignora as fronteiras mas as soluções políticas para a controlar não podem" (*ob. cit.,* pág. 4).

[18] A expressão "sociedade de risco" surgiu e desenvolveu-se no campo da literatura sociológica. Foi, aliás, no seu âmbito, que a mencionada expressão apareceu, pela primeira vez, denominada em 1986, por ULRICH BECK, *Riskgesellschaft,* 1986. Na literatura sociológica portuguesa, cfr., v.g., LUISA SCHMIDT, *Sociologia do ambiente: genealogia de uma dupla emergência,* Análise Social, Lisboa, 1999, n.º 150, págs. 150 e segts. E, muito especialmente, no que concerne este aspecto (a sociedade de risco), cfr. págs. 199 e segts., *passim.*

[19] É o próprio Ulrich Beck que nota que a noção de risco está ligada à evolução registada nos tráfegos marítimos. Nota este respeito: «Etimologicamente, o conceito pode ser reencontrado no comércio marítimo intercontinental. A palavra "geral", conceito central da estatística deriva de uma palavra árabe que significa perdas no mar e que entrou em várias línguas europeias no século XIII. ULRICH BECK, JOAHNES WILLMS, *Conversations with Ulrich Beck,* Londres, 2004, págs. 109, 110.

insusceptíveis de avaliação nas sociedades de risco"[20]. E, na verdade, qualquer navio-tanque é susceptível de estar na génese de um processo poluidor. Nesta medida, ao menos em abstracto, sendo o risco de poluição previsível, já não o é a determinação da causa do evento marítimo, concretamente causador do derramamento dos hidrocarbonetos, fonte da poluição tal como da natureza dos danos que venha a causar, bem como da sua respectiva medida quantitativa. Ou seja, está igualmente em causa saber em que medida é possível, a partir de uma normativa internacional, ser antecipada a reparação jurídica dos prejuízos que, tecnicamente, não for, razoavelmente, possível evitar. No campo do direito da responsabilidade civil as mencionadas observações têm consequências cujo alcance não pode ser avaliado previamente. De forma, algo limitada porventura, considerando o que está em jogo, citando, ainda uma vez, Ulrich Beck, direi que *"Comparado com a possibilidade de formular juízos de censurabilidade e de causalidade na modernidade clássica, o mundo da sociedade de risco não possui nem tais certezas nem tais garantias"*[21].

3. O que para trás fica, por si só, coloca no campo do direito questões de difícil resposta por implicarem o imperativo de equacionar no plano normativo a probabilidade – se não mesmo a inevitabilidade – do que pode denominar-se *dano catastrófico*[22], fazer a sua aparição, como tal, no campo do direito da responsabilidade civil. Mas, igualmente justifica o interesse de examinar a susceptibilidade da sua função legitimadora da adaptação dessas mesmas regras à responsabilidade civil. A ser assim, sem perda ou esquecimento das linhas fundamentais integradoras do direito da responsabilidade civil, designadamente extra-contratual, conseguir-se-ia que essa muito particular situação do *dano catastrófico*, enquanto tal, e não apenas como uma mera forma de ilícito civil extra-contratual, fosse compreendida na categoria das actividades perigosas a que, no direito privado português, o artigo 493/2 do CC alude e, dessa maneira, ser tido em consideração, como tal, pelo pensamento jurídico[23]. A ques-

---

[20] ULRICH BECK, *Politics of Risk Society*, in "The Politics of Risk Society" (ed. by Jane Franklin), London, 1998, pág. 16.

[21] ULRICH BECK, *Politics of Risk Society*, in "The Politics of Risk Society", *cit.* pág. 16.

[22] Cfr. supra nota 5.

[23] Cfr. supra nota 5.

tão, contudo, tem dimensões mais vastas que, não podendo aqui ser examinadas na sua plena dimensão, em todo o caso, deverá ser referida. Referida, note-se, não apenas como imperativo sistemático, mas ainda como explicativa de bom número das dificuldades com que o sistema de ressarcimento de danos prevista na CLC, presentemente, se depara, em particular no que respeita à capacidade financeira das entidades a quem, à face da CLC/92, compete indemnizar os lesados, considerando a extraordinária dimensão de natureza quantitativa dos danos que, eventualmente, pode ser chamada a ressarcir.

Já foi sustentado, contudo, que embora, à primeira vista, o problema pareça encontrar a sua génese nos apertados recursos montantes financeiros disponíveis para fazer face às necessidades a que tem de prover, a verdade é que radica em algo de mais profundo, antes residindo, como por importantes sectores doutrinais já foi posto em relevo, «...na insuficiência e desadaptação do mecanismo da responsabilidade civil para fazer face aos chamados *danos de massa* presentes e futuros (causados, por ex, por [...] grandes desastres, ambientais ou não – como aqueles que atingiram a reserva natural de Donãna, no Sul de Espanha, a costa da Bretanha com o naufrágio do *Amoco Cadiz* e do *Erika* ou a costa do Alasca com o acidente do petroleiro *Exxon Valdez....*)»[24]. É que, prossegue-se na mesma visão de toda esta temática, a necessidade de «...mecanismos específicos e céleres de reparação (legislação *ad hoc*, arbitragem, acordos entre Seguradoras, Fundos especiais) desvalorizam manifestamente o papel da responsabilidade civil»[25]. Esta tese, não obstante o brilhantismo com que é exposta, ao menos no nosso sector de averiguação, não pode ser aceite sem mais. Com o pormenor que a importância da questão postula, haverá ocasião de ver que, no seu quadro, os Fundos só entram em acção se o responsável pelos danos – que, em primeira linha, mas não apenas[26], será o proprie-

---

[24] José Carlos Brandão Proença, *Ainda sobre o tratamento mais favorável dos lesados culpados no âmbito dos danos corporais por acidentes de viação*, "Estudos dedicados ao Prof. Doutor Mário Júlio de Almeida Costa", Lisboa, 2002, pags. 819 e segts. e, para a citação supra no texto, pág. 816.

[25] José Carlos Brandão Proença, *Ainda sobre o Tratamento mais favorável dos lesados culpados no âmbito dos danos corporais por acidentes de viação, cit.*, págs. 816/817.

[26] Saber se, e em caso de resposta afirmativa, de que modo outras entidades, para além do proprietário do navio, podem ser civilmente responsabilizadas, constitui, certa-

Introdução   19

tário do navio – provar não ter tido qualquer intervenção quer no processo causal que levou ao facto lesivo quer na produção dos danos daí provenientes ou carecer de capacidade financeira para lhes fazer face. E, para conclusões a esse respeito, o intérprete terá de recorrer aos mecanismos de responsabilidade civil estabelecidos na CLC. De resto, o mesmo sucede no que respeita à possibilidade do proprietário do navio pretender prevalecer-se da existência dos tectos indemnizatórios fixos existentes na convenção IOPCFund. Aliás, no que poderá denominar-se, sem pretensões de grande rigor dogmático, de d*ireito marítimo-ambiental,* não poderá esquecer-se que a tradição das limitações quanto aos montantes das indemnizações a pagar, há muito penetrou no respectivo campo normativo, nenhuma ligação tendo com temáticas como a da crise da responsabilidade civil ou a de uma especial desresponsabilização do credor perante a participação do devedor na produção dos danos ocorridos. Neste caso, não se trata – não se trata, sobretudo – de pretender alterar a maneira como, funcional e estruturalmente, a responsabilidade civil está organizada. Aqui não está em causa a defesa de vítimas ou de consumidores. Neste campo, a alteração destas regras seria a alteração do paradigma à luz do qual, há muitos séculos, o direito marítimo nasceu e se desenvolveu. Esses princípios, não são sem dúvida, imutáveis. Mas explicam que a sua consagração e reiteração, pelo menos neste campo, obedecem a preocupações normativas próprias geradas no reconhecimento da especificidade da aventura marítima.

4. Nos vários casos acima indicados, papel de destaque deverá ser concedido ao incidente ocorrido com o navio tanque *Torrey Canyon*. Na verdade, na doutrina há unanimidade[27], no que concerne a ligação da génese da CLC/69[28] à catástrofe do *Torrey Canyon*, o mesmo podendo ser afirmado relativamente à sua redacção. Em rápida síntese, este aci-

---

mente, um das mais difíceis questões que, neste campo, haverá de enfrentar. Cfr., *infra,* capítulo III, §§ 2 e 3.

[27] RENÉ RODIÈRE, Emmanuel du Pontavice, *Droit Maritime,* 11.ª edição, Paris, 1991, págs. 124 e segts., MICHAEL M'GONIGLE, MARK ZACHER, *Polllution, Politics and International Law, cit.,* págs. 149 e segts.

[28] Aprovada, para ratificação, pelo Decreto n.º 694/76, de 21 de Setembro. 1969; cfr. texto em MANUEL JANUÁRIO DA COSTA GOMES, *Leis Marítimas, cit.,* págs. 813 e segts. e págs. 467 e segts.

20   *Poluição Marítima por Hidrocarbonetos e Responsabilidade Civil*

dente marítimo consistiu no encalhe do navio-tanque *Torrey Canyon*, no dia 18 de Março de 1967, nas costas da Bretanha, seguido do derramamento de 113.000 toneladas de crude no mar e a poluição de, aproximadamente, 180 kms de praias e de costas na Cornualha e na Bretanha. A associação, nunca mais desfeita, entre um difícil problema jurídico- -marítimo e as suas sempre inevitáveis dimensões[29], tanto dos danos causados como do elevado número de lesados, conferiu à CLC/69 um papel central, como texto concebido para, por um lado, especificamente, fazer adequadamente face a este tipo de situações e, por outro lado, enquanto texto que, em boa medida, ainda hoje, constitui a pedra angular em tema de ressarcimento deste género de danos.

Mesmo actualmente, passados que vão quase quarenta anos sobre o incidente do *Torrey Canyon*, as soluções jurídicas adoptadas em convenções internacionais sobre a responsabilidade civil devida a poluição por hidrocarbonetos – como aí está a provar a Convenção Internacional sobre responsabilidade civil por poluição causada por hidrocarbonetos transportados nos reservatórios *(Bunker Convention)* – dos navios. Não se pense, em todo o caso, que o mundo da *shipping* só tomou consciência deste tipo de situações com o encalhe e derramamento dos hidrocarbonetos transportados no *Torrey Canyon*. Desde o início do século XX que a poluição marítima por hidrocarbonetos fora reconhecida como um importante problema. Assim, ainda antes deste incidente, as preocupações normativas a esse respeito explicavam a, apesar de tudo, já densa rede de instrumentos internacionais – mesmo que desprovidos da faceta ressarcitória, afinal de contas, a grande novidade trazida por esta convenção internacional e pelas que, posteriormente, nela que inspiradas – cobria, procurando preveni-lo, este tipo de incidentes marítimos. Assim, vale a pena, mesmo que de forma rápida, passar em revista as mais importantes dessas convenções internacionais das quais nem todas têm a vertente indemnizatória. Façam-se ainda duas observações. Note-se, em primeiro lugar, que a distinção entre *Convenções não indemnizatórias* e *Convenções indemnizatórias* não deve fazer perder de vista que, todas elas, constituem um conjunto. Assim, na interpretação respectiva de cada uma delas individualmente tomada,

---

[29] Mais tarde, a doutrina, designadamente a do direito privado internacional, reconheceu que estas situações têm características próprias, procurando, em consequência, elaborar a sua dogmática própria. A este respeito, cfr. supra nota 5.

Introdução 21

deve ser tida em consideração a respectiva pertença a esse conjunto normativo, globalmente considerado[30-31]. Tenha-se em consideração que, de uma maneira geral, as convenções não indemnizatórias correspondem ao período em que havia uma menor preocupação com este tipo de assuntos. Sendo assim, as convenções procuravam, na sua forma de encarar este tipo de assuntos, sobretudo estimular a acção singular dos Estados, privilegiando a mútua e recíproca cooperação internacional entre os mesmos.

5. As *Convenções não indemnizatórias* procuram, através de mecanismos sancionatórios e técnicos, estimular a utilização de meios desincentivadores da poluição marítima. Adoptando uma sequência cronológica, e reportando-nos àquelas a que Portugal aderiu, assinalo, antes de mais, a convenção OILPOIL – *Convenção Internacional para a prevenção da poluição das águas do mar por hidrocarbonetos*, de 12 de Maio de 1954[32-33] – cujos mecanismos repousavam na criação de zonas, designadas zonas proibidas, no interior das quais a descarga de óleos não era permitida. O incidente com o *Torrey Canyon*, porventura devido ao que o mesmo teve de espectacular, não fez esquecer nem a chamada poluição operacional nem que a mesma era ameaça igualmente considerável, como tal a dever ser objecto de uma convenção internacional. Para a concretização de tal propósito, levado a efeito pela IMO, este organismo preparou a Convenção de Londres de 2 de Novembro de 1973, *Convenção para a prevenção da poluição por navios*, a chamada Convenção MARPOL. Esta incorporou parte da OILPOIL – «...então julgada ultrapassada e insu-

---

[30] Nota, a este respeito, um autor que a razão de ser da omissão da Convenção Marpol relativamente à indemnização pelos danos causados pela poluição, reside no facto de a CLC/92 se ocupar de tal faceta (GREGORIS TIMAGENIS, *International Control of Marine Pollution*, Londres, 1980, I volume, pág. 63, nota 190.

[31] No âmbito comunitário, JOSÉ MANUEL SOBRINO HEREDIA, *L'Affaire du Prestige: Cadre Juridique Communautaire*, in "L'Europe et la Mer", Bruxelas, 2005, págs. 220 e segts. e 227 e segts., respectivamente, distingue entre medidas que integram o que denomina de um *sistema eminentemente reactivo* e um *sistema que quer ser preventivo*.

[32] Aprovada para ratificação pelo Decreto-lei n.º 46186, de 11 de Fevereiro de 1965; cfr. texto em ALCIDES DE ALMEIDA, MIRANDA DUARTE, *Legislação Marítima anotada, cit.*, II volume, págs. 183 e segts., *passim*.

[33] Sobre esta convenção e convenções que, posteriormente, a prolongaram e desenvolveram, cfr. JOSÉ ANTÓNIO YTURRIAGA, *Regional Conventions on the Protection of the Marine Environmention*, "Recueil des Cours", Volume 162, páginas, 399 e segts., *passim*.

ficiente»[34] – designadamente no respeitante ao transporte de hidrocarbonetos, dos quais o anexo I veio a ocupar-se. Entre este tipo de convenções internacionais haverá, igualmente, a referir a *Convenção Internacional sobre Intervenção em Alto Mar em Caso de Acidente Causado ou Podendo vir a causar Poluição por Hidrocarbonetos*, de 29 de Novembro de 1969[35]. Esta convenção permite a actuação dos Estados costeiros afectados ou susceptíveis de o ser por poluição por hidrocarbonetos. O objectivo desta convenção internacional é a conciliação do princípio da liberdade dos mares com a necessidade de fazer face a situações – mesmo que apenas potenciais – de poluição marítima por hidrocarbonetos. Menciona-se, por último, a Convenção de Londres de 30 de Novembro de 1990, *Convenção Internacional sobre a Prevenção, Actuação e Cooperação no Combate à Poluição por Hidrocarbonetos*, designada por OPRC-90 (designação obtida através das iniciais dos termos ingleses *Oil, Preparadness, Response and Cooperation*[36]). Esta convenção que, substancialmente, se ocupa de mecanismos de pura colaboração entre os Estados, não pode, em todo o caso, ser considerada como uma mera convenção não indemnizatória. De facto, por um lado, prevê-se em i) de a) do n.º 1 do Anexo à Convenção (que tem por a designação "Reembolso de custos de assistência") a possibilidade de reembolso de despesas feitas na acção de combate à poluição. Por outro lado, ressalva-se, expressamente, no n.º 2 desse mesmo Anexo, o direito de, por outras formas e ao abrigo de outros títulos de aquisição de direitos, as partes obterem o reembolso das despesas feitas no domínio do combate à poluição marítima por hidrocarbonetos. Isto, afinal de contas, bem vistas as coisas, acaba por poder traduzir um alargamento, mesmo que indirectamente, das obrigações indemnizatórias pelas quais o IOPCFund/71 terá que vir a responder.

6. As *Convenções indemnizatórias*, que a título principal, constituirão o cerne do presente trabalho, caracterizam-se, sobretudo, pela pre-

---

[34] Neste sentido, cfr. MARC BOURGEOIS, MARIE-CLAUDE DESROSIERS, *Le Droit Maritime*, Bruxelles, 2005, pág. 89.

[35] Aprovado, para ratificação, pelo Decreto n.º 88/79, de 21 de Agosto; cfr. texto respectivo em MANUEL JANUÁRIO DA COSTA GOMES, *Leis Marítimas, cit.* págs. 829 e segts.

[36] Aprovado, para ratificação, pelo Decreto n.º 8/2006, de 10 de Janeiro; cfr. texto em MANUEL JANUÁRIO DA COSTA GOMES, *Leis Marítimas*, 2.ª edição, Coimbra, 2007, págs. 985 e segts..

Introdução 23

sença, central nas mesmas, de mecanismos de responsabilidade civil extra-contratual, pelos quais se procura indemnizar os lesados pelos danos sofridos, puramente em termos de direito privado. Neste tipo de convenções, a pioneira foi a Convenção de Bruxelas de 1969, complementada em seguida, pela IOPCFund/71[37]. Embora as somas nas mesmas previstas fossem, mesmo já nessa ocasião, insuficientes face à magnitude dos danos verificados, o certo é que a CLC/69 elevava esses montantes, em relação aos tectos indemnizatórios convencionais vigentes no momento imediatamente precedente ao da sua entrada em vigor[38-39], traduzindo, pois, uma melhoria. Quase quarenta anos passados após o início da sua vigência, esse papel foi reforçado através da aprovação e início da vigência do Protocolo de Londres de 1992[40]. Este sistema normativo, isto é a CLC/69, após o Protocolo de Londres, rebaptizada de CLC/92[41], juntamente com a Convenção do Fundo, também refundada em 1992, através do IOPCFund /92[42] e, muito mais recentemente (2005), de âmbito mais restrito, reforçada com a Convenção Suplementar, continua a ser o coração do sistema de ressarcimento para os países aderentes[43-44]. Os incidentes ocorridos,

---

[37] Aprovado, para ratificação, pelo Decreto do Governo n.º 135/85, de 21 de Junho; cfr. texto respectivo em MANUEL JANUÁRIO DA COSTA GOMES, *Leis Marítimas, cit.*, págs. 853 e segts.

[38] O documento internacional a este respeito relevante é a Convenção de Bruxelas de 10 de Outubro de 1957, sobre a Responsabilidade de navios de Alto Mar, aprovada para ratificação pelo Decreto-lei n.º 48036, de 14 de Novembro de 1967; texto em MANUEL JANUÁRIO DA COSTA GOMES, *Leis Marítimas, cit.*, págs. 782 e segts.

[39] Sobre as implicações práticas da aplicação desta convenção no caso do Torrey Canyon, cfr. MICHAEL M'GONIGLE, MARK W. ZACHER, *Pollution, Politics and International Law: Tankers at Sea, cit.* pág. 145.

[40] Aprovado, para ratificação, pelo Decreto n.º 40/2001, de 28 de Setembro; cfr. texto respectivo em MANUEL JANUÁRIO DA COSTA GOMES, *Leis Marítimas, cit.*, págs. 935 e segts.

[41] Cfr. texto em MANUEL JANUÁRIO DA COSTA GOMES, *Leis Marítimas, cit.*, págs. 843 e segts.

[42] Texto em MANUEL JANUÁRIO DA COSTA GOMES, *Leis Marítimas, cit.*, págs. 897 e segts., passim.

[43] Texto do «Suplementary Fund", em MANUEL JANUÁRIO DA COSTA GOMES, *Leis Marítimas, cit.*, págs. ... e segts.

[44] Igualmente, tem interesse referir que, no âmbito comunitário, a Comissão propôs a constituição de um fundo de indemnização dos danos causados pela poluição nas águas europeias (Fundo COPE), adicional ao ICOPFund; a este respeito, cfr. JOSÉ MANUEL SOBRINO HEREDIA, *L'Affaire du Prestige: Cadre Juridique Communautaire, cit.*, pág. 243.

respectivamente com o *Torrey Canyon* e o *Amoco Cadiz*[45], permitiram o reconhecimento da realidade da extensão dos danos a ressarcir e, em consequência, a insuficiência das somas que os instrumentos jurídicos de ressarcimento então vigentes proporcionavam aos lesados[46]. Mas além disso, o que já não seria pouco, veio mostrar constituir a opção pela canalização da responsabilidade civil para o proprietário do navio, aspecto decisivo para, no plano jurídico, proporcionar às vítimas indemnizações pelos danos sofridos.

Após a entrada em vigor da CLC/69, não demorou muito o aparecimento da percepção de que os limites previstos para o ressarcimento nela contidos tinham sido fixados num nível demasiado baixo e que a evolução previsível deste tipo de danos, considerando o aumento do tráfego marítimo de navios tanques e o aumento da sua tonelagem, rapidamente os tornaria ainda mais insuficientes. De facto, o sistema da CLC/69, mesmo complementado pela Convenção do Fundo[47], tinha, como obser-

---

[45] Sobre o caso *Amoco Cadiz*, a bibliografia é vastíssima. Cite-se aqui, tão somente, PIERRE BONASSIES, *L'Affaire de L'Amoco Cadiz*, in "Espaces et Ressources Maritimes", Paris, 1986, n.° 1, nota n.° 20; LAURENT LUCCHINI, *Le Procés de L'Amoco Cadiz: présent et voies du futur*, "Annuaire Français de Droit International", Vol. XXXI, Paris, 1985, págs. 762 e segts. e a vasta bibliografia aí indicada; Mirella Vialle, *Inquinamento marittimo e damni ressarcibili* (contendo extensas passagens da sentença do United States Ditrict Court, Northern District of Illinois Eastern Division, de 11 de Janeiro de 1988, proferida no caso do Amoco Cadiz – in re spill by the "Amoco Cadiz" of the coast of the France in March 16, 1978); "Il diritto Marittimo", anno XCI, págs. 876 e segts.; Othmar Gundling, *The Amoco Cadiz Incident*, in "Encyclopedia of Public International Law", ed. R. Bernharddt, Vol. I, pág. 93; Emmanuel du Pontavice, *L'apport du procès de L'Amoco Cadiz*, in "Le droit de L'Environment Marin, develloppements récents", Paris, 1988, págs. 273 e segts., *passim*.

[46] Ao tempo da catástrofe do *Torrey Canyon*, encontrava-se em vigor a Convenção sobre os limites da responsabilidade dos proprietários dos navios de alto mar, de 10 de Outubro de 1957 (ratificada por Portugal através do Decreto n.° 48.036, de 14 de Novembro de 1967, introduzida no direito interno português pelo Decreto-lei n.° 49028, juntamente com o Decreto n.° 49.029, ambos de 26 de Maio de 1969); cfr. textos em MANUEL JANUÁRIO DA COSTA GOMES, *Leis Marítimas, cit.*, respectivamente a págs. 781 e segts. e págs. 467 e segts. Ora, se aplicados, os critérios deste Convenção dariam lugar a uma indemnização, três vezes superior, de US$ 14.240.000.

[47] A chamada «Convenção do Fundo» é a «Convenção Internacional para a Constituição de um Fundo Internacional para Compensação pelos Prejuízos Devidos à Poluição por Hidrocarbonetos», aprovada para ratificação, pelo Decreto do Governo n.° 13/85, de 21 de Junho. Abreviadamente esta convenção internacional será, neste

Introdução 25

vou um autor, um ponto fraco, consistente no facto da responsabilidade do proprietário do navio ter «...um limite máximo bastante baixo...»[48], sendo que a garantia complementar proporcionada pelo Fundo era incapaz de compensar os limites indicados na CLC/69. As somas totais proporcionadas pelos dois sistemas, operando conjuntamente, não podiam ultrapassar valores cuja insuficiência os sinistros do *Amoco Cadiz* e do *Tanio*[49], em breve iriam mostrar[50]. Procurou resolver-se tal situação através do Protocolo de 25 de Maio de 1984[51]. Mas este nunca chegou a entrar em vigor por razões ligadas à evolução legislativa interna norte-americana[52]. Por isso, concluiu-se pela necessidade de, prescindindo da presença norte-americana, consagrar vinculativamente as soluções do Protocolo de 1984. Assim, fundamentalmente[53], as ideias anteriormente já previstas no dito Protocolo de 1984 vieram a ser retomadas pelo Protocolo de Londres de 1992. Questão a encarar, contudo, é a de saber qual a forma como se interrelaciona a CLC/92 com a IOPCFund/92. Antes desse exame, contudo, como aspecto prévio ao mesmo, proceder-se-á à análise das relações entre a CLC/69 e a IOPCFund/71, pois da análise das relações entre as duas resultarão importantes elementos para o estudo dos nexos que, mais tarde, se estabeleceriam entre a CLC/92 e a IOPC-Fund/92.

Aliás, essa tarefa, mesmo que brevemente realizada, impõe-se, tanto mais quanto, quer a CLC/69 quer a CLC/92 foram pensadas para funcionarem conjuntamente com, respectivamente, IOPCFund/71 e a IOPC-

---

âmbito, designada por ICOPFund/92; texto em MANUEL JANUÁRIO DA COSTA GOMES, *Leis marítimas, cit.*, págs. 853 e segts.

[48] PIERRE BONASSIES, *Le Droit Maritime Classique et la Securité des Espaces Maritimes*, in "Espaces et Ressources Maritimes", Paris, 1986, n.º 1, págs. 115 e segts. e, em especial, para a citação supra, cfr. 132.

[49] Sobre o caso do «Tanio», cfr. CHAO WU, *La Pollution du Fait du Transport maritime des Hydrocarbures, Responsabilité et Indemnisation des Dommages*, Monaco, 1994, pág. 172.

[50] PIERRE BONASSIES, *Le Droit Maritime Classique et la Securité des Espaces Maritimes, cit.* pág. 132.

[51] Ver texto respectivo em «Espaces et Ressources Maritimes», *cit.*, págs. 223 e segts.

[52] Neste sentido, cfr. CHAO WU, *La Pollution du Fait du Transport maritime des Hydrocarbures, cit.* pág. 179, nota n.º 1.

[53] CHAO WU, *La Pollution du Fait du Transport maritime des Hydrocarbures, cit.* pág. 179.

26 *Poluição Marítima por Hidrocarbonetos e Responsabilidade Civil*

Fund/92. De facto, já se sustentou ser a Convenção de 1971 a sequência indispensável da CLC/69, ao escrever-se que, tivesse a CLC/69 «...saído sozinha da conferência de Bruxelas em 1969, não teria dado satisfação a ninguém, nem aos Estados costeiros, potenciais vítimas da poluição, nem aos armadores, potenciais responsáveis dos danos»[54].

O artigo 2.º da IOPCFund/71 tem duas finalidades. A primeira (alínea a) do n.º 1) é a de «Assegurar uma compensação pelos prejuízos por poluição na medida em que seja insuficiente a compensação concedida pela Convenção sobre a Responsabilidade». A segunda (alínea b) do n.º 1) consiste em «Desobrigar os proprietários da obrigação financeira adicional que lhes impõe a convenção sobre a responsabilidade, ficando essa desobrigação sujeita às condições que visam garantir o cumprimento das convenções sobre a segurança marítima e outras convenções». Na ocasião em que, pelo Protocolo de 1992, foi alterada a CLC/69, igualmente, foi modificada a IOPCFund/71.

As alterações são importantes, tendo, v.g., desaparecido a finalidade indicada na alínea b). Logo, o artigo 5.º, por destinar-se a complementar essa mencionada alínea b), foi suprimido. Isto equivale a dizer que a IOPCFund/92 deixou de desobrigar os proprietários da obrigação financeira adicional que a CLC lhes impõe. Porém, os proprietários dos navios-tanque, no âmbito da CLC, mesmo após a entrada em vigor do Protocolo de 1992, mantêm as suas obrigações de ressarcimento em face dos lesados. Consequentemente, terá de concluir-se que, no âmbito da CLC/92, foi obtido um novo equilíbrio entre as responsabilidades dos proprietários dos petroleiros e os montantes que lhes cabe suportar.

Por ser assim, as alterações à CLC/69, mais do que modificações de redacção, estabeleceram uma nova CLC – a denominar CLC/92 – embora mantendo a matriz da CLC/69. Na realidade, tanto no que respeita à sua estrutura que, bem vistas as coisas, é a mesma, como nas soluções materiais que recolhe, a CLC/92, substancialmente, não difere da CLC/69. Mais do que estabelecer uma convenção internacional inteiramente inovadora, o seu grande objectivo foi o de, tendo presente tendências e orientações reveladas na prática jurisprudencial, consagrar, legislativamente, as que mais se integravam nas ideias rectoras da CLC/69[55]. É claro que isto

---

[54] CHAO WU, *La Pollution du Fait du Transport maritime des Hydrocarbures, cit.* pág. 95.

[55] Esta preocupação de continuidade, traduz-se, v.g., na manutenção da obrigação

Introdução 27

também possibilita que se encare a CLC/92 como uma versão actualizada da CLC/69, mais do que constituindo uma nova convenção. Nesta medida, a CLC/92, acaba por assumir como que o papel de *convenção matriz* das convenções de tipo indemnizatório. Acontecimentos mais recentes, contudo – os incidentes com o *Erica* e, posteriormente, com o *Prestige* – vieram mostrar que essa elevação dos recursos financeiros era, apesar de tudo, insuficiente. Perante tal constatação, pelo Protocolo de Londres de 2003, foi criada a chamada *Supplementary Compensation*, de forma a procurar ressarcir todos os danos de todos os lesados.

Os recentes resultados da actividade legislativa da IMO parecem confirmar o que precede. Com efeito, a muito recente *International Convention on Civil Liability for Bunker Oil Pollution Damage*, de 23 de Março de 2001, situando-se numa linha de continuidade relativamente à CLC/92, acaba por vir consagrar no seu campo de aplicação soluções praticamente iguais às da CLC/92, porventura por, ao que me quer parecer, revestir os trajos de convenção subsidiária da CLC/92 – veja-se, v.g., a este respeito o seu artigo 4/1. O que está em causa, contudo, não é a indemnização pelos danos causados pela poluição devida aos hidrocarbonetos transportados como carga por navios tanque. Diferentemente, em termos complementares da CLC/92, a preocupação que no respectivo texto surge (artigo 3/1) é, antes, a de indemnizar os danos provocados pelo próprio carburante do navio, transportado como meio de propulsão ou, provindo do navio, qualquer que seja a sua origem (entre exemplos que poderiam dar-se, tome-se, v.g., o caso do óleo utilizado no sistema hidráulico dos lemes da embarcação em causa ou o do óleo do respectivo sistema de aquecimento), e por quaisquer navios, quer se trate de navios tanque ou não[55].

Para além do que precede, que parece constituir como que o prolongamento da CLC/92, o paralelismo desta convenção com a mencionada CLC/92, relativamente à qual parece ter uma função complementar, é visível em várias das suas disposições. É o que, v.g., entre outros aspectos susceptíveis de serem referidos, concerne à sua definição, aspecto crucial

---

de indemnizar nos limites já estabelecidos no texto de 1969, designadamente no que respeita à exclusão do chamado dano ecológico como quer que o mesmo seja entendido.

56 Texto inglês da Convenção em MANUEL JANUÁRIO DA COSTA GOMES, *Leis marítimas, cit.*, págs. 927 e segs.

neste tipo de convenções, de poluição marítima por hidrocarbonetos, circunscrita, tal como na CLC sucede, em torno da ideia de *contaminação;* saliente-se também o recurso para a CLC/92, no que respeita à indicação dos óleos poluidores relevantes para efeitos de aplicação da convenção, a consagração da, tão importante na CLC, *regra da canalização* ou, enfim, o facto de as causas de exclusão da responsabilidade do proprietário do navio, serem as mesmas previstas na CLC/92. De notar em todo o caso, não ter Portugal aderido a esta convenção internacional, que, de resto, nem sequer internacionalmente entrou em vigor por falta do número de ratificações necessárias para tal efeito.

CAPÍTULO II
Natureza jurídica da CLC 1969/92

7. A determinação da natureza jurídica da CLC 1969/92[57] como tarefa prévia, sem, preliminarmente, examinar o respectivo texto, dir-se-á, porventura, ser opção, metodologicamente, injustificada. Na verdade, acrescentar-se-á, a partir de uma visão crítica desse ponto de vista, que, sendo a CLC, neste momento um documento desconhecido, será muito difícil tomar posição global a seu respeito e, por conseguinte, determinar a sua natureza jurídica. Não partilho esse ponto de vista. Por isso, é aconselhável, desde já, explicitar os motivos da posição aqui adoptada e que é a contrária.

Uma análise puramente textual da CLC, como, de resto, de qualquer conjunto normativo, pressupõe sempre um pano de fundo de compreensão *a priori*, no qual essa análise irá inscrever-se. Nota um autor que «...a expressão "dano ambiental" a que uma certa norma legal aluda, não pode, como é óbvio, considerar-se semântico-vulgarmente determinável, tomando como referente a linguagem quotidiana, mas apenas pragmático--juridicamente densificável em referência ao conjunto de exigências de sentido que inervam o Direito do Ambiente»[58]. Na verdade, como Heidegger teve ocasião de por em destaque, «A explicitação de algo como alguma coisa estabelece-se essencialmente sobre os preliminares do adquirido, do visado e do apreendido». Por isso, continuando a dar a palavra a Heidegger, «...a explicitação do sentido da exacta interpretação dum texto, que apele ao que está "preto no branco", o que, imediatamente está "preto

---

[57] Escreveu-se 1969/1992, porquanto as considerações feitas para a CLC 1969 se aplicam, *mutatis mutandis*, à CLC 1992.

[58] FERNANDO JOSÉ BRONZE, *Lições de Introdução ao Direito*, 2.ª edição, Coimbra, 2006, pág. 910.

no branco" não é senão a ideia tomada fora de qualquer discussão, por aquele que procede à explicitação». Esta ideia preconcebida é «...assumida com a explicitação em geral o que equivale a dizer que está ligada ao que é, preliminarmente, dado nos preliminares do adquirido, do visado e do apreendido»[59-60].

Ou seja, o objecto a analisar é, ele mesmo, uma criação do intérprete, não se apresentando nunca como algo dado desde o início, não sendo a tarefa da interpretação senão a de explicitar o que, desde o início, já está constituído. O processo de constituição do objecto ocorre no decurso da sua análise, sempre conduzida à luz da dita pré-compreensão. Mas, uma vez esta operação terminada, é possível verificar se o respectivo ponto de partida ficou confirmado, ou, antes, infirmado, retomando-se a sua análise de um diferente ponto de vista, obtido após a conclusão da inicial análise, mesmo que esta seja conduzida na base de um diferente pressuposto. Em suma, a interpretação é um processo circular que parte do todo para as partes[61]. Este círculo hermenêutico, nota Heidegger, «...esconde nele uma possibilidade positiva do conhecer mais original que é positiva; é verdade que não é correctamente apreendida senão quando a explicitação entendeu que a sua primeira, a sua constante e última tarefa permanece, não de se deixar todas as vezes previamente dotar do adquirido preliminar, de visado preliminar e da apreensão prévia por golpes de cabeça e conceitos que correm nas ruas mas, pelo contrário, assegurar-se o seu tema científico elaborando-o a partir das próprias coisas»[62]. Assim, um exame que procedesse a uma apreciação das disposições da convenção relevantes para os presentes propósitos e que, apenas em seguida, se considerasse em condições de emitir um juízo sobre a sua respectiva natureza jurídica, ocultaria, porventura sem disso se aperceber, que, nessa apreciação, *nolens volens*,

---

[59] MARTIN HEIDEGGER, "Sein und Zeit", citado a partir da versão francesa, *Être et Temps*, Paris, 1986, § 32, pág. 196.

[60] Aliás, já no âmbito da filosofia do último Wittgenstein, bem poderia dizer-se estar presente nessa tentativa de iniciar o nosso tema sem o esforço preparatório anunciado, aquilo que este autor denominou de «a ânsia pela generalidade».

[61] Nota H. G. GADAMER, na esteira dos ensinamentos de Schleiermacher, que «Fundamentalmente, compreender é sempre mover-se num tal círculo e é por isso que o regresso repetido do todo para as partes e inversamente, *é essencial*» (itálicos meus, "Wahreit und Methode", pág. 194, tradução francesa, *Vérité et Méthode*, Paris, 1996.

[62] MARTIN HEIDEGGER, "Sein und Zeit", citado a partir da versão francesa, *Être et Temps, cit.*, § 32, pág. 196.

Natureza Jurídica da CLC 1969/92 31

o intérprete fora guiado por uma sempre inevitável dada pré-compreensão da CLC, o tal adquirido preliminar de que Heidegger falava. É verdade que, aceitando-se a circularidade do conhecimento implícita no círculo hermenêutico[63], porventura poderia começar-se pela consideração individual das partes – aqui as disposições relevantes da CLC – refazendo-se em seguida o mesmo percurso, embora, agora de forma e sentidos inversos. Não seria, em todo o caso, a mesma coisa. Na verdade, proceder de tal forma, equivaleria a só em fase muito posterior do decurso do processo hermenêutico, revelar qual a pré-compreensão de que, no início do processo em causa, se partiu e que, no decurso da análise a que se procedeu, conduziu o próprio intérprete na respectiva indagação.

Ao evocar-se, no presente contexto, as ideias precedentemente expostas de Heidegger, não se pretende apenas o que, em todo o caso já se justificaria por si só, proceder a uma fundamentação filosófica das posições apresentadas. De facto, as mesmas integram critérios a que a jurisprudência dos tribunais superiores portugueses no seu discurso argumentativo tem já recorrido e que, por essa razão, o intérprete não poderá deixar de levar em linha de conta. Assim, v.g., no acórdão do Tribunal da Relação de Coimbra de 14 de Dezembro de 2005, o Tribunal, após ter reconhecido estar-se, na situação em apreciação, perante «...aquilo a que é usual chamar o "círculo hermenêutico", patente nomeadamente na obra de Heidegger e Gadamer...», um pouco mais adiante, relativamente à *estrutura circular da compreensã*o, prossegue: «Esta figura tem como subjacente a ideia de que uma parte da realidade, nomeadamente jurídica, só pode ser compreendida a partir do significado de outros elementos; contudo *a compreensão destes pressupõe, por seu turno, o conhecimento do elemento original*»[64] (itálicos meus).

Pelos motivos expostos, que, como acaba de ver-se, têm aceitação na jurisprudência portuguesa, preliminarmente o intérprete encontra-se em face da necessidade de determinar qual a realidade jurídica a que a CLC/92 deve ser reconduzida. Na verdade, acompanhando, ainda uma vez, o acórdão acima evocado, «Poderá hoje entender-se assim com Heiddeger que a compreensão pertence à constituição ôntica essencial do ser-aí o *Dasein* da existência».

---

[63] Como nota HEIDEGGER, "Sein und Zeit", citado a partir da versão francesa, *Être et Temps, cit.,* pág. 199, «O "círculo", no entender, pertence à estrutura do sentido».

[64] Acórdão do Tribunal da Relação de Coimbra de 14 de Dezembro de 2005, in http://www.dgsi.pt/jtrc.

Assim, a situação perante a qual o intérprete se encontra é a de saber se esta convenção é mais um texto surgido num universo de convenções e declarações que pretendem acautelar interesses e preocupações ambientais, no seio das quais se ocupa de dado tipo de poluição – a poluição marítima por derramamento de hidrocarbonetos no mar – ou, se, diferentemente, antes integra um conjunto de convenções de direito marítimo, com uma inerente eventual subalternização das exigências, ou, se preferir, as preocupações, de natureza jurídico-ambiental, mesmo que, inevitavelmente, estas últimas não possam deixar de manifestar-se. Isto impõe-se tanto mais quanto, se consultarmos não poucas colectâneas de legislação, feitas a partir de ângulos diversos, designadamente, o do direito público internacional ou o do direito marítimo, os seus respectivos autores, tanto inserem a CLC e, bem assim, as convenções do IOPCFund, no campo das convenções internacionais, relativas à responsabilidade pelo dano ambiental[65] como, em orientação de sentido diferente, antes a incluem entre convenções e legislação interna ou internacional de direito marítimo[66].

8. A resposta à questão posta, antes de mais, exige definir o que é uma convenção ambiental. Rüdiger Wolfrum, num estudo publicado nos *Ensaios em Honra de Eric Suy*[67-68], introduziu uma importante destrinça

---

[65] É o caso, por exemplo, de PATRICIA BIRNIE/ALAN BOYLE, *International law and the Environment*, Londres, 1995, que na obra citada, entre páginas 65 e 152, reúnem um conjunto de convenções internacionais nas quais o dano dito ambiental mais não é do que o dano causado a coisas (v.g., paisagens) e seres vivos que se repercutem nas esferas individuais dos sujeitos de direito. Adiante este aspecto da questão será examinado com alguma detença.

[66] MANUEL JANUÁRIO DA COSTA GOMES, inclui-as numa colectânea denominada *Leis Marítimas*, orientação de resto, semelhante à de Jean Pierre Quéneudec em *Conventions Maritimes Internationales*, Paris, 1979. Aliás, a orientação seguida pelo maritimista de Lisboa situa-se numa linha de continuidade relativamente a este respeito. Na verdade, na sua obra *Legislação Marítima*, Coimbra, 1971, ALCIDES DE ALMEIDA, MIRANDA DUARTE, incluíram a legislação, nessa data, contudo, ainda incipiente, convenções internacionais sobre poluição marítima por hodrocarbonetos, como foi o caso da chamada convenção *Oilpoil;* cfr. a este respeito, *ob. cit.* pág. 183 e seguintes, *passim*.

[67] RÜDIGER WOLFRUM, *Liability for Environmental Damage: A means to enforce Environmental Standards,* in "International Law, Theory and Practice, Essays in Honour of Eric Suy, Edited by Karel Wellens, Hague, Boston, London, 1998, págs. 565 e segts. e, para a citação supra no texto, cfr. pág. 565.

[68] Este autor, posteriormente, voltou ao tema no seu curso sobre «Means for insuring compliance with and Enforcement of International Environmental law», no qual

entre convenções internacionais, cuja disciplina, mais ou menos directamente, acaba por repercutir-se na tutela do meio-ambiente. Este autor nota que «Os acordos internacionais nem sempre diferenciam com clareza se estão direccionados para proteger o ambiente como tal ou contra os danos causados à saúde, vida, propriedade, etc., causados pelo dano ambiental». E adiante, procurando uma característica mais diferenciadora do primeiro dos dois identificados tipos de convenções internacionais referidas, relativamente ao segundo, observa "A característica dos regimes que criam regimes de responsabilidade civil, que os distingue dos tradicionais regimes de responsabilidade civil delitual, consiste no facto de não pretenderem compensar indivíduos de um Estado ou uma entidade, por perdas económicas, materiais ou outras. Antes são encaradas como desincentivo em relação a certas actividades ou consequências prejudiciais causadas por elas»[69]. Isto, no entanto, não significa que as convenções internacionais que integram o segundo tipo – caso da CLC/92 – como escreve o autor que tem vindo a acompanhar-se, *indirectamente*[70] contudo, não possam constituir um meio de protecção contra os danos causados ao meio-ambiente[71].

A contraposição – danos causados ao meio ambiente/danos causados ao homem, pelo meio ambiente danificado – abre a via para averiguar se a CLC/92 é uma convenção de direito marítimo ou integra, antes, o grupo das convenções de direito do meio-ambiente. Para tal, basta determinar se a sua disciplina legal procura tutelar o meio-ambiente em si mesmo considerado, designadamente no que ao meio ambiente marinho respeita, ou, mais singelamente, se visa tão só minorar e ressarcir, especialmente no que concerne às consequências para o ser humano (colectiva ou individualmente considerado), que, de dado evento lesivo, podem, porventura, para o mesmo advir. Em todo o caso, acrescentarei ainda, igualmente será de ter em consideração se, mesmo no que, tão somente, concerne aos prejuízos

---

notava que os tratados nem sempre distinguiam com clareza os que «... protegem primariamente contra os danos causados ao ambiente como tal ou contra os danos causados às pessoas e sua propriedades através do dano ambiental», "Recueil des Cours", Vol. 272, pág. 83.

[69] *Liability for Environmental Damage: A means to enforce Environmental Standards*, cit., pág. 566.

[70] RÜDIGER WOLFRUM, *Liability for Environmental Damage: A means to enforce Environmental Standards*, cit., pág. 566.

[71] Neste sentido, na jurisprudência, cfr. o caso ZOË COLOCOTRONI, United Court of Appeals, 1980.

34 *Poluição Marítima por Hidrocarbonetos e Responsabilidade Civil*

cuja indemnização é tida em conta apenas na perspectiva do ser humano, todos ou apenas parte deles serão indemnizáveis pela CLC/92.

9. Considerando o que precede, a tarefa a levar a cabo será, pois, a de saber qual a perspectiva da CLC/92 em face da assinalada contraposição. Ora, um rápido exame permite, desde logo, reconhecer que a dita convenção internacional (i) não define meio-ambiente, (ii) não precisa qual a noção de dano ambiental a que pretende reportar-se, (iii) preocupa-se, tão somente, com o dano individual e, (iv) enfim, mesmo no que a este último respeita, não contempla o seu total e completo ressarcimento. Analisarei, de per si, cada um dos vários aspectos enunciados.

(i) *Definição de meio ambiente*. Note-se, antes de mais, não ser fácil definir *meio ambiente*. Não o é no campo normativo do direito interno[72], o mesmo, de resto, sucedendo no campo do direito internacional público no qual uma tal noção, de resto, já foi, doutrinariamente, qualificada de *questão controversa*[73], tendo-se, mesmo no decurso dos trabalhos da ILC, v.g., ponderado se a mesma «devia incluir a saúde e a integridade corporal das pessoas naturais e danos à propriedade privada»[74]. Uma tal interrogação só pode compreender-se no quadro de um entendimento que con-

---

[72] Algo de semelhante sucede no âmbito interno. Na sua Constituição da República Anotada, 3.ª edição, Coimbra, 1993, pág. 346, ao ocuparem-se do artigo 66.° GOMES CANO-TILHO e VITAL MOREIRA, após referirem que «*A Constituição não define **ambiente e qualidade de vida** (...), nem distingue intrinsecamente estes dois conceitos*», um pouco adiante, notam que, na Constituição, «Trata-se também de uma compreensão estrutural-funcional de ambiente, pois os sistemas físicos, químicos e biológicos e os factores económico-sociais e culturais, além de serem interactivos entre si, produzem efeitos, directa ou indirectamente, sobre unidades existenciais vivas e sobre a qualidade de vida do homem». Assim, como também os dois autores citados apontam, trata-se de uma «...dimensão antropocêntrica do ambiente...», que afasta pois uma visão ecológica do meio ambiente, nos termos que as visões ambientais mencionadas no texto e que, no mesmo, haverá ocasião de mostrar, repelem. Também na anotação (da autoria de Jorge Miranda) ao artigo 66.° in JORGE MIRANDA, RUI MEDEIROS, *Constituição Portuguesa Anotada*, Tomo I, Coimbra, 2005, págs. 680 e segts., está ausente qualquer definição de meio-ambiente.

[73] MALGOSIA FITZMAURICE, *International Protection of the Environment*, "Recueil des Cours", Vol. 293, págs. 228 e segts., *passim*, onde toda esta problemática, é largamente examinada.

[74] Referido por MALGOSIA FITZMAURICE, *International Protection of the Environment, cit.*, "Recueil des Cours", *cit.* pág. 228.

Natureza Jurídica da CLC 1969/92 35

sidere que a ressarcibilidade dos danos que os lesados venham a sofrer é excluída pelo própria noção de dano ambiental[75], que seria assim centrada, de acordo com o grupo de trabalho sobre meio-ambiente, nos «...bens de valor não comercial»[76].

A verdade é que, apesar de vários textos legais falarem em *meio--ambiente*, essa realidade não se encontra legalmente definida nos mesmos, designadamente na CLC/92, em cujo texto, debalde, se procurará uma qualquer definição de «meio-ambiente». Semelhantemente, de resto, se passam as coisas na CNUDM que, não obstante as preocupações que a esse respeito mostra, também não proporciona ao seu intérprete qualquer tipo de definição de meio-ambiente ou, sequer, de dano indemnizável[77]. É certo que a versão da CLC que provém do Protocolo de Londres de 1992, nisto inovando relativamente à redacção de 1969, alude a essa realidade, ao indicar ao seu leitor em que consiste, não tanto o dano indemnizável, antes o prejuízo cujo ressarcimento se propõe efectivar. A esse respeito, o texto em causa, não definindo o que deve entender-se por poluição, limita-se a dizer que o dano por poluição consiste em «...qualquer perda ou dano exterior ao navio que transporte hidrocarbonetos, causado por uma contaminação resultante de fuga ou descarga de hidrocarbonetos, provenientes do navio, qualquer que seja o local onde ter ocorrido...», desde que, segundo o artigo 6/I da CLC/92, «a compensação pelo danos causados ao ambiente, excluindo os lucros cessantes motivados por tal dano, seja limitada aos ***custos das medidas necessárias tomadas ou a tomar para reposição das condições ambientais***» (sublinhados do autor). A este respeito, não pode deixar de evocar-se o que sucede na Convenção para a Protecção do Meio Marinho do Atlântico Nordeste[78]. De facto, para além de definir, não apenas dano por poluição, alude à poluição dizendo que, «*Entende-se*

---

[75] Nota MENEZES CORDEIRO que o «O alargamento dos valores ambientais deixa contudo pairar danos que não se repercutem em nenhuma esfera jurídica mas que, no entanto, traduzem supressões de bens ambientais. *Pense-se, por exemplo, num derrame ocorrido no alto-mar*» (itálicos meus), *Tutela do Ambiente e Direito Civil*, in "Direito do Ambiente", Lisboa, 1994, págs. 377 e segts., para a citação, pág. 390.

[76] Sobre todos estes aspectos, cfr. MALGOSIA FITZMAURICE, *International Protection of the Environment, cit.,* "Recueil des Cours", *cit.* pág. 228.

[77] No mesmo sentido, cfr. MALGOSIA FITZMAURICE, *International Protection of The Environment, cit.,* pág. 23.

[78] Aprovada para ratificação pelo Decreto-Lei n.º 59/97, de 31 de Outubro, in Diário da República n.º 253/97, I – A Série, págs. 5957 e segts.

por «poluição» a introdução pelo homem, directa ou indirectamente, de substâncias ou de energia na zona marítima, que criem ou sejam susceptíveis de criar riscos para a saúde do homem, danos nos recursos biológicos e nos ecossistemas marinhos, prejuízos aos valores de recreio ou entraves às outras utilizações legítimas do mar. Para além da amplidão da definição – em profundo contraste com a da CLC – que acaba de transcrever-se, nota-se que, no nono considerando desta convenção, não consta qualquer alusão às várias convenções CLC, bem como às convenções do IOPCFund.

Na passagem transcrita e assinalada mais acima – cujo texto surgiu, inicialmente, no, não ratificado, Protocolo de 1984 – a explícita referência ao facto da indemnização por danos causados ao ambiente dever ser limitada aos **custos das medidas necessárias tomadas ou a tomar para reposição das condições ambientais** deve ser assinalada, não só não contém qualquer definição de meio-ambiente, como, nem ao menos, sugere uma qualquer via para a obter. E, embora possa dizer-se ter tal realidade estado presente no espírito dos redactores da versão de 1992 da CLC, a verdade é que o objectivo prosseguido com a inserção da expressão acima sublinhada, como já foi observado, foi o de «...trazer uma limitação particular ao tipo de dano ligado à degradação do meio ambiente a fim de evitar pedidos de indemnizações especulativos»[79], não o de os alargar[80].

A este respeito não pode deixar de relembrar-se que em acórdão da Relação de Lisboa, de 20 de Outubro de 1994, cujo propósito restritivo surge em mais do que uma passagem, o tribunal entende encontrar essa intenção limitadora no uso da expressão *meio ambiente*. Com efeito, já na respectiva parte conclusiva, reitera que a convenção «...limitou-se a prote-

---

[79] Neste sentido CHAO WU, *La pollution du fait du Transport Maritime des Hydrocarbures, cit.*, pág. 194, a propósito da definição de *Dano por poluição* contida no protocolo de 1984. Este entendimento é susceptível de transposição para a CLC 1992, dada a igual redacção de ambos.

[80] Ter-se-á uma ideia das consequências possíveis de um eventual alargamento, se tivermos presente que JACQUES MOTTE, F.B.CROSS, citados em MALGOSIA A. FITZMAURICE, *International Protection of The Environment, cit.*, pág. 230, incluem no dano ambiental considerações ligadas à chamada equidade intergeracional. Para uma aplicação jurisprudencial deste princípio, cfr. MALGOSIA A. FITZMAURICE, *International Protection of The Environment, cit.*, pág. 194.

ger danos produzidos no ambiente»[81]. O tribunal teve, assim, presente a necessidade, considerada por ele instante, de evitar a eventual indemnização de danos *remotos*, isto é de danos que, dado o respectivo afastamento do facto poluidor e da própria poluição, considerou insusceptíveis de ressarcimento[82].

A indicação de que a compensação devida pelo dano por poluição é «...limitada aos custos das medidas necessárias tomadas ou a tomar para *reposição das condições ambientais*», reafirma o princípio – no direito interno português consagrada no artigo 562.° do Código Civil – de que a indemnização tem a finalidade de restaurar a situação anterior. Contudo, na consagração dessa ideia pela CLC/92, a mesma tem limitações desconhecidas do direito português. Com efeito, a reposição pode não ser total, limitado como está o direito do lesado ao ressarcimento dos *custos de medidas razáveis*. Assim, a maneira como esse direito foi reconhecido, deixa o campo aberto a construções jurisprudenciais que, considerando o texto da CLC/92, podem justificar tanto visões limitadoras da expansão dos danos que, ao abrigo dessa convenção possam ser ressarcidos, como concepções mais limitadoras, caso, v.g., do sucedido no acórdão da Relação de Lisboa, já citado.

(ii) *Definição de dano ambiental.* Nota Rüdiger Wolfrum, que procedeu a um largo exame de uma série de convenções internacionais relativas a danos causados ao que, em sentido lato, pode denominar-se de ambiente natural, não existir opinião pacífica sobre «a definição da noção de dano ao meio-ambiente»[83], acrescentando, contudo, notar-se a tentativa para diferenciar as consequências da acção lesiva e, desta forma, indicar que «..as actividades humanas têm sempre impacto no meio ambiente, mas que nem todo o impacto é intolerável». Refere, aliás, que um dos índices de que um dano é suficientemente grave para poder ser considerado como *dano ambiental*, e consequentemente, como podendo caracterizar dada

---

[81] Acórdão da Relação de Lisboa, de 20 de Outubro de 1994, Colec. Jurisp., Ano XIX, Tomo IV, pág. 127.

[82] Sobre a problemática da *remoteness*, cfr. N. TROZ e DE LA RUE, *Admissility and assesment of claims for pollution damage,* "Il Diritto Marittimo", XCVI, 1994, págs. 298 e segts., e, muito em especial, págs. 313 a 315.

[83] RÜDIGER WOLFRUM, *Liability for Environmental Damage: A means to enforce Environmental Standards, cit.,* pág. 568.

convenção internacional como ambiental, é a utilização de expressões como, v.g. «impairment of the environment»[84], a que no texto francês (uma das versões autênticas) corresponde a frase «altération de environment», expressão inovadora utilizada na versão inglesa (também ela versão autêntica), do texto da CLC/92[85-86]. Mas o uso de tais expressões, por si só, se desacompanhado de quaisquer outros elementos, não é decisivo.

De facto, observa ainda Rüdiger Wolfrum, o que, muito em especial, será de ter em consideração neste campo é o propósito com que foi levada a cabo a actividade que causou o impacto e a determinação de se tal impacto era ou não inevitável[87]. Ora, uma análise deste problema que tenha em conta o respeito do princípio da precaução[88], mostra que, sendo a actividade de transporte de hidrocarbonetos perigosa, sem dúvida, como já acima se indicou – mesmo levada a efeito no respeito dos mais exigentes padrões de segurança, designadamente do navio – não pode afastar completamente a possibilidade da ocorrência de acidentes. Diga-se, enfim, que uma ponderação das vantagens da actividade do transporte marítimo de hidrocarbonetos com as consequências negativas dos acidentes de que resultaram, no decurso dessa actividade, danos por poluição marítima por derramamento de hidrocarbonetos, de maneira alguma eliminando

---

[84] RÜDIGER WOLFRUM, *Liability for Environmental Damage: A means to enforce Environmental Standards, cit.,* pág. 571.

[85] Neste ponto, deverá assinalar-se ter-se a tradução portuguesa afastado do texto da convenção, considerando tanto a versão inglesa (publicada no Diário da República) como a francesa. De facto, o texto francês refere a «altération de l'environnement» enquanto, por sua vez, o texto inglês menciona o «impairment of the environment». A versão portuguesa, ao referir tão só «os danos causados ao ambiente», não traduzindo a frase «impairment of the environment», elimina a ideia de que não podem ser quaisquer danos, antes tendo de ser danos com um mínimo de gravidade e que produzam um dado impacto no ambiente. Assim, esta tradução como que *ambientaliza* a CLC/92.

[86] Também aqui, há divergência substancial entre a versão portuguesa e as versões autênticas citadas no texto. Na verdade, a versão portuguesa ao referir-se, tão só, aos «danos causados no ambiente», elimina a ideia de que esses danos terão de agravar dada situação. Ainda aqui, a tradução reforça a visão ambiental da convenção, ao criar a ideia de acordo com a qual um dado dano ao ambiente, qualquer que o mesmo possa ser, pode dar lugar à aplicação das disposições da CLC, o que não é o caso.

[87] RÜDIGER WOLFRUM, *Liability for Environmental Damage: A means to enforce Environmental Standards, cit.,* pág. 571.

[88] «...princípio que ganha importância no direito internacional do direito do meio--ambiente», segundo afirma, RÜDIGER WOLFRUM, *Liability for Environmental Damage: A means to enforce Environmental Standards, cit.,* pág. 571.

Natureza Jurídica da CLC 1969/92 39

as observações que para cima ficaram, chama a atenção para outros factores a ter em conta[89].

De facto, o dito princípio da precaução, no que toca ao conceito de dano ambiental, não suprime a necessidade de levar em atenção a existência de critérios objectivos[90], o que, igualmente deve ser aplicado à CLC/92. Isto, naturalmente, permite relativizar o emprego da expressão «impairment of the environment», presente no artigo I/6, da CLC/92[91], no sentido da mesma não pretender denotar a intenção de lhe atribuir a natureza de convenção internacional susceptível de ser integrada nas de índole jurídico-ambiental. De resto, o contexto em que se integra – limitar o dano indemnizável – vai nesse sentido.

(iii) *Dano individual.* De acordo com o constante do segundo considerando da CLC/92, as partes nesta convenção «convencidas da necessidade de garantir uma indemnização equitativa às pessoas que sofram prejuízos derivados do facto da poluição resultante de fugas ou de descargas de hidrocarbonetos provenientes de navios», «acordaram na elaboração desta convenção». O facto do texto da convenção consignar como seu objectivo o estabelecimento de bases para indemnizar as pessoas que tenham sofrido danos deve ser destacado. Na verdade, uma tal opção legislativa traduz a ausência de uma qualquer finalidade acauteladora do meio marinho como tal, relativamente ao qual não se vislumbra qualquer preocupação de tutela ressarcitória ou cautelar. De facto, o considerando transcrito evidencia que a única preocupação ressarcitória da convenção tem

---

[89] Vale a pena recordar que no tratado da Antártida são tidas em atenção necessidades de proporcionalidade na fixação das indemnizações devidas por responsabilidade civil. Nota, a este respeito, um autor que «As condições da necessidade e da proporcionalidade estão incorporadas no projecto de artigo elaborado pelo grupo de peritos jurídicos», FRANCESCO FRANCIONI, *La conservation et gestion des ressources de L'Antarctique,* "Recueil des Cours", Vol. 260, pág. 371, nota 283.

[90] RÜDIGER WOLFRUM, *Liability for Environmental Damage: A means to enforce Environmental Standards, cit.,* pág. 571.

[91] A tradução portuguesa do texto da convenção afasta-se contudo, tanto da versão inglesa como da francesa. De facto, o texto francês refere a «altération de l'environnement», enquanto, por sua vez, o texto inglês menciona o «impairment of the environment». Ora, a versão portuguesa, ao referir tão só «os danos causados ao ambiente», elimina a ideia de que terão de ser danos que produzem dado impacto no ambiente. Esta divergência pode levantar delicados problemas como já cima foi relevado (cfr. supra nota 85).

como alvo bens individuais[92]. A ser assim, torna-se manifesto que, na classificação proposta por Rüdiger Wolfram, nunca a CLC/92 poderia integrar-se no grupo de convenções tuteladoras do meio ambiente dada a sua finalidade, primeira e imediata, para não dizer exclusiva, de ressarcir os lesados pelos danos que o derramamento dos hidrocarbonetos lhes causou.

Não obstante o que precede, contudo, o nosso problema não deve considerar-se como encerrado. Na verdade, para uma conclusão a este respeito mais fundamentada, ter-se-á, por um lado, de examinar certos aspectos do regime legal instituído e, por outro lado, examinar jurisprudência formada no âmbito da convenção. De facto, não pode excluir-se a possibilidade da jurisprudência ter acentuado neste texto, cuja primeira finalidade, sem dúvida, é de natureza jurídico-marítima, os aspectos que nela tenham índole ambiental, subalternizando a mencionada dimensão de direito marítimo. No seu estudo já citado, Rüdiger Wolfrum nota que os regimes jurídicos direccionados à tutela do meio ambiente devem conter vários elementos, tais como «definição do meio ambiente ou dos seus elementos, identificação do que constitui dano ao meio ambiente, tipo de responsabilidade civil, identificação do que constitui mecanismos ou critérios de como determinar o montante do dano e processo da sua implementação»[93]. Ora, o esquema intelectual proposto por Rüdiger Wolfrum, mostra ao intérprete a impossibilidade de integrar a CLC/92 nas convenções internacionais de natureza jurídico-ambiental, sem prejuízo do ressarcimento dos danos em causa poder, indirectamente embora, trazer relevantes vantagens para o meio ambiente em que ocorreram e para cuja reposição podem, porventura, beneficiar do dito ressarcimento. E é assim, tanto porque não foram definidos os conceitos de *ambiente* ou de *dano ao meio ambiente*, como pela dificuldade desse dano poder preencher a noção, igualmente ela mesma a definir, de *impairment of the environment*.

Isto, de resto, é confirmado pelo facto de, no quadro da CLC, as lesões causados v.g. à fauna piscícola serem indemnizáveis apenas se

---

[92] Neste sentido cfr. CRISTOPH SEIBT, *Zivil Rechtlicher Ausgleich, Ökologischer Schäden,* Tubingen, 1994, pág. 141. Este autor, aliás, assinala que a prática administrativa do FIPOL vai no sentido de reconhecer como indemnizáveis, tão só, as posições individuais.

[93] RÜDIGER WOLFRUM, *Liability for Environmental Damage: A means to enforce Environmental Standards, cit.,* pág. 568.

Natureza Jurídica da CLC 1969/92   41

forem susceptíveis de diminuírem as capturas dos pescadores[94]. Ou seja, o ressarcimento dessas lesões – afinal de contas, danos ambientais – apenas é levado em conta na medida em que das mesmas resultam prejuízos que afectem bens individuais e tão só, na estrita medida em que isso se torna necessário para possibilitar a indemnização do dano sofrido por um lesado individual. Isto monta a dizer não ser a realidade *meio ambiente*, sempre definida em sentido puramente sociológico e não em termos normativos, indemnizável face aos critérios da CLC/92.

Assim, a concretização jurisprudencial de tais danos é o único problema que resta, o que, em suma, significa que a introdução na CLC, na redacção de 1992, da expressão *meio-ambiente*, não lhe conferiu um qualquer sentido *ambientalista*. Aliás, como já acima se deixou esboçado, o objectivo do aditamento em causa situou-se à margem de qualquer controvérsia a este respeito e teve por finalidade impedir o alargamento dos danos ressarcíveis. De facto, o preceito, recorde-se, determina que a compensação seja «...*limitada aos custos das medidas necessárias tomadas ou a tomar para reposição das condições ambientais*»[95]. Ter-se-á, pois, que

---

[94] Neste sentido, expressamente, cfr. acórdão do Tribunal da Relação de Lisboa, de 20 de Outubro de 1994, in Colec. Jurisp., cit., págs. 125/126 e 128, que confere direitos de indemnização aos «...proprietários de viveiros de determinadas espécies marinhas criadas no mar». Este direito, no entanto, é atribuído de forma restrita. Com efeito aos pescadores é reconhecido o direito de serem ressarcidos mas tão só pelos danos nos «...seus barcos e apetrechos de pesca que os impeçam de trabalhar na sua actividade piscatória», acórdão, cit., pág. 127.

[95] A tradução portuguesa do texto da convenção afasta-se contudo, tanto da versão inglesa como da francesa. De facto, além da questão acima referida, relativa à tradução de «altération de l'environment» (versão francesa) ou «impairment of the environment» (versão inglesa), uma outra dúvida surge com a expressão «custos das medidas necessárias». Na verdade, mais adiante, aludindo à compensação devida pelos danos causados ao meio-ambiente, fala nos «custos das medidas necessárias». Ora, nos correspondentes textos francês e inglês, escreveu-se, respectivamente, «mesures raisonables» e «reasonable measures». Por fim, segundo a versão portuguesa, essas medidas visam «... a reposição das condições ambientais». Ora, neste ponto, o texto inglês fala em «measures of reinstatement», enquanto o francês articulou «mesures de remise en état». Ou seja, em resumo, a versão publicada no jornal oficial português dá-nos uma convenção *ambiental*, que nada, considerando o que está escrito nas versões autênticas, permite aceitar. Esta divergência pode levantar delicados e quase inultrapassáveis dificuldades. De facto, a tradução portuguesa, mesmo a oficial, não é autêntica, sendo que ao abrigo do Direito Internacional como, de resto, já foi defendido, as traduções que vinculam são apenas as traduções autênticas (neste sentido R. Bernhardt, *Interpretation in International Law*, in: R. Bernhardt

esta expressão prossegue o objectivo de limitar tanto o tipo de danos a ressarcir como os respectivos montantes. Assim, no que respeita ao meio-ambiente, em si mesmo considerado, a CLC não prevê senão a indemnização dos custos das medidas da respectiva restauração e reconstituição do *stato quo ante* e nada mais. Assim, a introdução da expressão *«reposição das condições ambientais»* não pretendeu consagrar e, na realidade, não consagra, qualquer intenção de converter a CLC/92 numa convenção *ambientalista* ou, sequer, de *sentido ambientalista* ou com preocupações ambientalistas. De resto, acresce ainda, esta expressão só aparece nesta passagem da CLC/92, desacompanhada de quaisquer outros elementos que a complementassem ou que lhe conferissem outra finalidade, para além da já assinalada.

(iv) *Dano individual; continuação*. O dano individual, cuja forma de ressarcimento e respectivas consequências examinámos, pode não ser totalmente ressarcido. De facto, sem prejuízo de, mais adiante, toda esta temática vir a ser retomada com o desenvolvimento que a sua importância exige, o proprietário do navio pode limitar a sua responsabilidade ao montante de 3 milhões de unidades de conta para um navio cuja arqueação não exceda as 5.000 unidades[96], devendo ser acrescido a esse montante 420 unidades de conta por cada unidade de arqueação, não podendo o montante global exceder, em qualquer caso, 59,7 milhões de unidade de conta (artigo V/1, alíneas a) e b) da CLC/92), soma esta que o recente incidente com o navio *Prestige* mostrou poder ser insuficiente. Basta, para isso, que o proprietário do navio, utilizando a faculdade que lhe é conferida pelo artigo V/1,3, proceda à constituição do chamado *Fundo de limitação*. Na verdade, uma vez este constituído, as indemnizações que, porventura, ainda tiverem de ser pagas deixarão de ser da sua responsabilidade, não

---

(ed.), "Encyclopedia of Public International Law", Volume I, (1995), p. 1422. Não obstante ser assim, como o mesmo autor nota, essas traduções oficias não autênticas «muitas vezes têm considerável peso na ordem internacional do Estado em causa», *ob. e lug. cit.*

[96] Ainda neste ponto, a versão que consta do texto oficial português torna de difícil compreensão o que está aqui em causa. Na verdade, o intérprete não pode deixar de interrogar-se, ao ler, no artigo V, «...5.000 unidades» sobre qual a unidade de que se trata, para mais tendo-se, momentos antes, falado de unidades de conta. A versão portuguesa, manifestamente, acompanhou a francesa que fala em «...5.000 unités». Mais clara é a versão inglesa, também ela oficial, que, neste ponto, refere «Units of tonnage».

podendo os lesados demandá-lo. É patente ser este um critério que, tendo em conta os interesses do *shipping*, não toma em atenção, como quer que as coisas sejam encaradas, qualquer ideia de protecção do meio ambiente. Na verdade, o critério que preside à constituição do dito *Fundo de limitação* é o da sua tonelagem (CLC/92, artigo V/1). Ora, a verdade é que o potencial poluidor de um petroleiro pouco tem a ver com a sua tonelagem. Nesta matéria o que, de facto, conta é a quantidade de hidrocarbonetos derramados, o que traduz uma dada relação com o crude transportado. Também, quase sempre, deverá ser tido em conta o especial circunstancialismo que rodeia o acidente ocorrido. No caso do *Jessica*, v.g., a quantidade derramada foi relativamente pequena. Porém, teve lugar na zona, muito sensível em termos ambientais, do Parque Nacional de Galápagos. Perante a CLC/92, v.g., tal factualismo seria totalmente ignorado. Ao consagrar o critério da tonelagem, o legislador da CLC/92 – de notar, entretanto, que a solução provém do texto da CLC/69 e, anteriormente, da *Convenção sobre a limitação da responsabilidade dos proprietários de navios de alto mar* de 10 de Outubro de 1957 – limitou-se a seguir a tradição marítima nesta matéria, sendo que, sem dúvida, o critério tem a vantagem da fácil aplicabilidade, evitando controvérsias a este respeito. O instituto da limitação da responsabilidade tem como antecedente a legislação inglesa de 1864 (*Merchant Shipping Act Amendment Act,* 1862, posteriormente, confirmado pelo *Merchant Shipping Act,* 1894). As convenções internacionais que, posteriormente, no plano internacional, codificaram o instituto da limitação da responsabilidade, invariavelmente, seguiram a solução de converter a tonelagem do navio no fundamental parâmetro para a limitação da responsabilidade civil do proprietário no navio[97]. Assim sucedeu tanto na «*Convenção sobre responsabilidade dos proprietários de navios do alto mar*», de 10 de Outubro de 1957, como na «*Convenção da responsabilidade por créditos marítimos*», de 19 de Novembro de 1976[98]. Consequentemente, ao aceitar a solução que, neste aspecto, as duas convenções referidas oferecem, a CLC/92 – na esteira da CLC/69 – adoptou uma solução de continuidade relativamente ao instituto da limitação da responsabilidade civil do

---

[97] Sobre toda este questão, largamente, cfr. WILLIAM TETLEY, *Maritime Law as Mixed Law System,* "Tulane Maritime Law Journal", 1999, 317 e segts., consultado em www.magill.ca.maritimelaw.

[98] Texto destas duas convenções em MANUEL JANUÁRIO DA COSTA GOMES, *Leis Marítimas, cit.,* págs. 773 e segts. e 781, respectivamente.

44 *Poluição Marítima por Hidrocarbonetos e Responsabilidade Civil*

proprietário do navio. Assim, a CLC/92 posicionou-se numa linha de continuidade em relação à tradição das convenções de direito marítimo, desta maneira, marcando a sua pertença à *família* das convenções de direito marítimo e não às de direito do meio ambiente.

10. A apreciação da natureza jurídica da CLC/92 passa igualmente – passa sobretudo – pelo exame da jurisprudência que, ao seu abrigo, veio a formar-se[99]. De facto, cerne da interpretação jurídica é a concretização[100]. Assim, a visão jurisprudencial acaba por ter um não pequeno lugar no problema em exame. Por ser assim, saber se na concretização das suas disposições foi reconhecida a presença de um *interesse ambiental* ou de uma *amizade pelo meio ambiente* é algo que acaba por ser projectado para o primeiro plano. Dificuldade da mesma é que, para além das referências acima indicadas[101] que, mais do que valor normativo, prosseguem objectivos puramente descritivos, não possuem os tribunais qualquer definição jurídica do que é o *meio ambiente*. Para isso, teria que proceder-se a uma construção dogmática de tal conceito o que, em todo o caso, não foi feito. A inexistência de tal conceito terá assim de ser suprida mediante a utilização da definição de dano por poluição, de resto, eleito pela jurisprudência como alicerce conceptual. Aceitando-se tal via, consegue-se uma realidade onde alicerçar toda esta matéria.

Desta maneira, contudo, é menorizada a necessidade do conceito de meio-ambiente o que, desde logo, pode levar ao afastamento da atribuição à CLC/92 de qualquer conotação de tipo ambientalista que, de resto, a conclusão anterior – no sentido da não pertença das Convenções de Bruxelas/Londres à família das convenções ambientais – já permitia pressupor. A definição do dano de poluição que a jurisprudência elegeu, *una voce*, como ponto de partida, foi encontrada no já mais acima citado artigo 6/1, cuja redacção possibilitou por a claro a divisão da jurisprudência. Nos casos, v.g., do *Amoco Cadiz* ou do *Patmos* (1.ª instância), a jurisprudência considerou que o chamado "dano ecológico" – aliás, não definido – não

---

[99] Michele Comenale Pinto, *La responsabilità per inquinamenti da idrocarburi nel sistema della C.L.C.*, Pádua, 1993, págs. 149 e sgts., *passim*.

[100] Hans-Georg Gadamer, *Vérité et Méthode, cit.*, pág. 333, que nota: «A tarefa da interpretação é a de concretizar a lei num dado caso, é pois, a de aplicar».

[101] «danos causados ao ambiente» ou «reposição das condições ambientais», cfr. supra n.º 9, (ii).

Natureza Jurídica da CLC 1969/92

era dano por poluição, logo sendo insusceptível de ressarcimento. Mas nos casos, v.g., do *Patmos* (recurso no Tribunal de apelação de Messina) foi entendido ser esse dano indemnizável, enquanto dano por poluição[102].

(i) O ponto da partida da primeira orientação jurisprudencial referida encontra-se no facto da definição do artigo I/6 ligar o ressarcimento aos danos causados por contaminação, desta forma acabando por limitar o escopo da restauração natural. Tome-se como exemplo o caso do *Amoco Cadiz*. Neste caso, o tribunal separa, no que concerne às consequências para a fauna, dois tipos de danos. O primeiro surge a partir da «...tentativa de avaliar as espécies mortas na área "intertidal" pelo derramamento do óleo e reclamar danos de acordo com o seu valor de determinação[103]...». Para além de razões de natureza processual, o tribunal não considera este dano ressarcível, notando que «A avaliação da biomassa foi complexa, reduzida, especulativa, alcançando conclusões baseadas numa cadeia de presunções, a falta de uma das quais afectaria drasticamente o resultado final», tudo isso levando o tribunal a não aceitar ser indemnizável este prejuízo[104]. O segundo pedido era o de ser a autora da lesão condenada a custear um programa de implantação de espécies. O tribunal afasta também este pedido notando que esse programa é produto de «um plano para cientistas interessados redesenhar e melhorar o eco-sistema mais do que o restaurar nas condições pré-Amoco». O tribunal limita-se a considerar, a este respeito, ter reconhecido «... os pedidos de pescadores e associações de pesca baseados nas reduções das suas capturas e lucros daí resultantes, como resultado do dano ao eco-sistema devido ao derramamento de óleo...»[105]. Aspecto a pôr em relevo nesta orientação é o facto de recusar-se a indemnização por dano ecológico *(ecological damage)*, definido, *latu sensu*, como o causado à fauna e flora marinhas, por entender-se estar este dano sujeito ao princípio da *res nullius*, o que o torna não compen-

---

[102] Uma outra orientação considera que a questão não é susceptível de ser colocada no quadro da CLC/92, antes no do direito interno dos vários Estados. Sobre a questão, cfr. MICHELE COMENALE PINTO, *La responsabilità per inquinamenti da idrocarburi nel sistema della C.L.C., cit.*, págs. 152.

[103] Sentença cit., "Il Diritto Marittimo", Ano XCI, fascículo III, pág. 890.

[104] Não é, em todo o caso, seguro se a hesitação do tribunal não ficou antes a dever-se ao facto de não haver prova absolutamente irrefragável.

[105] Sentença cit., "Il Diritto Marittimo", Ano XCI, fascículo III, pág. 891.

sável «por falta de legitimidade de qualquer pessoa ou entidade para o reclamar»[106].

(ii) Quanto à segunda orientação, a mesma alarga o conceito de dano não o restringindo à contaminação. Para tal, na definição do artigo I/6 da CLC, coloca em primeiro plano a frase «...qualquer dano ou perda exterior ao navio...», deixando na penumbra a necessidade desse dano ou perda terem de provir da contaminação. No caso do *Patmos,* este posiciona-mento é visível. De facto, à interrogação sobre se o dano ambiental é res-sarcível, o tribunal responde que «A resposta à pergunta posta não pode ser senão afirmativa»[107]. E a explicação, apresentada a seguir, é a de que «Na convenção sobre responsabilidade civil, como já relevado, o dano da poluição é definido pelo artigo 1, parágrafo 6, não apenas genericamente, o que inclui o custo de medidas preventivas e todas as ulteriores perdas ou danos causadas pelas ditas medidas preventivas»[108]. Aliás, reforçando esta argumentação, o tribunal valoriza-a, notando que a convenção sobre a intervenção em alto mar, aprovada na mesma ocasião do que a da CLC/69, legitima a intervenção dos estados ribeirinhos para acautelarem nessa área os seus interesses que, pondera o tribunal, são *interesses relacionados*[109] (*interessi conessi*, no texto italiano da sentença), a ter em conta. Ora, estão em causa aqui, segundo se escreve na sentença, «Interesses que, como já relevado, investem directamente valores ambientais como os relativos à «conservação dos recursos biológicos marinhos, da fauna e da flora»[110]. Quanto à questão da ressarcibilidade do dano ecológico, o tribunal consi-dera que o mesmo reflecte-se «...na colectividade que retira dos recursos

---

[106] Sentença *cit.,* "Il Diritto Marittimo", Ano XCI, fascículo III, pág. 891.

[107] Sentença *cit.,* "Il Diritto Marittimo", Ano XCI, fascículo IV, pág. 1055.

[108] Sentença *cit.,* "Il Diritto Marittimo", Ano XCI, fascículo IV, pág. 1056.

[109] No 4 considerando e respectivas alíneas da convenção sobre a intervenção no alto mar (texto em MANUEL JANUÁRIO DA COSTA GOMES, *Leis Marítimas, cit.,* págs. 935 e segts.) define-se «interesses relacionados» como os «...directamente afectados ou ameaçados pelo acidente de mar e que dizem respeito especialmente: (a) às actividades marítimas costeiras, portuárias ou de estuário, incluindo a actividade pesqueira, consti-tuindo um modo de vida essencial das populações envolvidas; (b) à atracção turística da região considerada; (c) à saúde das populações ribeirinhas e ao bem-estar da região considerada incluindo a conservação dos recursos biológicos marinhos, a fauna e flora».

[110] Sentença cit., Il Diritto Marittimo, Ano XCI, fascículo IV, pág. 1056.

ambientais e, particularmente do mar um complexo de utilidades, sob o ponto de vista alimentar, turístico, sanitário, da investigação científica e dos estudos biológicos quer para a vida humana quer para a íctica e da flora marinhas»[111]. E, quanto ao aspecto da legitimidade, ao raciocínio do tribunal norte-americano, que notava não haver quem tivesse legitimidade para reclamar esse tipo de danos, os magistrados italianos contrapõem que «A legitimação para agir, para reclamar o ressarcimento do dano em questão não pode senão respeitar ao Estado, como ente representativo da colectividade nacional (do qual o mesmo Estado tutela os interesses do equilíbrio ecológico, biológico e sociológico do território, aí compreendido o mar territorial) encontrando esse fundamento não já no facto do Estado ter efectuado despesas para reparar o dano causado pela poluição ou no facto de ter sofrido uma perda económica mas na sua função de tutela da colectividade e dos referidos interesses»[112].

(iii) Não tomarei aqui posição sobre que leitura jurisprudencial do artigo I/6 merece a prevalência e, logo, sobre se é justificada ou não, ou, ao menos, possível, uma leitura *ambiental* da CLC, como, igualmente, não me pronunciarei sobre as consequências jurídicas a retirar do facto dos bens lesados pertenceram à categoria das *res nullius*, e, em geral, sobre o chamado *dano ecológico*[113]. Por um lado, na verdade, não é isso o que, neste ponto do presente trabalho, verdadeiramente, está em causa e, por outro lado, não são aspectos aqui verdadeiramente relevantes. O que importa, realmente, evidenciar é o facto do dissídio jurisprudencial[114]

---

[111] Sentença *cit.*, "Il Diritto Marittimo", Ano XCI, fascículo IV, pág. 1055.

[112] Sentença *cit.*, "Il Diritto Marittimo", Ano XCI, fascículo IV, pág. 1057.

[113] Nota uma autora que «O dano ecológico puro é um dano específico semi-colectivo, semi-individual, material e difuso, por vezes incerto e indirecto e, muitas vezes, futuro. Engloba a manutenção dos processos ecológicos essenciais, a manutenção da diversidade genética e de uma exploração duradoura das espécies e dos ecossistemas tendo conta do dano crónico por efeito de acumulação da poluição», CÉCILE ROBIN, *Le Naufrage de L'Erika, La Commune de Mesquer encore déboutée: um novel échec dans la l'application du principe du pollueur-payeur*, Journal des Accidents et des Catastrophes, 25, consultado em http://www.iutcolmar.uha.fr/internet/recherche/Jcerdacc, a propósito do aresto da Cour de Rennes de 13 de Fevereiro de 2002, proferido no caso do navio – «Erika».

[114] Sobre este dissídio jurisprudencial, cfr. MICHELE COMENALE PINTO, *La responsabilità per inquinamenti da idrocarburi, cit.*, 1993, págs. 149 e segts. O dissídio, de resto, provêm do próprio artigo 6/1, que, considerado pela jurisprudência portuguesa

48 *Poluição Marítima por Hidrocarbonetos e Responsabilidade Civil*

surgir a partir do próprio tecido normativo de uma convenção – designadamente da mesma disposição legal (artigo1/6, CLC/92) – o que bem confirma o que acima houve ocasião de, logo liminarmente, notar: que, uma qualquer posição que, a este respeito, haja de tomar, encontra os seus alicerces no horizonte de pré-compreensão de que o intérprete parte. É possível que este dissídio, caso a CLC tivesse vocação para ser uma convenção ambiental, mesmo assim se mantivesse. Mas se assim sucedesse, tal divergência, a manter-se, certamente teria outras e muito mais reduzidas dimensões. Se, no domínio da CLC/69, momento temporal em que as preocupações ambientais não tinham o relevo que presentemente assumem, a visão puramente marítima não representava, necessariamente, uma opção, a verdade é que as coisas deverão ser perspectivadas de forma diferente colocado o problema no âmbito da CLC/92. De facto, neste momento, realizadas as grandes conferências de Estocolmo e do Rio de Janeiro, as alterações mais relevantes feitas no texto de 1992 mal reflectem as preocupações que essas reuniões manifestaram. Assim, as modificações feitas ao texto da CLC pelo Protocolo de Londres de 1992 – de forma minimalista intituladas precisões – deixaram intactas as linhas fundamentais da CLC, que, por isso, manteve o seu posicionamento no sentido de continuar a ser uma convenção de direito marítimo.

Tudo isto concorre no sentido de ser difícil aceitar, a partir tão só do texto da CLC/92, poder ser encontrada uma resposta conclusiva no debate aqui evocado, sobretudo no sentido de a ver como convenção ambiental. E, na verdade, no caso do *Patmos* invoca-se ainda a convenção sobre a intervenção no alto-mar, também de Novembro de 1969. Como, igualmente, não se recusa a invocação de textos de direito interno que encaram toda este problemática sob uma perspectiva ambiental. De qualquer forma, quem defende a possibilidade de efectuar uma leitura ambiental da CLC/92, não pode desconhecer, pelo menos, a controvérsia evocada e, *sic e simpliciter*, considerar esta convenção, qualquer que seja a versão que seja tida em consideração, como um documento de natureza puramente

---

como tendo um propósito limitador (navio *Marão*, Col. Juris. 1994, IV, pág. 127), ao invés foi considerado como tendo uma intenção ampliativa (navio Patmos, Il Dir. Marittimo, 1989, pág. 1056). Para, a este respeito, uma posição intermédia, cfr. TROTZ e DE LA RUE, *Admissibility and Assesment of Claims for Pollution Damages*, "Il Diritto Marittimo", 1994, pág. 311, que notam que «...é claro que a exigência do dano "por contaminação", por si só, não é suficiente para responder a todas as questões em causa» (aspas dos autores).

jurídico-ambiental[115]. A verdade, é que, bem vistas as coisas, qualquer destas duas linhas interpretativas tem em comum a indiferença relativamente ao que é o meio-ambiente e quais os seus elementos constitutivos. Assim, haverá de concluir-se, a fractura não é tanto entre jurisprudência ambiental e não ambiental mas entre jurisprudência que alarga o dano indemnizável e a que, a esse respeito, é mais restritiva[116]. Quanto ao facto de, porventura, haver uma tendencial coincidência entre a jurisprudência que alarga o dano indemnizável e a que toma em atenção os danos naturais, pode dizer-se não ser essa constatação irrefragável. No caso do *Marão*, no qual apenas danos de natureza económica estavam em jogo, o Tribunal de 1.ª instância inclinou-se para uma leitura larga desse dano. No caso do *Patmos*, na 1.ª instância, o tribunal fez uma interpretação restrita dos danos cuja indemnização fora pedida. Contudo, estavam em causa danos no mar e no meio ambiente marinho. Isto mostra não haver correlacionação entre as duas indicadas realidades. Isto mostra, finalmente, antecipando o sentido da exposição subsequente, ser a CLC/92 uma convenção de direito marítimo na qual o aparecimento de dada dificuldade de índole puramente exegética, em todo o caso, suporta um eventual alargamento do dano indemnizável abrindo-a, assim, a uma visão ambiental da CLC/92. Creio assim que, mesmo a jurisprudência porventura invocável como integradora de uma *visão ambiental* da CLC/92, realmente não o é. E é assim porquanto a mesma, ao fim e ao cabo, mais não faz do que proceder ao alargamento do dano ressarcível, *praeter legem*, no qual a mesma integra realidades tão heterogéneas como a fauna ou a flora e do meio marinho a que faz acrescer as chamadas qualidades de desfrute da paisagem, em si mesma considerada.

---

[115] MALGOSIA FITZMAURICE nota que após a Conferência de Estocolmo, sobre o meio ambiente, de Junho de 1972, assistiu-se a uma expansão de convenções ambientais. A ilustre autora, de resto, dá uma longa lista de tais convenções. Ora, a CLC/92 não se encontra nessa lista, *International Protection of the Environment, cit.,* "Recueil des Cours", *cit.* pág. 35, nota 46.

[116] Esta visão das coisas evita o difícil problema de encontrar um critério para liquidar esse dano. No caso do navio «António Gramsci», fora pela IOPCF rejeitado o critério baseado na utilização de modelos matemáticos; no caso do «Zoe Colocotroni», a Court of Appeals (decisão de 12 de Agosto de 1980) afastou o critério, considerado não razoável, da avaliação feita de acordo com preços de mercado. Aliás, neste último caso, igualmente foi referida a necessidade de ter em conta as reacções correctivas naturais do próprio ecosistema.

50   *Poluição Marítima por Hidrocarbonetos e Responsabilidade Civil*

11. Invocou-se, igualmente, o critério da equidade como sinal de abertura aos valores ambientais. Com efeito, a fixação de indemnizações através de critérios da equidade tem sido ligada à adopção ou, pelo menos, à tomada em atenção de preocupações de natureza ecológica. Neste sentido, uma autora nota «Eis enfim encontrada a medida que permite estimar o dano ecológico: baseia-se no princípio da equidade. Incumbe, evidentemente ao juiz decidir em cada caso preciso o que é equitativo e o que não o é»[117]. O acórdão do Tribunal de Apelação de Messina, de 24 de Dezembro de 1994, que – recordemos tal facto – considerou dever ressarcir o dano ecológico, recorreu a esse critério. Diga-se, antes de mais, que o fez indo para além do que se encontra preceituado na CLC/69 a este respeito, recorrendo ao seu direito interno. A este respeito o Tribunal de Messina observa: «Para a concreta determinação do *quantum,* o Tribunal decide socorrer-se da faculdade que lhe é conferida pelo art. 1226 do CCivile, procedendo, portanto, a uma valoração equitativa do dano, enquanto este, embora certo na sua existência ontológica, não pode todavia (e por evidentes razões) ser provado no seu preciso montante»[118]. O valor normativo de tal critério, no quadro da CLC – esteja-se perante a versão de 1969 ou trate-se, antes, da de 1992 – é duvidoso. No segundo considerando do preâmbulo da CLC/69, recorda-se a convicção dos Estados partes na convenção da «...necessidade de garantir uma *indemnização equitativa* às pessoas que sofram prejuízos derivados do facto de poluição...». Por outro lado, porventura de forma ainda mais expressiva, no terceiro considerando do mesmo preâmbulo, os mesmos Estados partes afirmam o seu desejo de adoptar regras para «definir as questões de responsabilidade e de garantir, em tais ocasiões, uma reparação *equitativa*» (sublinhados do autor).

É duvidoso que nos textos acima indicados, um tribunal possa encontrar base para uma decisão de natureza jurisdicional. Antes de mais, pode dizer-se, não está prevista em nenhum dos considerandos transcritos a possibilidade da avaliação de prejuízos ser feita por meios de equidade, mas antes, a necessidade de garantir aos lesados uma indemnização equitativa. Ora, é para este reparação equitativa, que as regras da CLC são editadas. Ou seja, não decorre do facto de considerar-se ser desejável garantir aos

---

[117] CHAO WU, *La Pollution du fait du Transport Maritime des Hydrocarbures, cit.,* pág.

[118] Apelação de Messina, *cit.* pág. 1089.

lesados uma reparação equitativa a possibilidade do recurso à equidade. Em seguida, e agora decisivamente, por dever ter-se em atenção o próprio valor normativo dos preâmbulos dos tratados internacionais. Ora este último, repare-se, como na doutrina se sublinhou, é escasso[119]. De facto, não pode aceitar-se para o preâmbulo de uma convenção internacional – aqui a CLC – um certo e determinado valor jurídico se o mesmo não estiver contido no respectivo articulado convencional. Ora, na CLC/69, para além das duas referências contidas no preâmbulo, não há qualquer preceito que se ocupe de tal aspecto ou que, ao menos, lhe faça qualquer menção. Mesmo na versão, mais explícita, do artigo 6/1 da CLC/92, indica-se que está em causa conceder aos lesados a compensação pelos danos sofridos, nada mais referindo a lei como prejuízo indemnizável. No restante articulado, tudo leva à conclusão de que a CLC/69 pretendeu consagrar o princípio da restauração natural[120] o que, aliás, embora *a posteriori*, tanto a CLC/92 como a CNUDM vieram confirmar.

Ou seja, no articulado da convenção não se encontra qualquer preceito a esse respeito. Nesta medida, não há na CLC/69 lugar, no que respeita à fixação e à atribuição de indemnizações, ao emprego de critérios de equidade[121]. Ou, dizendo de outra forma, nem sequer é possível, ao abrigo desta convenção, encontrar espaço para indemnizações equitativas fora dos parâmetros que ela mesmo define. Assim, a indemnização equitativa não pode, forçosamente, deixar de ser integrada pela determinação, a ser

---

[119] HANS-DIETRICH TREVIRANUS, *Preamble*, in "Encyclopedia of Public International Law", Rudolf Bernhardt, edit., 1997, Vol. III, pág. 1098, nota, a este respeito, que «Uma vez que são meras declarações, não criam quaisquer vínculos jurídicos acima e para além do verdadeiro texto do tratado».

[120] Princípio que no direito civil português, está consagrado no artigo 562.° do CCivil.

[121] CHAO WU, *ob. cit.* pág. 463, após notar que os responsáveis deveriam fiar-se no princípio em causa «... e sobretudo nos juízes que, pelas experiências passadas se revelaram suficientemente engenhosos para regular equitativamente os litígios», considera que na afirmação desse princípio se revelam tendências de natureza ecológica. Como a mesma afirma, *ob. cit.*, pág. 462, «Eis, enfim, encontrado o critério que permite estimar o dano ecológico». Ou seja, só esta visão da convenção (passando agora por cima das questões textuais) permitiria aceitar critérios de equidade. Ora, como já mais acima foi posto em evidência, não está nos propósitos da convenção proceder a qualquer ressarcimento do dano ecológico. Assim a utilização de critérios de equidade, só poderia aceitar-se ao abrigo de uma visão que o texto da convenção não consente.

feita em face da prova produzida, do montante dos danos causados pela contaminação produzida pela poluição. Este tipo de considerações, acresce ainda, só reforça o propósito da convenção de assegurar o máximo de competência possível à *lex fori* para editar a disciplina probatória mediante a qual são apurados os lesados, determinados os prejuízos e quantificado o montante a satisfazer.

A verdade é que, debalde, se procurará qualquer preceito, seja na CLC, seja na convenção do *Fundo*, que se ocupe de uma tal matéria. A mesma permanece, pois, entregue à competência da disciplina da *lex processualis fori* a que, tanto a CLC/92, como a convenção do IOPCFund, são estranhas. Imprescindível, em todo o caso, é que os danos reclamados pelos lesados e, insiste-se, concretamente apurados, decorram de *contaminação*.

12. Pelo princípio poluidor pagador pretende-se referir a proibição que impende sobre a entidade poluidora de fazer recair sobre a comunidade o preço das medidas de prevenção e de restauração dos danos causados pela poluição. Ao contrário, tais medidas devem ser suportadas pelos custos dos bens e serviços que a causam[122]. E, em perspectiva semelhante, Malgosia Fitzmaurice menciona a «...costs internalization», que, deste princípio, deriva[123]. Assim, não se trata tanto de um princípio jurídico, que, contudo, também não deixa de o ser, como, antes de mais, de um princípio económico[124]. De facto, a doutrina sublinha-o, o mesmo «...não se reconduz a um simples princípio de responsabilidade civil»[125], procurando atribuir-lhe um papel mais saliente do aquele que teria, caso ape-

---

[122] Neste sentido MARIA ALEXANDRA DE SOUSA ARAGÃO, *O princípio do poluidor pagador*, Coimbra, 1997, págs. 59 e 60.

[123] MALGOSIA FITZMAURICE, *International Protection of the Environment, cit.*, pág. 285.

[124] Em sentido inverso, cfr. MALGOSIA FITZMAURICE, *International Protection of the Environment, cit.*, pág. 285, que afirma que o princípio foi transposto «...do direito do ambiente para a economia».

[125] MARIA ALEXANDRA DE SOUSA ARAGÃO, *O princípio do poluidor pagador, cit.*, pág. 111; cfr., ainda, as importantes notas de rodapé, n.os 243 e 244, e a vasta bibliografia aí citada sobre esta particular vertente desta questão.

Sobre o princípio poluidor-pagador, no quadro jurídico comunitário, cfr. art. 130-R do Tratado da União Europeia; na doutrina, cfr. CHRISTIAN VON BAR, *Environmental Damage*, in *Private International Law*, "Recueil des Cours", Vol. 268, pág. 304.

Natureza Jurídica da CLC 1969/92 53

nas consistisse numa regra atinente à responsabilidade civil. De facto, como observa uma autora, escassa seria «...a utilidade de afirmar e autonomizar um princípio especial aplicado à responsabilidade civil aplicado aos danos ao ambiente, que seria, para quem perfilhe tal entendimento, o PPP»[126].

Não tomarei posição neste debate que, no campo do nosso estudo, terá escassas repercussões. Com efeito, qualquer que seja a vertente em que seja tomado, o certo é que o mesmo estará sempre ausente da CLC/92. Na verdade, como regra de direito da responsabilidade civil, não poderá ser aceite. É que, independentemente do proprietário do navio-tanque dispor de numerosos meios de se exonerar da sua responsabilidade, quase sempre a mesma é fixada em montante abaixo do valor dos danos causados. De facto, só na hipótese de condutas em que esteja presente a total culpa do proprietário do navio ou, ao menos, grave negligência, terá o mesmo o dever de indemnizar na totalidade os prejuízos causados pelo derramamento no mar dos hidrocarbonetos transportados no seu navio, pelo que no plano da internalização dos custos também não tem qualquer papel. Ao que precede, acresce que, parte substancial dos custos das indemnizações, é suportada por um fundo para o qual não contribui (o IOPCFund). Além disso, essas indemnizações são fixadas em função de critérios que, também só parcialmente, têm a ver com restauração do meio-ambiente. O que significa, em qualquer dos planos em que o princípio do poluidor-pagador é susceptível de manifestar-se, não ter, seguramente, a CLC/92 procurado constituir-se como uma normativa de internalização de custos, nos casos de poluição marítima por hidrocarbonetos.

De facto, o regime jurídico aí consagrado limita-se à adaptação, postulada por duas razões, do instituto da responsabilidade civil, à situação prevista nesse diploma. Por um lado, tem-se a consciência de estar em causa o transporte marítimo de uma mercadoria com elevado grau de perigosidade e, por esse motivo, susceptível de causar danos catastróficos, factor sempre a levar em consideração. Por outro lado, há a necessidade de articular o regime da CLC792 com o da IOPCFund, à qual pertence a fixação e o pagamento das indemnizações não satisfeitas pelo proprietário do navio-tanque polui-

---

[126] Neste sentido, Maria Alexandra de Sousa Aragão, *O princípio do poluidor pagador, cit.*, pág. 113.

54 Poluição Marítima por Hidrocarbonetos e Responsabilidade Civil

dor. Ora, no quadro desta dupla exigência, não se vê que o princípio do *poluidor pagador* encontre qualquer espaço normativo, menos ainda de maneira juridicamente relevante no que concerne quer a determinação quer a fixação do montante da indemnização dos danos causados por poluição marinha devida a hidrocarbonetos e que haverá de satisfazer aos respectivos lesados[127].

Sem embargo de que precede, a Convenção OPRC, a que na primeira parte deste estudo tive oportunidade de me referir[128], é susceptível de, mesmo que só parcialmente, dar à questão que tem vindo a ser examinada – a dimensão normativa do *poluidor pagador* – uma outra dimensão, porventura mesmo no sentido da admissibilidade da consagração do dito princípio. Na verdade, no seu sétimo considerando, o texto da dita convenção afirma que as partes na mesma, tendo em consideração o princípio do *poluidor pagador* como princípio geral do direito ambiental[129], acordaram no articulado que, subsequentemente, é apresentado. Ora, a verdade é que a alusão ao dito princípio surge num contexto em que está em causa a poluição por hidrocarbonetos e em que, igualmente, se procura interrelacioná-la com a CLC/69. Creio, contudo, que essa menção tem reduzido – se, acaso, algum – valor normativo. De facto, esta convenção é de 1990, anterior, portanto, à CLC/92. Ora, se tivesse havido o propósito de dar plena vigência normativa à dita regra, ter-se-ia aproveitado o ensejo de o pôr em vigor, consagrando-o legislativamente no Protocolo de 1984 – cuja necessidade de entrada em vigor, de resto, é relembrada – para se proceder a tal tarefa. Isto, no entanto, não veio a suceder,

---

[127] Neste sentido, CÉCILE ROBIN, *Le Naufrage de L'Erika, La Commune de Mesquer encore déboutée: um novel échec dans la l'application du principe du pollueur--payeur,* "Journal des Accidents et des Catastrophes", 25, *cit.,* nota que o mecanismo da CLC tem como efeito que «Os produtores e os proprietários de hidrocarbonetos conseguem assim escapar a toda a responsabilidade o que é contrário ao princípio poluidor-pagador» (cfr. supra nota 113).

[128] Cfr., supra capítulo I, nota 35.

[129] A tradução oficial de texto deste considerando é a seguinte: *Tendo em conta o conceito básico do «poluidor pagador» como princípio geral do direito internacional do ambiente.* Como versão oficial foi escolhida a inglesa que diz: *Taking account of the «polluter pays» principle as general principle of international environmental law.* Não se vislumbra, no texto inglês, explicação para se ter traduzido o termo *principle* por *conceito básico,* antepondo o predicado *básico* à palavra *principle,* esta última, por sua vez, vertida por *conceito.*

Natureza Jurídica da CLC 1969/92 55

pelo que não se vê que lhe tenha sido atribuído qualquer tipo de reconhecimento, ao menos de forma a repercutir-se no entendimento que deve
ser tido da CLC/92. Assim, se eventualmente essa alusão pretendia ser
um primeiro passo para um reconhecimento normativo da dita regra, a
evolução posterior não acompanhou essa, sublinhe-se, sempre eventual
intenção. De resto, coerentemente com o que precede, as *guidelines on oil
pollution damage*[130] aprovadas na XXV Conferência Internacional do
Comité Marítimo Internacional, em Outubro de 1994, são, a esse respeito,
de total mutismo.

13. Restará, neste momento, apesar de tudo ainda inicial, do presente trabalho, fazer notar, em todo o caso, que o que precede não significa uma conclusão final a este respeito. As linhas antecedentes, o que
sem dúvida sendo algo, não é definitivo, apenas recomendam que a leitura da CLC/92 deve ser feita à luz do seu reconhecimento como uma
convenção de direito marítimo. Naturalmente, que a sua leitura e exame
confirmará ou não os pressupostos hermenêuticos de que aqui partimos.
A verdade é que não será fácil sustentar ser ambiental uma convenção que
não define meio ambiente e dano ao meio ambiente, conclusão reforçada
com o reconhecimento de não estar prevista a reparação senão do dano
individual e, mesmo quanto a este, nem sequer estar garantida a sua integral reposição. Enfim, também não será possível encontrar na mesma
uma qualquer manifestação do princípio poluidor-pagador. Ao contrário,
instituições que, com designações novas, como, v.g., fundos de limitação, mais não são do que velhos institutos, como, v.g., abandono liberatório, como a seu tempo haverá ocasião de mostrar, ou essa instituição
secular[131] que é a limitação da responsabilidade do proprietário do navio,
apenas reforçam o que talvez se considere a pré-compreensão jurídica desta convenção internacional. Como, acrescente-se, ainda, o mesmo
igualmente sucede com a não tomada em atenção, na economia da
CLC/92, qualquer que seja o aspecto que do mesma seja tido em atenção,
do princípio poluidor-pagador.

---

[130] Texto em "Il Diritto Marittimo", Ano XCII, págs., 48 e sets., *passim*.

[131] RENÉ RODIÈRE faz remontar este instituto à *Ordonnance sur la Marine*, de 1681,
Traité Géneral de Droit Maritime, Introduction, L'Armement, Paris, 1976, *cit.*, págs. 594 e
segts, *passim*.

Não obstante, o que precede não pode ser considerado senão como que indiciador de uma dada natureza jurídica. Saber se são propósitos ambientalistas ou não os que explicam estas convenções, não prescinde da contextualização dos institutos jurídicos enumerados, sem prejuízo das conclusões a que acima chegámos. Um juízo definitivo terá de aguardar pois uma mais adiantada fase deste trabalho, sem embargo de, ser tendo presente a visão apresentada que a subsequente análise deve ser percepcionada. Ver-se-á, então, qual o carácter que explica o muito particular regime da responsabilidade civil do proprietário do navio-tanque no caso de poluição marítima por hidrocarbonetos. A mesmo, outrossim, permite compreender a justificação e a razão de ser dos desvios contidos na CLC/92 – e já assim sucedia na CLC/69 – ao menos no que respeita ao direito privado português, relativamente ao regime interno contido no Código Civil português, da responsabilidade civil extra-contratual.

CAPÍTULO III
Responsabilidade civil e CLC/92

No âmbito da responsabilidade civil pelos danos causados pela poluição marítima por hidrocarbonetos, a convenção fá-la recair sobre o proprietário do navio. O seu exame é pois fulcral no quadro do presente estudo. Contudo, sem prejuízo do que precede, pelas razões que haverá ocasião de mostrar, também será analisada a responsabilidade civil das sociedades classificadoras de navios, bem como a do capitão do navio. Levar-se-á a cabo este exame, ao longo de três sucessivos parágrafos.

§ 1.º
A responsabilidade civil do proprietário do navio

O exame do regime da responsabilidade civil do proprietário do navio, enquanto civilmente responsável pelos danos causados por poluição por hidrocarbonetos, implica ter em atenção quatro aspectos: (1) facto lesivo, (2) contaminação, (3) concentração (canalização) e (4) o tipo de responsabilidade civil.

14. O facto lesivo – o derramamento de hidrocarbonetos. A CLC/92 indica quais os requisitos que a poluição deve revestir para que o dano que cause possa ser ressarcido no seu quadro normativo. Segundo preceitua a alína a) do respectivo artigo I/6, *Prejuízo por poluição* significa:

«qualquer perda ou dano exterior ao navio causado por uma contaminação resultante da fuga ou descarga de hidrocarbonetos provenientes do navio, qualquer que seja o local onde possam ter ocorrido, desde que a compensação pelos danos causados ao ambiente, excluindo os lucros cessantes motivados por tal dano, seja limitada aos custos das

58   *Poluição Marítima por Hidrocarbonetos e Responsabilidade Civil*

medidas necessárias tomadas ou a tomar para a reposição das condições ambientais».

Em suma: indemnizáveis são os danos causados que: (a) sejam causados pelos *hidrocarbonetos* referidos na convenção, (b) desde que provenham de *derramamentos* de crude.

(a) – Figurando nesse artigo I/6, mais do que uma vez o termo *hidrocarbonetos*, o anterior artigo I/5 definira o sentido em que, na CLC, deve ser entendido «hidrocarbonetos». Os hidrocarbonetos que a CLC/92 tem em atenção, de acordo com o disposto no artigo I/5, são «...hidrocarbonetos minerais persistentes, nomeadamente, petróleo bruto, fuelóleo, óleo diesel pesado e óleo de lubrificação...». A razão de ser desta restrição não é clara, parecendo, em todo o caso, assentar no facto, já indicado, de os «hidrocarbonetos não persistentes se evaporarem depressa: a experiência e os ensaios no terreno mostraram de forma conclusiva que, em alto mar, todos os traços de «produtos brancos» desaparecem rapidamente depois do derramamento»[132]. Porém, de acordo com a definição do art. 1/1, alínea 4), da Convenção das Nações Unidas sobre o Direito do Mar (CNUDM)[133], poluição do meio marinho significa «...a introdução directa ou indirecta pelo homem, de substâncias ou de energia no meio marinho...». Logo, a definição compreende também a introdução de óleos não persistentes[134], qualquer que seja a definição dos mesmos. Ou seja, a definição de «substância poluente» que decorre da CNUDM, enquanto mais

---

[132] Neste sentido, cfr, CHAO WU, *La Pollution du Fait du Transport Maritime des Hydrocarbures, cit.,* pág. 49. Contudo, do debate científico o que, sobretudo, emerge é a multiplicidade de factores a ter presente. Cfr. ainda, M.'GONIGLE, ZAECHER, *Pollution, Politics, and International Law, cit.,* págs. 31 e segts. *passim.*

[133] Aprovado para ratificação pelo Decreto do Presidente da República n.° 67- -A/97, de 14 de Outubro de 1997.

[134] Caso, v.g., da gasolina ou do querosene. Cfr., a este respeito, M'GONIGLE, ZACHER, *Pollution, Politics, and International Law, cit.,* págs. 33 e 34. A questão, aparentemente técnica, tem contudo, no plano ressarcitório, importantes consequências, tendo sido objecto de debate na conferência diplomática de que veio a surgir a CLC 1969. As delegações francesa, sueca e norte-americana, v.g., eram de parecer de incluir os hidrocarbonetos não persistentes no âmbito da Convenção. Cfr., a este respeito, CHAO WU, *La Pollution du Fait du Transport Maritime des Hydrocarbures, cit.,* pág. 186 e 187. Sobre a temática, no plano normativo, dos «óleos persistentes», cfr. ainda G. TIMAGENIS, *International Control of Marine Pollution,* Londres, 1980, Volume I, págs. 398 e segts., *passim.*

ampla do que a definição do artigo I/5 da CLC, também deve ser tida em atenção. No caso do «Erika», esta questão surgiu no aresto da Cour d'Appel de Rennes, de 13 de Fevereiro de 2002[135], de uma forma que vale a pena referir. O navio em causa transportava «fuel pesado n.º 2». A natureza de produto persistente no sentido indicado no artigo I/5 da CLC/92, enquanto integrado na categoria de «hidrocarbonetos minerais persistentes, nomeadamente, petróleo bruto, fuelóleo», pareceria tornar inequívoca a sua integração no mencionado artigo I/5. No entanto, a autora não formulara o seu pedido ao abrigo das disposições relevantes da CLC/92. Com efeito, de forma a enquadrar a situação na normativa comunitária a este respeito relevante, sustentou estar-se em face de «resíduo» *(déchet)* perigoso. O tribunal, contudo, notou que o fuel transportado, por si só, não era um resíduo perigoso e que o processo que o transformara em resíduo perigoso, a saber a sua transformação em pequenas bolas por acção da água do mar, não dependera das rés. Com efeito, prosseguiu o tribunal, não se provou ter o transporte do fuel ocorrido em condições tais que levassem à conclusão de ter havido uma actuação das rés – proprietária e destinatária da carga, respectivamente – que tivesse possibilitado o aparecimento de tais bolas, sem dúvida "resíduos" perigosos. Esta decisão, mesmo que proferida fora do quadro da CLC, merece ser referida. Na verdade, mostra que, mesmo numa esfera tão aparentemente técnica como a da determinação de qual o agente concretamente responsável pela poluição marinha, estão os tribunais vinculados a cuidadas verificações sobre a qualidade de "causa poluidora" de dado agente, a levar a cabo, como aqui sucedeu, na base de puros critérios normativos. Nesta medida, trata-se de decisão a ser recordada também no contexto da CLC.

(b) – Questão que igualmente se coloca, é a de saber se estão abrangidas, além das descargas acidentais, igualmente, as operacionais[136]. Ter-se-á a noção da importância prática da dúvida se nos recordarmos que nas descargas operacionais estão incluídas as lavagens das

---

[135] Commune de Mesquet c/S.A. Total Raffinage Distribution et Societé Total International LTD, arrêt n.º 70., R.G. 00/08026. Consultado em http://www.rajf.org

[136] No que precede, acompanhou-se de perto CHAO WU, *La Pollution du Fait du Transport Maritime des Hydrocarbures, cit., págs. 59 e segts., passim.* Cfr., igualmente a respeito da temática das descargas, MICHAEL M'GONIGLE, MARK ZARCHER, P*ollution, Politics and International Law, cit.,* 1979, págs. 15 e sgts. e *passim.*

cisternas dos navios. Creio que a resposta, apesar de tudo não inequívoca, é a de que todos os tipos de descargas estão aqui incluídos. Na verdade, no projecto de convenção apresentado à reunião de Tóquio e à conferência diplomática de Londres, falava-se em «...descarga intencional...». Ora, no texto definitivo aprovado, essa expressão desapareceu. Daí um autor (Lucchini) ter notado que apenas «...são tomados em atenção os danos acidentais»[137]. Isso explica que a delegação alemã à conferência de 1971 considerasse excluídas do âmbito da CLC/69 as lavagens de cisternas, enquanto acto normal de exploração do navio. A doutrina maioritária não seguiu, contudo, este ponto de vista. Ora, independentemente de saber se algo permite, no âmbito da aplicação da CLC/92, a distinção entre descargas acidentais e descargas operacionais, parece-me que, falando o preceito em «...fuga ou descarga...», nada autoriza a introduzir a distinção mencionada entre descargas acidentais e operacionais. Aliás, acrescente-se, não é a natureza de operacional que retira a uma descarga ou derramamento de hidrocarbonetos o carácter de intencional. Finalmente, note-se que os danos causados pela poluição devida ao derramamento do agente poluidor pelo óleo transportado pelo navio como seu carburante ou necessário para as operações marítimas não estão incluídas na CLC/92[138]. Interrogação de difícil resposta é a de saber se o caso do incêndio deve considerar-se aqui incluído. A doutrina encontra-se dividida a este respeito. De facto, Martine Rémond-Guoilloud opina em sentido negativo[139], enquanto Michele Comenale Pinto reconhece o que a questão tem de delicado[140]. De notar que, neste assunto, se torna tanto mais difícil dar uma resposta quanto, por vezes, o incêndio se combina com a contaminação para dar lugar ao processo poluidor. Isto leva-me a pensar que a questão deve receber a sua solução em sede de causalidade e que, por ser assim, só se se os danos resultaram totalmente do incêndio, não tendo havido qualquer forma de contaminação, não há lugar a indemnização ao abrigo da CLC.

---

[137] Citado por CHAO WU, na passagem citada na anterior nota.

[138] A convenção de Londres de 2001, relativa à responsabilidade civil por «Bunker Oil», disciplina este tipo de poluição. Porém, esta convenção internacional não se encontra ainda em vigor. Cfr. supra nota 56.

[139] MARTINE RÉMOND GOUILLOUD, *Droit Maritime*, Paris, 1988, pág. 236.

[140] MICHELE COMENA LE PINTO, *La Responsabilita Per Inquinamenti da Idrocarburi Nel Sistema Della CLC, cit.*, págs. 43 e segts., nota n.° 63.

15. A definição de dano por poluição consta do artigo I/6 da CLC/92 já transcrito. Na mesma, o termo *contaminação* deve ser posto em destaque, dado o seu papel fulcral na CLC, quer na versão de 1969 quer na de 1992. A evocação do que, a este respeito, ocorreu no decurso dos trabalhos, mostra-o. Na verdade, o termo, incluído no projecto constante das redacções preparatórias, na conferência de Tóquio, fora suprimido do projecto de tratado apresentado à conferência diplomática de 1969. Ora, no desenrolar dos respectivos trabalhos, acabou por ser reintroduzido[141], notando a doutrina terem sido indicados, como justificação para a utilização deste termo, objectivos limitadores do âmbito da Convenção[142]. Os debates a este respeito evocados demonstram estarem os redactores da CLC/69 conscientes de que a inclusão do termo «contaminação» levava a uma definição restritiva de poluição, propósito aceite, de resto, em importantes tomadas de posição jurisprudenciais nesta matéria. Vale a pena, a este respeito, mencionar algumas decisões, relativas a situações litigiosas, decorrentes de prejuízos atribuídos à existência de poluição, proferidas por tribunais de várias nacionalidades[143], o que irá permitir situar a temática em apreciação, tanto no quadro da dita convenção internacional – cujo modelo de responsabilidade civil adoptado foi o do *civil law* – como no da *common law*.

A – No dia 14 de Julho de 1989 o navio tanque *Marão*[144] embateu no fundo, tendo rasgado dois dos seus tanques. Como consequência, o petróleo neles contido derramou-se, espalhando-se ao longo de cerca de 40 kms de extensão de praias da costa sudoeste alentejana, poluindo toda essa extensão da costa. Decidindo em sentido contrário ao do Tribunal de

---

[141] Para a história, vicissitudes e os objectivos concretos prosseguidos com o emprego do termo "contaminação", na CLC 1969, cfr. CHAO WU, *La Pollution du Fait du Transport Maritime des Hydrocarbures, cit.*, págs. 57 e segts., *passim* e M'GONIGLE, ZAECHER, *Pollution, Politics, and International Law, cit.*, págs. 173 e segts., *passim*.

[142] Neste sentido, CHAO WU, *La pollution du fait du transport maritime des hydrocarbures, cit.*, págs. 57 e 58 e P. Simon, "La réparation civil des dommages causés en mer", citado por CHAO WU, *ob. cit.*, pág. 57 e nota n.º 69.

[143] Note-se, contudo, ser uma das decisões proferidas – no caso do «Exxon Valdez» – fora do contexto da CLC. Isso, por um lado, deveu-se ao facto do acidente com o «Exxon Valdez» ter sido um dos mais graves já ocorridos. Por outro lado, permite encarar a questão à luz do "common law".

[144] Sobre o caso do *Marão*, cfr. supra nota 94.

1.ª instância, o Tribunal da Relação de Lisboa considerou importante ter presente que, no sistema indemnizatório da CLC, a ideia de *contaminação* é central. Partindo dessa ideia, afirma o aludido aresto que «...a não ser assim a referida expressão *causados por contaminação*, referida aos danos, contida no artigo I/6 da CLC/69 «...seria redondamente inútil». Ao equacionar desta forma o problema do ressarcimento dos danos, isto é ao exigir a prova da existência de contaminação por hidrocarbonetos derramados como causa do dano cujo ressarcimento é judicialmente pedido, este acórdão conformou-se com a estrita ortodoxia interpretativa da CLC. De facto, o aresto vai ao encontro da tendência jurisprudencial no sentido da adopção de um critério de *conexão física* e da estreita proximidade entre a contaminação e o dano a indemnizar, de maneira a impedir a excessiva ampliação dos danos potencialmente ressarcíveis, evitando, assim, a possibilidade, um dos propósitos norteadores do seu *iter* decisório, de suscitar grande litigiosidade[145]. O aresto do Tribunal da Relação de Lisboa mostra que a intenção de evitar ou, ao menos dificultar, um possível incremento ao aumento da litigiosidade estava no espírito do legislador da CLC/69. Com efeito, após afastar uma possível interpretação lata da palavra *contaminação*[146], acrescenta que, a não ser dessa forma, «cair-se-ia num **ciclo infernal** que na referida Convenção de 1969 se procurou evitar...»[147] (itálico meu)[148]. A doutrina aprovou a solução perfilhada

---

[145] Neste sentido, cfr. CHAU WU, *La Pollution du Fait du Transport Maritime des Hydrocarbures, cit.*, pág. 371 (para a jurisprudência inglesa) e pág. 387 (para a jurisprudência norte-americana).

[146] A interpretação de "contaminação" não exclui que, na mesma, seja incluído o "receio" de contaminação. De facto, como notam M'GONIGLE/ZACHER, *Pollution, Politics and International Law, cit.*, pág. 36, «Os pescadores podem hesitar em ir para o mar por recearem destruições nas suas redes e por recearem perdas nas suas vendas como consequência de um modo geral de contaminação».

[147] O pedido que o tribunal tinha perante si era o da indemnização de um comerciante grossista que vira o seu volume de vendas reduzido, face à diminuição de encomendas dos retalhistas. Por sua vez, a redução de negócios destes últimos ligava-se ao facto de exercerem a sua actividade comercial na zona em que o encalhe ocorrera. O tribunal recusou o pedido de indemnização a partir da exigência de o dano dever ter ligação directa com o crude, isto de forma a ter em atenção a necessidade de o dano provir da «contaminação». Não deixa de justificar-se referir que no caso «Landcatch» de que, imediatamente me ocuparei, o tribunal notou que uma construção da causalidade nos termos propostos, que bem evocam os ocorridos no caso do «Marão», «...abre o caminho a uma cadeia ilimitada de reclamações em que, eventos cada vez mais remotos são resolvidos onde quer que, sempre

neste aresto. Na verdade, Sinde Monteiro, ao ocupar-se deste aresto vê nele «Um exemplo de *pure economic loss* em matéria de dano ambiental...»[149]. Ora, após notar inexistir um direito ao património, acrescenta estar-se «...perante um dano patrimonial primário (*mere financial loss*), a que falta a mácula da ilicitude esse outro filtro, para além da culpa que alguns países utilizam para a delimitação do dano ressarcível»[150]. Esta decisão, nota ainda Sinde Monteiro, ao procurar explicar a visão restrita que a mesma dá dos danos ressarcíveis, já fora do âmbito da Convenção de Bruxelas, «põe, igualmente a claro as razões que têm levado a um afastamento de princípio daqueles danos da área do dano ressarcível»[151]. De facto, como também observa o autor que tem vindo a ser seguido, «...a tradicional contenção na reparação dos danos primariamente patrimoniais, também presente no âmbito da *common law*, parece dever-se a esta dificuldade de delimitação do número de pessoas que têm legitimidade para pedir uma indemnização»[152].

Que, de facto, existe uma como que espécie de prudência na jurisprudência do *common law,* no que se refere à atribuição de compensação indemnizatória neste tipo de danos, mormente no âmbito da CLC, é o que os casos de que me irei ocupar, imediatamente a seguir, mostram.

B – O caso do *Marão* encontra correspondência numa decisão proferida no contexto de litígios emergentes do incidente ocorrido com o *Braer*. Tome-se, v.g., o caso *Landcatch* (*Landcatch Limited, v, The International Oil Pollution Compensation Fund*) de 19 de Maio de 1999 (Inner House, Court of Session; Edimburgh[153]. A situação em análise arrancava

---

que e quaisquer que sejam as circunstâncias». Ou seja, independentemente das peculiaridades de cada caso, o tribunal sentiu a necessidade de encontrar um critério limitador.

[148] Também SINDE MONTEIRO, comunicação às 1.ªs Jornadas Jurídicas Luso-Espanholas, cujos trabalhos foram publicados sob o título *A Tutela Jurídica do Meio Ambiente: Presente e Futuro*, Coimbra, 2005, intitulada "Protecção dos interesses económicos na responsabilidade civil por dano ambiental", pág. 153, sublinha os efeitos normativos desta expressão.

[149] SINDE MONTEIRO, comunicação cit., pág. 137.

[150] SINDE MONTEIRO, comunicação cit., pág. 138.

[151] SINDE MONTEIRO, comunicação cit., pág. 138.

[152] SINDE MONTEIRO, comunicação cit., pág. 139.

[153] 1999 SLT 1208 de 19 de Maio de 1999; Cfr., ainda, "Il Diritto Marittimo", Ano CIV, 2002, págs. 181 e 182. A jurisprudência *Landcatch,* posteriormente, veio a ser

64 *Poluição Marítima por Hidrocarbonetos e Responsabilidade Civil*

do seguinte condicionalismo. A 5 de Janeiro de 1993, o petroleiro *Braer* afundou-se nas ilhas Shetland, tendo derramado cerca de 85.000 toneladas de crude. A *Landcatch Limited* era uma empresa de criação e de venda de salmão. Ora, em consequência do derramamento do crude, o Secretário de Estado para a Escócia fez entrar em vigor, a 7 e a 27 de Janeiro de 1993, medidas de embargo relativas a produtos piscícolas da área atingida. Situando-se nessa área as zonas de desova e de criação de salmões jovens, que deixava de poder comercializar, a *Landcatch* sofreu elevadas perdas cujo ressarcimento pediu ao IOPCFund/71 que, embora aceitasse estar obrigado indemnizar lesados pelo derramamento ocorrido, entendia não caberem danos como estes nos indemnizáveis pelo IOPCFund/71. O tribunal veio a perfilhar este ponto de vista pois, segundo entendeu, na utilização do termo *contaminação* houve uma atitude restritiva por parte dos redactores da CLC/69, citando, a este respeito, as minutas da conferência internacional em que foi elaborada a CLC, nas quais se pode ler, a propósito do termo "contaminação", que «Esta emenda tem o objectivo de garantir que o dano coberto pela convenção é confinado pela contaminação, quer a pessoas quer à propriedade e não se alarga às consequências danosas de um derramamento de óleo como incêndio ou explosão». Mas o tribunal observa ainda que, bem vistas as coisas, o que os autores *(reclaimers),* pedem são lucros cessantes *(loss of profits).* De facto, afirma o tribunal, «...não se trata de um pedido por perdas ou danos causados directa e imediatamente por contaminação resultante da fuga dos hidrocarbonetos». Observa ainda o tribunal que os «...os jovens salmões nem sequer eram objecto de um contrato existente na ocasião».

Mas o ressarcimento de tal tipo de prejuízos não está previsto na CLC que menciona como indemnizáveis tão só danos já ocorridos. Ou seja, os proprietários [do navio-tanque] e os seguradores não são responsáveis pelos lucros cessantes sofridos pelos autores (plantiff'loss of profits) e causados pelo derramamento do petróleo que o *Braer* transportava. Esses lucros cessantes não foram perdas ou danos causados directa e imediatamente pela contaminação, com o significado da convenção ou da legislação de implementação do Reino Unido da CLC/69, pois, como

---

retomada aquando do incidente com o *Sea Empress,* no caso Alegrete Shipping Co Inc and another v/ The International Oil Pollution Compensation Fund (Court of Appeal (Civil Division), de 7 de Fevereiro de 2003 [2003] 1 Lloyd's Rep 327)

Responsabilidade Civil e CLC/92   65

observa o tribunal, ocorreram fora da zona de exclusão decretada pelo Governo. Ou seja, «Se *Landcatch* tivesse accionado o proprietário por perdas, ao abrigo do *common law*, esse pedido teria improcedido pela aplicação da conhecida regra pragmática contra pedidos secundários ou dependentes relativos a puras perdas económicas»[154-155].

De notar ainda, acrescente-se em conclusão, que, também aqui, ao trazer ao primeiro plano o critério da necessidade de haver *contaminação,* o tribunal prosseguia uma finalidade limitadora. Porém, no caso *Landcatch* manifestava-se uma circunstância que tornava para o tribunal ainda mais premente tal limitação. Nessa acção, entre outros, era réu o IOPCFund/71, cujos recursos são limitados. Ora, afirmou-se, «Se um tal pedido fosse considerado, não haveria ponto final[156] relativamente aos pedidos susceptíveis de serem apresentados em detrimento dos fundos compensatórios disponíveis para ressarcir os que sofreram directa e imediatamente da contaminação»[157-158].

C – O incidente do *Sea Empress*, na sua estrutura factual, é quase idêntico aos que acabamos de ver ocorridos com o *Marão* e, muito em especial, com o *Braer*. Contudo, num caso a que esse incidente deu origem, a fundamentação da sentença proferida no mesmo (caso *Alegrete Shipping Co Inc and Another v International Oil pollution Compensation*

---

[154] "Il Diritto Marittimo", Ano CIV, 2002, págs. 181 e 182.

[155] O tribunal aplica a legislação editada para dar efeito à adesão do Reino Unido à CLC/99 e à Convenção do Fundo de 1971. Contudo, não deixa de apontar que o sentido da correspondente regra do *common law* levaria a idêntico resultado, notando que, de qualquer forma, os pescadores beneficiam de tratamento próprio a este respeito.

[156] Não pode deixar de aproximar-se, dada a mesma manifestação de vontade limitadora, a expressão do Tribunal inglês, a saber, *não haveria ponto final*, com a que o Tribunal português empregou ou seja a de que, caso não se seguisse o critério que preconizava, *cair-se-ia num circulo infernal que na referida Convenção de 1969 se procurou evitar.*

[157] 1999 SLT 1208 de 19 de Maio de 1999.

[158] Na doutrina, CHAO WU pronuncia-se em sentido favorável a esta decisão, ao notar que a mesma procede a uma linha de demarcação entre os danos directos, sem dúvida a ressarcir, e todos os outros. Como escreve, a «...a recusa de indemnização a qualquer outra pessoa é não somente útil a fim de evitar a abertura das válvulas, como também justificado, porque a indemnização dos lucros cessantes das primeiras vítimas inclui, frequentemente, o elemento de repercussão num terceiro...», *La Pollution du Fait du Transport, cit.,* pág. 407.

Fund and others)[159] possui particularidades factuais e jurídicas, aliás aceites pelo tribunal, que vale a pena examinar. O petroleiro *Sea Empress* naufragara à entrada de Milford Haven, a 16 de Fevereiro de 1996, provocando o derramamento de cerca de 72.000 toneladas no mar. Daí veio a resultar a proibição de pescar numa dada área marítima. O apelante, *Alegrete Shipping Co,* na zona afectada pela proibição de pescar, possuía uma empresa de processamento de chocos. O processamento envolvia a retirada das cascas e o empacotamento em caixas de lata que, por sua vez eram metidas em embalagens para exportação. Ora, o apelante, que tinha um contrato de longo prazo para o fornecimento de chocos galeses a um comprador coreano, celebrara um contrato com oito navios de pesca, fundeados numa área no sul do País de Gales, destinados à captura dos chocos. A proibição pôs prontamente termo à actividade piscatória, mormente à de captura dos chocos extraídos dessa zona, levando ao imediato fim das relações comerciais com o comprador coreano desse produto. O tribunal usa, para afastar o pedido do autor, duas ordens de argumentos. Por um lado, o tribunal considera que, não obstante a diferença das situações, a jurisprudência *Landcatch* deve ser aplicada. De facto, escreve, o prejuízo do autor não veio a resultar da impossibilidade de pesca dos chocos. Na verdade, os prejuízos decorreram da impossibilidade do processamento dos chocos e, logo, da sua consequente inexequibilidade. A situação é bem circunscrita ao dizer-se que o apelante «...não estava comprometido em qualquer actividade local na área física da contaminação. O seu interesse residia na fase terrestre de processamento de chocos, não em chocos no seu habitat natural». Traçando as diferenças entre os dois casos, o tribunal escreve: «Não encaro as indiscutíveis diferenças entre as circunstâncias no caso «Landcatch», no qual a contaminação impediu os autores de fornecer mais ovas de salmão, e as presentes, em que a contaminação impediu os pescadores de fornecer chocos ao apelante suficientes para justificar uma diferente conclusão a respeito da natureza essencialmente secundária de qualquer perda causada ao apelante no Reino Unido, pela contaminação resultante da descarga ou fuga de crude do *Sea Empress*. Nas frases que acabam de ser transcritas, o tribunal precisa, quanto à contaminação, não bastar a prova da sua existência. Na verdade, é necessário uma estreita conexão relativamente à economia local na qual – depreende-se da argu-

---

[159] Court of Appeal (civil division), [2003] 1 Lloyd's Rep 327, 7 February 2003.

mentação do tribunal – deve ter-se verificado impacto bastante para ser levada em conta como dano indemnizável ao abrigo da IOPCFund/71. Assim, apesar da existência e da contaminação, no caso *Alegrete Shipping Co.*, o Tribunal, creio que correctamente, fez improceder o pedido de ressarcimento apresentado. Para além da delimitação negativa que a ideia de *contaminação* já impunha ao Tribunal, este consegue reforçar ainda mais essa visão, mediante a referência à importância do dano sofrido pelo lesado ter-se ou não repercutido na *actividade local* ou, em expressão de sentido equivalente, a necessidade do prejuízo ter ocorrido no *habitat natural* dos recursos biológicos afectados pela derramamento no mar de hidrocarbonetos.

Trata-se de uma ideia normativamente muito fecunda. Recorde-se, a este respeito, que, no caso do *Marão*, ao fim e ao cabo, esta ideia, porventura expressa de outro modo, igualmente acaba por atravessar o aresto respectivo. E percorre-o tanto mais quanto, nessa decisão, não estava em causa nenhum produto do mar, ao contrário do que, tanto no caso "Landcatch" como no do "Alegrete" sucedera. Sem embargo de ser assim, o certo é que, no aresto do *Marão,* o mesmo não deixa de sublinhar em *obiter dictum*, serem ressarcíveis danos que, conclui-se da longa enumeração do aresto, tem em comum tal ligação às comunidades locais onde surgiram ou terem afectado o habitat natural. Aliás, bem vistas as coisas, no caso do *Exxon Valdez,* também uma muita particular e estreita conexão dos danos ocorridos, perturbação dos valores tradicionais, com o encalhe do petroleiro e subsequente derramamento dos hidrocarbonetos, estava em jogo[160].

D – Outra não foi a solução, isto é a da necessidade de ter havido *contaminação*, a que se chegou no incidente, em todo o caso a ser resolvido no âmbito do *common law*, do *Exxon Valdez*[161]. Sumarie-se o mesmo. A 24 de Março de 1989, o navio tanque *Exxon Valdez* encalhou no estreito do "Príncipe Guilherme". Como consequência do encalhe, foram

---

[160] Cfr. infra nota 68.

[161] Haverá que ter em atenção três decisões: 26 de Janeiro de 1994 e 23 de Março de 1994, ambas do "United States District Court – District of Alaska" e de 19 de Maio de 1994 do "Superior Court of Alaska – Third Judicial District». O texto pode ser examinado in "Il Diritto Marittimo", XCVII, págs. 528 segts., com nota de CHARLES B. ANDERSON, *Recent Developments in the Exxon Valdez Case.*

derramadas 38.000 toneladas de petróleo bruto. Uma napa de 7.000km^2 veio a poluir cerca de 2.500 km de costas do Alasca. Este caso[162] aproxima-se do do *Marão*, não ao abrigo da CLC/69, que, por não ratificada, não é direito interno dos Estados Unidos, antes por aplicação da regra construída a partir do "leading case" *Robins Dry Dock & Repair Co. V. Flint* (citado, doravante, abreviadamenet *Robins Dry Dock*) da jurisprudência norte-americana, de acordo com a qual só é possível obter ressarcimento por danos se houver «contacto físico»[163-164]. Ora o contacto físico pressupõe contaminação, critério, acabamos de o ver, aplicado nos casos, respectivamente, do *Marão*[165], do *Braer* ou do *Sea Empress*.

É certo, como no caso do *Exxon Valdez* sucedeu, o tribunal reconheceu terem sido feitos pagamentos a pescadores e que, sempre no âmbito deste caso, houve a concessão de *punitive damages*. Isto, contudo, não altera as coisas. Com efeito, a jurisprudência *Robins Dry Dock* abre excepções ao critério do «contacto físico», justamente no que respeita a pescadores. De resto, numa outra sentença proferida, também no âmbito no caso do *Exxon Valdez*[166], o tribunal recorda as finalidades de quantias que, a título de *punitive damages*, já haviam sido pagas. Nota então que esses fundos se dirigem a ser «...usados na recuperação, reabilitação e fomento dos recursos naturais na área afectada pelo *Exxon Valdez*. Os residentes da área, em geral, e os nativos do Alasca em particular, retirarão benefícios directos deste esforço. O seu objectivo é a restauração de todos os interes-

---

[162] Sobre a jurisprudência Robins & Dry Dock cfr., Charles B. Anderson, «Recent Developments in the Exxon Valdez Case», Il Diritto Marittimo, XCVII, págs. 528 e segts.

[163] Sentença de 26 de Janeiro de 1994, do United States Court – District of Alaska, "Il Diritto Marittimo", *cit*. pág. 534 e 535.

[164] Para uma extensa análise da jurisprudência «Robins Dry Dock», cfr. CHAO WU, *La Pollution du Fait du Transport Maritime des Hydrocarbures, cit*., págs. 373 segts., *passim*.

[165] O que pode, porventura, haver de relevante na jurisprudência «Robin Dry Dock» pode encontrar a sua explicação no facto de os tribunais temerem que, do mais simples incidente, possa resultar uma multiplicidade de acções, de forma tal que torne extremamente caro o custo desse incidente, como de resto foi afirmado no caso do navio «TestBank». Creio que, em grande parte, esta mesma preocupação explica o carácter restritivo da jurisprudência afirmada no caso do «Marão».

[166] Julgamento de 26 de Março de 1994, in "Il Diritto Marittimo", *cit*., pág. 541.

ses culturais perdidos»[167]. Em suma, a regra da jurisprudência *Robins Dry Dock*, relativa à necessidade do contacto físico, também no caso *Exxon Valdez*[168] não foi alterada.

16. Nas decisões que para cima ficam, a temática do lucro cessante estava no primeiro plano. Porventura por isso, a aplicação da regra da *contaminação* dao modo rigoroso que a jurisprudência evocada, dir-se-á, para além dos propósitos de impedir pedidos de natureza especulativa, encontrava-se facilitada. A verdade é que, em casos em que estavam em jogo aspectos que já se conexionavam com a tutela da fauna ou da flora marinhas, caso, v.g., do *Exxon Valdez* – proferido, já se disse, fora do quadro da CLC/69 – não obstante, o tribunal reiterou a aplicação desse mesmo critério.

E – No quadro da CLC/69, igualmente, detecta-se a mesma tendência, não se vendo que as coisas tenham mudado de aspecto na redacção de 1992. Na jurisprudência que este critério inspirou, deve ser citado o caso do *Amoco Cadiz*[169], julgado no Tribunal de Chicago. Antes de mais, note-se, o tribunal reconhece aos pescadores o direito de serem indemnizados

---

[167] Julgamento de 26 de Março de 1994, "Il Diritto Marittimo", *cit.*, pág. 541.

[168] A situação mudou após a aprovação do «Oil Pollution Act» (OPA), norte americana de 1990, no qual todos estes danos são ressarcíveis e não apenas os que têm a ver com o «contacto fisico». Cfr., a este respeito, NICHOLAS HEALY, GORDON PAULLSEN, MATTHEW MARION, *The United States Oil Pollution Act*, "Il Diritto Marittimo", XCIII, págs. 244 e segts. e, para este ponto, pág. 247 e segts.

[169] O título que leva os tribunais norte-americanos a aplicar a CLC/99 é matéria algo pouco claro no litígio que o encalhe e afundamento do *Amoco-Cadiz* provocou. De facto, na decisão de 11 Janeiro de 1978, o «United States District Court, Northern District of Illinois Eastern Division», escreveu-se, «In applying», as this court must the law of France on the subject of dammage...», sentença cit., "Il Diritto Marittimo", Ano XCI, Vol. III, *cit.*, págs. 878, 879. No entanto, na decisão relativa ao recurso relativo a esta decisão o «United States Court of Appeals – Seventh Circuit – 27 de Janeiro de 1992, in "Il Diritto Marittimo", Ano XCV, Vol. IV, 1993, pág. 1174, relativamente a um dos aspectos em jogo, a questão da solidariedade da empresa certificadora da navegabilidade do «Amoco Cadiz», o tribunal de recurso (cfr. sentença em "Il Diritto Marittimo", Ano XCV, Vol. IV, págs. 1160 e segts. e, para a citação infra, pág. 1174) pondera «Nonotheless, because none of the parties has argued that french law applies, and no one has furnished us with the tools to decide the question under french law we shall fashion some admiralty law – while making it explicit that all questions of choice of law are open for decision when the question is

70   *Poluição Marítima por Hidrocarbonetos e Responsabilidade Civil*

pela redução das suas capturas e dos lucros daí decorrentes como resultando «...do dano causado ao eco-sistema pelo derramamento do óleo e esses pedidos representam o total dos direitos de que os autores na acção são titulares»[170]. Mas a longa sentença do Tribunal de Chicago[171] ocupa-se, ainda, da individualização dos danos a ressarcir. Sucessivamente, o tribunal enuncia os vários pedidos sobre os quais foi chamado a tomar posição. Sucessivamente o tribunal considera ressarcíveis as despesas feitas com funcionários públicos ocupados na actividade de limpeza das praias e das costas poluídas (a), com os autarcas eleitos que desenvolveram essa actividade (b), os custos da viagem (c), as compensações pagas a voluntários que cooperaram no restabelecimento da situação (d), os custos de material e de equipamentos (e), rendas devidas pela utilização de edifícios públicos (f) e, enfim, as despesas de recuperação de portos e da linha de costa (g)[172]. Enfim, as despesas com os estudos dos programas tendentes a restaurar os eco-sistemas levados a cabo pelas autoridades francesas em cooperação com organizações científicas foram considerados como ressarcíveis.

---

properly argued». Ora, não só como se viu, o Tribunal de Chicago aplicou a CLC, enquanto lei francesa, como a própria "Court of appeals", antes de examinar o problema que dá lugar às observações que transcrevemos (as consequências, em direito norte americano de uma condenação solidária), tinha-se longamente, debruçado sobre a questão da aplicação de legislação francesa, acabando não só por aplicá-lo como, mesmo, por perfilhar a interpretação que a parte francesa fizera do diploma em causa. Ter-se-á, assim, que o tribunal americano acabou por proceder a uma «dépeçage» da relação jurídica em causa. Escreveu-se mais acima «inspirada», porque, por um lado, a CLC/69 é aplicada pelos tribunais norte americanos não apenas enquanto «lex loci delicti», mas, igualmente, por, segundo observa «...the law of damages in France is substantially identically to the law of the Unites States», sentença cit., "Il Diritto Marittimo", Ano XCI, Vol. III, cit., pág. 891.

[170] Sentença cit., "Il Diritto Marittimo", Ano XCI, Vol. III, cit., pág. 891.

[171] Nas linhas e desenvolvimentos subsequentes acompanhar-se-á o texto inglês da sentença, tal como publicado em "Il Diritto Marittimo", 1989, ano XCI, págs. 876 e segts., passim.

[172] Esta passagem da sentença vem suscitar duas questões. Quanto à primeira, que tem a ver com a determinação de qual a realidade em vista, o tribunal esclarece que estão em causa as "... reparações, nas partes dos portos, docas, caminhos de acesso e praias, tornadas necessárias devidas aos estragos causados pelo próprio derramamento dos hidrocarbonetos".

A segunda tem a ver com o facto do tribunal considerar que apenas as autarquias locais têm legitimidade para formular este tipo de pedidos, não a tendo, em contrapartida, o Estado Francês. Cfr. sentença cit., *ob. cit.*, pág. 886.

Responsabilidade Civil e CLC/92 71

Concomitantemente, o Tribunal rejeitou o ressarcimento de subsídios feita a voluntários ou elementos das forças armadas que intervieram nas operações de limpeza (a), da perda da qualidade de vida, danos na imagem e na reputação da região afectada e, enfim, a perda da qualidade de vida das famílias residentes na área. No que respeita à morte de espécies piscícolas, o tribunal opera uma destrinça. Na verdade, separa as despesas feitas com as tentativas de avaliação «...das espécies mortas na zona da praia que se estende entre a marcas máxima da praia mar e da baixa mar *(intertidal zone)*[173] pelos hidrocarbonetos derramados, de acordo com valores da avaliação, das despesas feitas com programas de implementação»[174]. O primeiro tipo de danos foi considerado como não ressarcível por, disse-se, tratar-se de danos sofridos por *res nullius*[175]. No que concerne os custos dos programas de repovoamento por espécies atingidas pelo desastre ou mesmo por novas espécies, o Tribunal também os considera insusceptíveis de reembolso. Contudo, a este respeito, procede a algumas distinções que vale a pena salientar. Na verdade, o Tribunal, com as mesmas, parece pretender esclarecer que rejeita não tanto a susceptibilidade de, em geral, ser ressarcido, como a afasta, no caso particular que encontra perante si, não por razões materiais como, especialmente, por deficiências de natureza probatória.

A rejeição dos custos dos programas de repovoamento das espécies, precise-se, resulta não tanto do tribunal os tomar como insusceptíveis de ressarcimento mas, antes, de duas ordens de razões. Antes de mais por falta de prova das despesas efectuadas. Depois, porque, neste caso, fez-se a prova de que, nos dez anos decorridos entre o encalhe e a sentença do Tribunal de Chicago – 16 de Março de 1978 e 11 de Janeiro de 1988, respectivamente – o ecossistema atingido, como que se restaurou por si mesmo[176], à margem de quaisquer despesas com essa específica finalidade. Nesta perspectiva das coisas, escreve-se na sentença que o tribunal

---

[173] Sobre a relevância normativa da temática dos níveis das marés (*tidal level*), cfr. D. P. O'Connell, *The International law of the Sea,* edited by I. A. Shearer, London, 1982, Volume I, págs. 173 e segts e 184 e segts.

[174] Sentença cit. pág. 890.

[175] Esta questão volta a surgir na caso "Patmos". Mas, neste último, o tribunal acolherá a tese do ressarcimento de tal tipo de danos.

[176] Já no caso "Exxon Valdez" as coisas, no que se refere à capacidade de auto-regeneração, passaram-se de forma diferente. Cfr. supra nota n.° 163.

72 Poluição Marítima por Hidrocarbonetos e Responsabilidade Civil

«...deve ter em atenção a restauração natural do ecossistema devida à passagem do tempo que, em medida significativa, eliminou a necessidade de muitos dos programas de implementação»[177]. Em passagem anterior da sentença, o Tribunal de Chicago já reconhecera aos pescadores o direito de reclamarem os danos decorrentes da redução das suas capturas e dos lucros daí decorrentes como resultando «...do dano causado ao eco-sistema pelo derramamento do óleo e esses pedidos representam o total dos direitos de que os autores na acção são titulares»[178].

Em todo o caso, procurando marcar que o que comanda a aceitação da ressarcibilidade deste dano é a questão de reposição do meio-ambiente no seu *statu quo ante,* o tribunal recusa considerar dano ressarcível o custo dos estudos feitos para o repovoamento de certas espécies animais. E, colocando o problema nesses termos, aceita a argumentação da *Amoco Cadiz Corporation.* Ora, de acordo com a mesma, esses planos «...são o produto de um plano de cientistas interessados em redesenhar e melhorar o eco-sistema, mais do que repô-lo nas suas condições pré Amoco»[179]. E, acentuando esta faceta da questão, acrescenta o tribunal, que esse plano «...foi elaborado, não para repor o eco-sistema nas condições pré-derramamento, tratando-se, antes, de um programa, em boa parte motivado pelo desejo de cientistas marítimos, de introduzir melhorias num eco-sistema em processo de deterioração em resultado de causas que nada têm a ver com o derramamento dos hidrocarbonetos»[180]. Ou seja, acrescentarei, também num contexto que nada tem a ver com o puro dano económico, o tribunal fixou a presença da contaminação na base do direito – qualquer que seja a respectiva natureza – a, nestes casos, ser ressarcido. Dada a multiplicidade dos aspectos abrangidos, bem como o exame que os mesmos, tal como as possíveis soluções, originaram, creio estar-se em face de decisão a constituir, reconheça-se, um verdadeiro *leading case*[181-182] em toda esta temática.

---

[177] Sentença cit., "Il Diritto Marittimo", pág. 891.

[178] Sentença cit., "Il Diritto Marittimo", Ano XCI, Vol. III, *cit.*, pág. 891.

[179] Cfr. sentença de 11 de Janeiro de 1988, cit. in "Il Diritto Marittimo", *cit.* (ano XCI), pág. 890.

[180] Cfr. sentença de 11 de Janeiro de 1988, cit. in "Il Diritto Marittimo", *cit.* (ano XCI), pág. 891.

[181] Sobre o conceito de "leading case" cfr. KARL LARENZ, *Metodologia da Ciência do Direito,* Lisboa, edição Fundação Calouste Gulbenkian, 1978 (tradução da 2.ª edição alemã),

Responsabilidade Civil e CLC/92 73

À jurisprudência que acaba de ser passada em revista contrapõe-se, contudo, uma outra de sentido adverso. Para a mesma, o termo *contaminação*, imprime, ao contrário, um sinal de alargamento do dano ressarcível, mesmo no que poderá denominar-se de dano ecológico causado ao ambiente marinho. Foi o critério seguido tanto no caso do *Patmos* como no do *Haven*.

F – São algo complexas as vicissitudes do caso *Patmos*. Julgado pelo Tribunal de Messina, veio a ser decidido por sentença de 30 de Julho de 1986. Desta foi interposto recurso para o Tribunal de Apelação *(Corte d'Appello)* de Messina. Este último, por sua vez, em duas sucessivas decisões, veio dele a conhecer. O ponto de partida dos recursos é o entendimento do tribunal da 1.ª instância de acordo com o qual inexiste a possibilidade de obter o ressarcimento do dano ecológico.

A primeira decisão em recurso é constituída pelo acórdão de 22 de Maio de 1989. A via percorrida pela decisão consiste na simultânea aplicação das duas Convenções de Bruxelas de 1969[183], sendo dessa simultânea aplicação que surge a resposta afirmativa ao problema agora aqui em análise. O tribunal definiu-o com a questão de saber se «...a área do dano ressarcível segundo a disciplina ditada pela Convenção de Bruxelas compreende também o dano ambiental, entendido o mesmo como tudo aquilo que altera, deteriora ou destrói, total ou parcialmente, o ambiente»[184].

O acórdão começa por recordar que a convenção sobre a intervenção no mar alto permite que os Estados à mesma aderentes possam adoptar no alto mar as medidas necessárias a prevenir, a atenuar ou a eliminar os perigos graves e eminentes que a poluição apresenta para as suas zonas cos-

---

págs. 484 e segts., que o define como decisão em que "... os princípios que ainda não se encontravam positivados se revelam à consciência jurídica". Cfr., por último, a tradução da 6.ª edição alemã, Lisboa, pág. 600, que utiliza a expressão "caso paradigmático".

[182] Da sentença apontada houve recurso para o United States Court of Appeals (USCA), seventh circuit. O acórdão, de 24 de Janeiro de 1994, então proferido, confirmou a sentença do Tribunal de 1.ª instância (cfr. texto em "Il Diritto Marittimo", Ano XCV, 1993, págs. 1160 e segts). Contudo, a questão da ressarcibilidade do "dano ecológico", ficara definitivamente encerrada. O tribunal debruçou-se, muito em especial, sobre os vários métodos de calcular o dano económico e a influência da negligência no preenchimento dos requisitos que geram a aplicação da CLC 1969, designadamente do seu artigo V.

[183] Acórdão cit., "Il Diritto Marittimo", *cit.*, pág. 1055.

[184] Acórdão cit., "Il Diritto Marittimo", *cit.*, pág. 1056.

teiras ou interesses conexos (artigo 1.º da Convenção). Ora, por interesses conexos, recorda o acórdão[185], têm-se em atenção os interesses ligados às «...a) actividades marítimas costeiras, portuárias ou de estuário incluindo a actividade pesqueira constituindo um modo de vida essencial das populações envolvidas; b) as atracções turísticas da região considerada; c) a saúde das populações ribeirinhas e o bem estar da região considerada, incluído a conservação dos recursos biológicos marinhos, da fauna e da flora»[186].

Ora, o artigo I/6 da CLC 1969, prossegue o acórdão, define o dano por poluição como «...qualquer perda ou dano ocorrido fora do navio...». Assim, para o aresto em causa, «...dada a amplidão da definição de dano proporcionada pela Convenção sobre responsabilidade civil, valorada em relação à definição, constante da Convenção sobre a intervenção no alto mar, de interesses conexos dos Estados ribeirinhos como a área do dano coberta pela responsabilidade civil compreende, também, qualquer dano causado aos litorais e aos interesses conexos dos Estados ribeirinhos, interesses esses que, como já relevado, investem directamente em valores ambientais como os relativos à "conservação dos recursos biológicos marinhos, da fauna e da flora»[187]. De notar, antes de prosseguir, a dupla ampliação que o acórdão, para efeitos da CLC, dá de *dano*. Por um lado, omite o termo *contaminação*. Por outro lado, faz-lhe acrescer o conceito de *interesse*, de resto, inexistente na CLC. De acordo com esta reconstrução, será possível reconhecer resultar o dano em causa da violação de valores «...imateriais, não susceptíveis de valoração pecuniária segundo os preços de mercado derivando tal parâmetro da pertença e da comercialidade do bem, enquanto na espécie, a diminuição do valor económico decorre do diminuída usufruir dos bens ambientais, pela sua própria natureza, indisponíveis»[188].

Através da segunda decisão proferida – o acórdão de 24 de Dezembro de 1993[189] – o tribunal procedeu à quantificação em causa. Do mesmo passo, foram trazidas novas precisões jurisprudenciais, sobre a ressarci-

---

[185] Acórdão cit., "Il Diritto Marittimo", *cit.*, pág. 1056.

[186] Acórdão cit., "Il Diritto Marittimo", *cit.*, pág. 1056.

[187] Acórdão cit., "Il Diritto Marittimo", *cit.*, pág. 1056.

[188] Acórdão cit., "Il Diritto Marittimo", *cit.*, pág. 1056.

[189] Sobre este segundo acórdão, cfr. Il "Diritto Marittimo", XCVI, págs. 1076 e segts., com nota de comentário de PAOLA IVALDI.

lidade do dano ao meio ambiente. Na verdade, o acórdão reconhece que o *bem ambiente* – uma vez mais não definido – (compreendendo alguns dos seus componentes) se encontra fora do comércio. Logo, aceita não poder considerar-se ter o mesmo um valor presumido de troca. Apesar de ser assim, a verdade é que «...deve ser tido em conta o seu valor de uso, isto é em relação à possibilidade de fruição que, do mesmo, está reservado à colectividade»[190]. Daqui poder dizer-se que o bem ambiental «...deve considerar-se lesado por qualquer facto que altere ou diminua a sua consistência objectiva, resolvendo-se essa alteração ou diminuição, em última análise, numa menor susceptibilidade de fruição do mesmo por parte da colectividade»[191].

De notar que a ideia da imprescindibilidade da ocorrência de um fenómeno de *contaminação*, já abandonada nos termos acima vistos, é novamente subalternizada porquanto, com as palavras transcritas, o tribunal elimina qualquer possibilidade de ver o dano ambiental apenas nos danos sofridos pelas comunidades locais de pescadores ou de caçadores como directa consequência das diminuições da suas capturas de algas, peixes, crustáceos ou aves marinhas comestíveis. De facto, mesmo que só implicitamente, o que o acórdão acaba por dizer é que, para além dos danos causados pela contaminação, outros existem de que o Estado é titular. E, para os pedir, nem os pescadores nem, em geral, quem tira do mar o seu sustento possui legitimidade para reclamar indemnização pela sua verificação. Assim, a diminuição das capturas de peixes ou de crustáceos não integra a totalidade do dano ao meio ambiente – mesmo que integre os danos económicos das comunidades de pescadores e, em geral, de quem vive de actividades ligadas à exploração económica de recursos ictícos – mais não sendo do que o reflexo e, logo, a medida de tais danos. Assim, mesmo tais danos indemnizados, o lato conceito do direito de fruição que esta decisão propõe, pressupõe a existência de um direito de fruição não económica de que o Estado, enquanto guardião, é o respectivo titular, mesmo em termos jurídico-processuais.

A verdade é que esta decisão põe em destaque, além da existência de danos económicos decorrentes de lesões ao meio ambiente, a presença e a necessidade de ter em atenção danos económicos causados ao próprio

---

[190] Cfr. "Il Diritto Marittimo", *cit.*, pág. 1089.
[191] Cfr. "Il Diritto Marittimo", *cit.*, pág. 1089.

meio ambiente – considerados, enfim, na sua *existência ontológica*, para utilizar a expressão do próprio acórdão. Esta distinção seria importante se a essa lesão correspondesse uma indemnização própria. Mas isto não sucede. De facto, ao procurar quantificá-la, o Tribunal, após uma série de considerações sobre qual o preço do peixe a ter em conta, acaba por preferir a avaliação decorrente do «...preço médio por grosso do peixe na área do estreito [de Messina] na época em que se verificou o incidente...»[192]. Ora, como é bem de ver, uma tal avaliação, apenas ligada a critérios económicos, pouco tem a ver com o ressarcimento dos danos causados a quem mais afectado porventura foi, ou seja, o *plancton,* no qual o tribunal vê «...a comunidade pelágica principal e mais directamente lesada...» e, bem assim, a acima mencionada lesão ao direito de fruição do meio ambiente.

G – No caso, ocorrido a 11 de Abril de 1991, a bordo do navio--tanque, de nacionalidade cipriota, *Haven*[193], as coisas passaram-se de forma diferente. Fundeado no porto de Génova, bruscamente inflamou-se. Parte do petróleo transportado espalhou-se no mar. No dia seguinte, as chamas continuavam a alimentar-se do crude que saía do navio. Em seguida ardeu durante três dias, acabando por explodir. Enfim, rebocado para o porto de Arenzano, foi aí afundado no dia 14 de Abril de 1991. Durante os dias em que os factos narrados ocorreram, foram derramados na costa italiana cerca de 14.000 toneladas de crude[194]. O rumo da jurisprudência, no caso *Haven*, aproxima-se o do *Patmos.* De facto, o tribunal de Génova, depois de recordar a definição do artigo I/6 da CLC/69, conclui que «...em tal amplíssima acepção o conceito de "pollution damage" não suporta qualquer limitação para além das decorrentes da causalidade do dano que, justamente, deve emanar do derramamento de hidrocarbonetos transportados no navio».

O tribunal nota ainda que «...os trabalhos efectuados ("Le opere di bonifica delle coste che sonno stato in essere..."), indubitavelmente contribuíram de forma relevante para limitar os efeitos danosos no ambiente

---

[192] Cfr. "Il Diritto Marittimo", *cit.,* pág. 1090.

[193] Para a descrição dos factos ocorridos no caso do navio «Haven», cfr. BENQUET/ /LAURENCEAU, *Les Pétroliers de la Honte, cit.,* págs. 24 e segts.

[194] Este caso foi decidido pela sentença do Tribunal de Génova de 5 de Maio de 1996, "Il Diritto Marittimo", ano XCVIII, págs. 500 e segts. e acórdão de 30 de Março de 1996, "Il Diritto Marittimo", ano XCVIII, págs. 407 e segts.

marinho decorrentes do derramamento dos hidrocarbonetos do *Haven*»[195]. Aliás, já em passagem anterior[196] o tribunal enumerara de forma esgotante todos esses trabalhos. Neste ponto, a sentença retoma a via argumentativa do caso *Patmos*. Com efeito, após considerar que o dano ambiental é dano ressarcível no sentido da CLC/69, nota que o mesmo «...não pode ser reparado pelas obras de melhoramento ("opere di bonifica")...»[197] efectuadas. Assim, acaba por atribuir, a título do chamado «dano ambiental», um valor calculado em função de dada fracção (1/3) dos danos cuja quantificação, anteriormente, fora efectuada e pôr de lado a ideia de contaminação.

No discurso argumentativo, foram esquecidas tanto a necessidade da prova da verificação da ocorrência dos danos cujo ressarcimento foi reclamado judicialmente, como, muito em especial, a de que este foi causado por *contaminação* do hidrocarboneto derramado. Mas, igualmente, não foi tido em consideração que, no contexto normativo da CLC – qualquer que seja a versão tida em conta – nada mais, para além das despesas preventivas e as com a remoção da contaminação e dos seus efeitos, é susceptível de ser concedido. Aliás, pode ainda dizer-se, na origem do incidente com o *Haven* esteve uma situação de incêndio. Ora, a CLC não cobre incidentes que não provenham exclusivamente de derramamentos como, de resto, a doutrina, há muito, pôs em destaque[198].

17. Perante este dissídio jurisprudencial, haverá que tomar posição. Ora, a este respeito, nunca se sublinhará demasiado a importância, quase se diria superlativa, do critério da *contaminação* no âmbito da CLC/69, como factor decisivo para a sua aplicação. Essa importância, de resto, manteve-se no Protocolo de Londres de 1992. Um quarto de século mais tarde, no decorrer do qual vários casos jurisprudenciais tinham, também eles, tomado posição no assunto, esse desiderato limitador continuava presente. De facto, na sua XXXV reunião (Outubro de 1994, em Sidney) o

---

[195] Sentença de 4 de Maio de 1996 do Tribunal de Génova cit., "Il Diritto Marittimo", *cit.*, pág. 519.

[196] Sentença de 4 de Maio de 1996 do Tribunal de Génova cit., "Il Diritto Marittimo", *cit.*, pág. 514 a 516.

[197] Sentença de 4 de Maio de 1996 do Tribunal de Génova cit., "Il Diritto Marittimo", *cit.*, pág. 519.

[198] Neste sentido, cfr. Chao Wu, *La Pollution du Fait du Transport Maritime, cit.*, págs. 57, 58 e nota n.° 66.

78 Poluição Marítima por Hidrocarbonetos e Responsabilidade Civil

Comité Marítimo Internacional (CMI) recordava o aspecto central da noção de «contaminação», no contexto da CLC. No relatório intitulado "Admissibility and assessment of claims for pollution damage", então apresentado, escreveu-se: «No contexto das convenções só podem ser retiradas linhas directrizes contendo a exigência de que o dano por poluição deve ser causado por «contamination» causada por fugas de óleo. Se for dado adequado relevo a estas palavras, as mesmas podem ser a base para proporcionar uma resposta directa a alguns dos mais remotos tipos de pedidos acima indicados». Curioso é notar que o CMI advertia: «Todavia, por si só, em casos marginais (*in borderline cases*) não serão necessariamente suficientes»[199]. Nesta medida, de forma a concretizar, mais ainda, o conceito de poluição, através da expressão «contaminação», nas suas recomendações, o CMI, na reunião mencionada, veio propor (Parte II.5): «5. Os danos puramente económicos podem ser ressarcidos quando causados por contaminação por óleo, mas normalmente só como adiante indicado. Os danos devem ter sido causados pela própria contaminação. Não basta conexão causal entre a perda e o incidente que a causa, a fuga ou o derramamento do óleo do navio envolvido no incidente»[200]. Ou seja, um quarto de século mais tarde, o CMI reiterava as soluções que a leitura da CLC permitia, o que se compreende por ser uma convenção que não tem em conta apenas aspectos ambientais.

Centrando-se esta convenção na indemnização do dano causado pela poluição, coloca-se como questão que releva do seu âmbito de aplicação, saber quando se está perante contaminação. O critério contido, a este respeito, na convenção de Bruxelas é um critério de sentido limitativo. Nas «CMI Guidelines on oil pollution damage»[201], este aspecto foi sublinhado ao referir que «A perda tem de ser causada pela própria contaminação» e que «...não é suficiente ter ocorrido entre a perda e o incidente...». No relatório Trotz e De La Rue apresentado à conferência de Sidney do CMI, também este aspecto foi objecto de chamada de atenção. Na verdade, obser-

---

[199] NORBERT TROTZ and COLIN DE LA RUE, *Admissibility and Assessment of Claims for Pollution Damage,* "Il Diritto Maritimo", ano XCVI, págs. 298 e segts. e para a citação supra, no texto, cfr. pág. 313.

—— [200] CMI, "Guidelines on oil pollution damage", págs. 480 e segts., "Il Diritto Marittimo", ano XCVII, pág. 51.

[201] "Guidelines on oil pollution damage, Resolution", in "Il Diritto Marittimo", 1995, I, págs. 48 e segts., em especial, pág. 51.

Responsabilidade Civil e CLC/92 79

vou-se não ser «suficiente mostrar, meramente, que foi causado pelo incidente (isto é colisão, encalhe ou ocorrências similares que conduzem à poluição)». Aliás, este critério, afigura-se, é que melhor se ajusta às situações aqui em causa. De facto, no dito documento, acrescenta-se que, se, v.g., os factos verificados no caso do *Júpiter*[202], «...ocorressem num país aderente à convenção, é altamente provável que se chegasse ao mesmo resultado, isto é não poderia haver recuperação de puras perdas económicas, resultantes do canal de um rio pelo afundamento de um navio, apenas porque o óleo se espalhou na ocasião do desastre: contaminação, mais do que bloqueio ou outros factores têm de ser a causa da perda»[203].

Assim, os critérios jurisprudenciais detectados no exame acima levado a cabo, deverão ser seguidos enquanto expressão dos propósitos limitadores a este respeito da CLC, expressos tanto na redacção inicial de 1969, como na de Londres de 1992, que a reviu e actualizou.

Aliás, é tanto mais assim quanto o dito critério possui a flexibilidade bastante para ter em conta também as repercussões que os danos causados pela contaminação, usando expressão do acórdão do Tribunal da Relação de Lisboa já mais acima citado[204], porventura, «...possam ter nas esferas privadas das pessoas atingidas», como, de resto, relevante doutrina já teve oportunidade de assinalar[205].

Também neste contexto, justifica-se examinar qual a influência que a definição de poluição constante da Convenção OPRC[206] porventura

---

[202] No caso do navio *Jupiter*, "Il Diritto Marittimo", 1994, II, pág. 307, págs. 307 e 308, o mesmo, na sequência de incêndio e explosão, corrido em Bay City, Michigan, desprendeu-se do molhe onde estava atracado, vindo a afundar-se no canal que, por essa razão, ficou encerrado à navegação durante mais de um mês. O tribunal considerou, à luz do direito norte-americano, o OPA (*Oil Pollution Act*) não dever ressarcir danos de perdas causadas pelo derramamento da gasolina que transportava e que se havia derramado. Com efeito, considerou, as perdas não haviam resultado da contaminação, antes do bloqueio do canal do rio causado pelo afundamento do navio.

[203] NORBERT TROTZ e DE LA RUE, *Admissibility and Assessment of Claims for Pollution Damage*, "Il Diritto Marittimo", 1994, II, págs. 298 e segts. e, em especial, pág. 311.

[204] Cfr. supra nota 94.

[205] Também esta situação é compaginada por M'GONIGLE/ZACHER, *Pollution, Politics and International Law*, *cit.*, pág. 36, que referem como uma das suas componentes não apenas a contaminação mas o receio da mesma. Notam estes autores: «Os pescadores podem hesitar em ir para o mar por recearem destruições nas suas redes e por recearem perdas nas suas vendas como consequência de um medo geral de contaminação».

[206] Cfr., supra capítulo I, nota 36.

possa ter na da CLC. Ora, afigura-se, nenhuma. Esta convenção, embora não contenha qualquer definição de poluição, em todo o caso, no seu artigo 2/2, diz que *Incidente de poluição por hidrocarbonetos* designa um acontecimento ou uma série de acontecimentos com a mesma origem tendo como consequência uma descarga real ou presumível de hidrocarbonetos e constituindo ou sendo susceptível de constituir uma ameaça para o meio marinho, para o litoral ou para os interesses conexos de um ou mais Estados, impondo-se uma acção urgente ou uma actuação imediata. O incidente de poluição, nesta definição, não é o derramamento que causa contaminação, antes o que constitui ou é «...*susceptível de constituir uma ameaça para o meio marinho, para o litoral ou para os interesses conexos de um ou mais Estados*». Na definição transcrita nota-se que o incidente de poluição pode surgir sem haver contaminação ou sequer ameaça de contaminação. De facto, basta a ameaça para os interesses conexos do litoral para a dita convenção poder aplicar-se. Ora, como acima houve ocasião de mostrar, a interrelacionação desta convenção com a CLC é feita através do oitavo considerando que refere que as partes nesta têm em consideração a importância quer da CLC, quer das convenções do Fundo. A verdade é que a OPRC é de 1990, sendo que o Protocolo de que veio a emergir a CLC/Londres é de 1992. Embora posterior de dois anos, o certo é que, na CLC/92 a lata definição da OPRC, não foi retomada numa inequívoca confirmação de que só no seu particular contexto seria a mesma susceptível de aplicação.

18. A forma de ressarcir prevista na CLC/92, assenta na regra do artigo III/1, em seguida acompanhada de várias precisões, de acordo com a qual «O proprietário de um navio, no momento em que se verifique um evento (...) é responsável por qualquer prejuízo devido à poluição...». Nesta regra evidencia-se a ausência de qualquer referência ou alusão ao elemento subjectivo do acto ilícito de que se ocupa. Pode, porventura, entender-se que esta forma de expressão assinala, desde logo, a intenção de estruturar um regime de responsabilidade civil objectiva do proprietário. Deixando agora de lado este aspecto, nota-se que após a regra transcrita – central no sistema da CLC – inserida no n.º 1, ou seja a da responsabilidade civil do proprietário do navio, o preceito acrescenta «...salvo nos casos previstos nos parágrafos 2 e 3 do presente artigo», enunciando causas de exoneração dessa responsabilização-regra do proprietário do navio. A caracterização geral do regime da responsabilidade civil da CLC passará, portanto, num primeiro momento, pela análise das regras contidas no parágrafo 2.°, centrando-se o nosso exame na determinação da sua natureza. Em seguida, num segundo momento, ocupar-nos-emos das causas de exoneração do proprietário do navio consagradas no parágrafo terceiro.

O artigo III/2, alínea a), da CLC/92 mostra não ser o proprietário do navio responsável, se provar resultar o dano por poluição de um acto de guerra, de hostilidades, de uma guerra civil, de uma insurreição ou de um fenómeno natural de carácter excepcional inevitável e irresistível. A parte final da alínea a) alude ao caso fortuito ou de força maior, traduzindo a vontade de possibilitar, ao contrário das outras alíneas do artigo III/2, a desresponsabilização do proprietário do navio como a ausência da palavra *totalidade* denota. Para melhor esclarecer o que está em causa, transcrevo a totalidade das suas alíneas.

"*O proprietário não será responsável se provar que o dano por poluição:*

a) – resulta de um acto de guerra, de hostilidades, de uma guerra civil, de uma insurreição ou de um fenómeno natural de carácter excepcional inevitável e irresistível; ou

*b) – resulta, **na totalidade**, de um facto deliberadamente praticado ou omitido por terceiro com a intenção de causar um prejuízo; ou*

*c) – resulta, **na totalidade,** da negligência ou de qualquer outra acção prejudicial de um Governo ou de outra autoridade responsável pelo bom funcionamento dos faróis ou de outros auxiliares da navegação, praticada no exercício destas funções".*
(sublinhados meus)

Nota-se que, enquanto nas alíneas b) e c) se escreveu *na totalidade*, já não foi assim na alínea a), na qual essa expressão está ausente. E, segundo já foi notado na doutrina, trata-se de omissão intencional[207]. Ora, dessa omissão decorre o alargamento dos casos de desoneração ou, pelo menos, a possibilidade da simples presença das circunstâncias indicadas na transcrita alínea a) bastar para levar à não responsabilização do pro-

---

[207] CHAO WU, *La Pollution du Fait du Transport Maritime, cit.,* pág. 157, nota n.° 150.

prietário, independentemente do grau de influência que tais circunstâncias possam ter tido no acidente em causa. Nesta ordem de ideias, sublinhou--se já que: «...a presença, só por si do acto de guerra ou da força maior basta para liberar o armador da sua responsabilidade seja qual for a importância do papel desempenhado pelo caso de força maior ou pelo acto de guerra no acidente»[208]. De resto, isto é tanto mais assim quanto, ao que parece, «...os negociadores queriam que os casos de força maior, nessas hipóteses, fossem exoneratórios da responsabilidade do proprietário»[209]. Assim, mediante a prova da simples presença do caso fortuito ou de força maior, independentemente do papel (que, no evento causador da poluição pode, mesmo, ter sido mínimo) que as mesmas possam ter desempenhado em dado sinistro, mesmo que em concorrência com a culpa do autor do facto lesivo, a lei possibilita que este se desonere da sua responsabilidade. Logo, é correcto admitir que, bem vistas as coisas, na alínea a) do n.º 2, o caso fortuito e de força maior continuam, no âmbito da CLC, a desempenhar um papel de primeiro plano nas causas exoneratórias da responsabilidade do proprietário[210]. A situação que acaba de descrever-se permite ao proprietário do navio a exoneração da sua responsabilidade, situação em que lhe é possível limitar o montante da sua responsabilidade aos montantes indicados no artigo V/1, alíneas a) e b), mediante a constituição dos chamados *fundos de limitação* (artigo V/3)[211]. O exame desta faculdade

---

[208] CHAO WU, *La Pollution du Fait du Transport Maritime, cit.*, pág. 75

[209] Chao Wu, *La Pollution du Fait du Transport Maritime, cit.*, pág. 75.

[210] Em sentido diferente, cfr. JOÃO CARLOS BRANDÃO PROENÇA, *A conduta do lesado como pressuposto e critério de imputação do dano extracontratual,* Coimbra, 1998, que, a págs. 281, na importante nota 903, cita como exemplo do que denomina de «...descaracterização da força maior...» o artigo III da Convenção Internacional sobre a responsabilidade civil pelos prejuízos devidos à poluição por hidrocarbonetos. Na verdade, se bem interpreto o pensamento do ilustre autor, o mesmo considera que, o que chama de contenção proporcionada da auto-responsabilidade do lesado tem a ver com a «....compressão desse limite natural que é a força maior...». Ora, a meu ver, o sistema da CLC através da "força maior", na mesma excessivamente alargada, nas condições já expostas, deixa o lesado em condições de grande dificuldade para provar a culpa do autor da lesão e, mesmo, da sua intervenção no processo causal que levou ao dano. Dir-se-á, assim, que esse alargamento da "força maior", não é feito em função da tentativa de equilíbrio, nos termos que propõe e em que o artigo 570.º é chamado a desempenhar importante papel, das várias situações em concurso, mas antes do propósito de não onerar a posição do proprietário do navio.

[211] Abordarei, mais adiante, a problemática dos *Fundos de Limitação,* de que estes preceitos se ocupam.

– em cuja aplicação sempre terá o julgador não pequenas dificuldades – reveste--se de grande importância na caracterização do sistema da CLC/92, por permitir a determinação dos padrões de exigência a utilizar na apreciação do condicionalismo indicado no seu artigo III/2 e 3. Note-se, antes de mais, que a regra do artigo V está formulada de forma negativa, indicando o preceito não tanto os casos em que autoriza a fixação de montantes máximos, quanto os casos em que essa faculdade é coarctada. Haverá assim que concluir ser a limitação a regra – que pode, contudo, ser judicialmente fiscalizada – e a sua proibição a excepção. A disciplina do grau de exigência com a qual devem ser avaliadas as situações de exoneração da responsabilidade do proprietário, foi dos aspectos mais afectados na redacção dada ao artigo V da CLC/92. Algo paradoxalmente, contudo, essa redacção não teve a finalidade de introduzir uma nova visão do ressarcimento dos danos causados. Antes foi a de reforçar a inicial doutrina a esse respeito, que algumas leituras jurisprudenciais do preceito haviam afastado.

De acordo com o previsto no artigo V/2 da CLC/69, se o evento for «...causado por falta pessoal do proprietário, este não se poderá prevalecer da limitação prevista...» (versão da tradução oficial portuguesa[212]). No entanto, saber em que é que consistia essa *falta pessoal* do proprietário do navio não era fácil. O sentido da jurisprudência formada sobre a versão francesa[213] (também oficial) da expressão, foi já resumida da forma seguinte: «...trata-se não somente da «faute personelle», no sentido próprio do termo, dos directores da sociedade proprietária do navio (ou, ainda, dos directores da sociedade gerente do navio perante os tribunais ingleses), mas pode consistir, igualmente, na «faute» dos empregados da sociedade se os seus dirigentes não exerceram controles suficientemente diligentes, relativamente às actividades dos seus empregados»[214]. A parte final, contudo, do artigo III/4 da CLC/69 impedia serem os mesmos judicialmente demandados. Consequentemente, a ampliação da responsabilidade civil do proprietário do navio, através do alargamento das situações em que pretendia ver-se a, assim chamada, *faute personelle*, do proprietário do navio, ampliando assim a possibilidade da sua responsabilidade civil, além de não ter inteiramente em consideração a regra da canalização, implicava,

---

[212] Versão que, no entanto, não faz fé.

[213] «Si l'évenement est causé par une faute personelle du proprietaire ...».

[214] CHAO WU, *La Responsabilité du Fait du Transport Maritime des Hydrocarbures, cit.*, págs. 225 e 226.

igualmente, a ultrapassagem da regra – aceite no decurso dos trabalhos da conferência diplomática encarregada de redigir a CLC/69 – da pessoalidade da infracção do proprietário como condição para a sua eventual responsabilidade civil.

É assim fácil reconhecer que qualquer orientação jurisprudencial que não tenha em conta o equilíbrio assinalado, pode romper a ponderação de vantagens e sacrifícios impostos aos vários intervenientes, sendo que é, em boa medida, essa ponderação que explica as soluções da CLC. Na verdade, desta jurisprudência veio a resultar a consagração, como contrapartida, de limitação dos montantes indemnizatórios fixados – aceites em compensação da consagração em termos gerais de um regime de responsabilidade civil por culpa presumida. Assim, na interpretação da expressão «...fault or privity of the owner...», a pura ortodoxia da CLC impõe o respeito da exigência da limitação da responsabilidade, a exemplo do que sucede em convenções de direito marítimo, como significando a culpa pessoal do proprietário a entender, de resto, em termos muito rigorosos[215].

Na CLC/92, o artigo V foi objecto de nova redacção. Tal facto, pode explicar-se, porventura, pela intenção de impedir a constituição, no campo normativo da CLC, de uma jurisprudência muito rigorosa relativamente ao conceito de culpa pessoal, de que, v.g, o caso do navio *Marion*, embora fora do seu âmbito normativo, é paradigma[216]. De facto, bem vistas as coisas, essa jurisprudência acabava por seguir neste campo o regime geral da responsabilidade civil. Ou seja, o desiderato prosseguido com as alterações à CLC pelo Protocolo de Londres de 1992, era o de reintroduzir na

---

[215] No caso «Ammazone» (resolvido por acordo) considerou-se que o facto da fuga decorrer da avaria nas válvulas das cisternas de que saíra o crude denotava não se encontrar o navio em condições de navigabilidade. Por tal facto, considerado pessoal do proprietário, foi pedida a perda do benefício da limitação a que o artigo V/1 alude.

[216] No caso *Marion* decidiu-se: "The owners were denied the right to limit their liability. The necessary fault or privity of the owners was found in their failure to maintain effectiv supervision. This occurred in two ways. The first was the failure to conduct an effective program the charts on board up-to-date whether by replacement or correction. The second was the failure of the managing director to take note of a marine inspectorate report that referred to the unsatisfactory condition of the ship's charts", "Yearbook of Maritime Law", 1984, pág. 419. Sobre o mesmo caso, cfr. STEFEN HAZELWOOD, *"Actual fault or privity", such as to deprive a shipowner of the right to limit liability*, "YearBook of Maritime Law", *cit.*, pág. 291 e segts.

CLC, pela via legal, o que pela via jurisprudencial da mesma havia sido retirado, ou, pelo menos, em substancial medida, privado do seu original sentido. De facto, de acordo com a nova redacção do artigo V/2 da CLC, ex-Protocolo de 1992, é mais difícil obter o agravamento do montante da responsabilização civil do proprietário do navio, como já alguma doutrina observou[217]. Neste sentido, a CLC/92 não marca a passagem de um paradigma normativo a outro. Antes traduz o firme propósito de reafirmar, reforçando-as, as tradições jurídicas do direito marítimo – mesmo em zonas onde as mesmas despertam muitas reservas como sucede com as conexas com preocupações ambientas – de exigência da própria actuação pessoal do proprietário do navio impedindo, ao menos no sector aqui em estudo, o desenvolvimento do que pode denominar-se a jurisprudência *Marion*[218].

Note-se, em todo o caso, que embora o artigo V/2 da CLC/92 elimine qualquer tipo de alusão à culpa do proprietário, o mesmo pode perder a faculdade de limitar a sua responsabilidade «...se se provar que o prejuízo devido à poluição resultou de acção ou omissão que lhe seja imputada, cometida com a intenção de causar tal prejuízo ou com imprudência e o conhecimento de que tal prejuízo se poderia vir a verificar». Quer dizer isto que no caso previsto no artigo V/2 – constituição do fundo de limitação – qualquer que seja a versão que se considere – a CLC procurou responsabilizar de forma exigente o autor do dano de poluição, tendo em conta, mas tão só nas condições aí definidas, a forma como, em cada caso, o elemento subjectivo da responsabilidade civil assumiu. De facto, na versão inglesa – texto oficial – fala-se na «...personal act or omission, committed with the intent to cause such damage, or recklessly and with knowledge that such damage would probably result...». Também vinculativa, a versão francesa, por sua vez, refere-se a «...son fait ou son omission personnels commis avec l'intention de provoquer un tel dommage, ou commis témérairement et avec conscience qu'un tel dommage en résulterait

---

[217] Nota Chao Wu ser da «... opinião de que o Protocolo de 1984 concede ao proprietário do navio um direito praticamente não refutável de limitação da responsabilidade» e que «Deste ponto de vista, o protocolo representa um verdadeiro carácter revolucionário ao reforçar duma maneira radical o princípio da limitação da responsabilidade», *La Pollution du Fait du Transport Maritime des Hydrocarbures, cit.*, pág. 228. Embora a autora tena presente o protocolo de 1984, as suas observações, mutatis mutandis, são aplicáveis à CLC/92.

[218] Cfr. supra nota n.° 216.

probablement». Perante esta fórmula, flagrantemente próxima da utilizada nas chamadas Regras de Visby[219], a doutrina veio dizer tratar-se de uma forma de negligência particularmente agravada sustentando-se que «...as regras de direito uniforme invocáveis individualizam portanto um conceito unitário de culpa equivalente ao dolo...»[220]. No texto de 1969, podia falar-se na «privity», para designar a responsabilidade particularmente agravada que onera o proprietário do navio. Agora, no novo artigo V/2 da CLC/92[221] consagra-se a chamada «wilful miscondut», não podendo, pois, em termos de pura hermenêutica jurídica, ser afirmado ter esse artigo desonerado a posição do proprietário do navio[222]. Quer isto dizer que uma actuação gravemente negligente pode, neste plano, relevar. Apesar de ser assim, no plano da concretização dos deveres de ressarcir, as coisas podem passar-se de forma algo diversa. De facto, nota um autor, é raro o proprietário cometer um *personal act* indesculpável «...que cause o dano por poluição, tanto mais que é conhecido no transporte marítimo que a gestão do navio poucas vezes se encontra nas mãos do seu proprietário»[223]. Assim, embora não no plano estritamente jurídico, pode aceitar-se possibilitar a CLC/92 liberar o proprietário sem grande dificuldade do dever de indemnizar os lesados por danos de poluição[224], para além dos limites em que, obrigatoriamente, os tem de ressarcir.

---

[219] Cfr. texto em Manuel Januário da Costa Gomes, *Leis Marítimas, cit.*, págs. 573 e segts.

[220] A este respeito, cfr. PAOLA IVALDI, *Wilful Misconduct e Colpa Grave Tra Diritto Internazionale e Diritto Interno*, "Rivista di Diritto Internazionale Privato e Processuale", Ano XXII, pág. 339.

[221] A este respeito, cfr. PAOLA IVALDI, *Wilful Misconduct e Colpa Grave Tra Diritto Internazionale e Diritto Interno*, "Rivista di Diritto Internazionale Privato e Processuale", cit. págs. 327 e segts.

[222] Sobre o conceito e respectiva problemática da «*Wilful Misconduct*» e, bem assim da «*Recklessness*», cfr. PAOLA IVALDI, *Wilful Misconduct e colpa grave tra diritto internazionale e diritto interno*, "Rivista di Diritto Internazionale Privato e Processuale", *cit.*, págs. 327 e segts, em especial págs. 338 e segts, *passim*. No estrito plano da CLC, à luz do Protocolo de 1984, cujo texto foi retomado na redacção da CLC/92, cfr. MICHELLE COMENALE PINTO, *La Responsabilità per inquinamenti da idrocarburi, cit.*, págs. 144 e segts., *passim*.

[223] Neste sentido, cfr. CHAO WU, *La Pollution du Fait du Transport Maritime des Hydrocarbures, cit.*, págs. 228 e segts.

[224] CHAO WU, *La Pollution du Fait du Transport Maritime des Hydrocarbures, cit.*, págs. 228 e segts., exprime juízo idêntico relativamente ao Protocolo de 1984. Ora, as opções que foram consagradas no Protocolo de 1984 são as que, posteriormente, vieram a ser transpostas para o Protocolo de Londres de 1992.

Isto significa que o caminho da possibilidade de agravamento da responsabilidade civil pessoal do proprietário que, de certa forma, a CLC/69 já abria, encontra-se reafirmado. De facto, a intenção inicial dos legisladores de 1969, no sentido de tanto quanto possível adoptarem uma linha de estreita ligação da responsabilidade civil à actuação pessoal do proprietário, encontra-se reforçada com a CLC/92. E, nos casos em que isto sucede, o lesado, em todo o caso, não é prejudicado, dada a elevação dos limites ressarcitórios fixados agora, tanto no fundo de limitação, aludido no artigo V/3 da CLC/92 como no IOPCFund/92. Assim, a responsabilização do proprietário do navio, nos termos em que acaba de ver-se, acaba por ser compensada mediante a elevação dos montantes indemnizatórios fixos a suportar tanto pelo proprietário do navio, mediante a constituição do fundo de limitação, como pelo IOPCFund.

No caso do abalroamento de navios, outra causa de exoneração da responsabilidade civil do proprietário, à regra contida na CLC de acordo com a qual é suficiente para exonerar o armador de responsabilidade um qualquer evento ao qual seja alheio – esteja em causa facto de terceiro ou trate-se, antes, de dado evento natural – no processo causal que levou ao derramamento das águas poluidoras, mantém-se. De acordo com o estipulado no artigo IV do CLC: «Quando ocorrer um evento no qual estejam envolvidos dois ou mais navios e do qual resultem prejuízos devidos à poluição, os proprietários dos navios envolvidos devem ser, sob reserva do disposto no artigo III, solidariamente responsáveis pela totalidade do prejuízo que não for razoavelmente divisível». Ao remeter para o artigo IV, afinal de contas, o legislador da CLC está a aplicar ao caso particular da abalroação o sistema de exoneração do armador.

De notar, de resto, que nas versões da Convenção de Bruxelas de, respectivamente, 1969 e 1992, há alterações a mostrar ser essa a finalidade como a respectiva comparação o ilustra.

Texto de 1969	Texto de 1992
Quando as *fugas ou descargas* se tenham produzido em *mais do que um navio*, das quais hajam resultado prejuízo por poluição, os proprietários de todos os navios em causa (...).	Quando ocorrer *um evento* no qual estejam *envolvidos dois ou mais navios* e do qual resultem prejuízos devidos à poluição, os proprietários dos navios envolvidos (...).

A alteração, conforme resulta da comparação feita, consistiu em substituir a expressão *Quando as fugas ou descargas se tenham produzido em mais do que um navio*, por *Quando ocorrer um evento no qual estejam envolvidos dois ou mais navios*. É visível ter esta versão reforçado o conceito de prejuízo por poluição contido no artigo I/6 da CLC – quer se tome a versão de 1969 quer a de 1992. Na verdade, no referido artigo I/6, o dano por poluição deverá resultar da fuga ou descarga de hidrocarbonetos. Mas no caso da abalroação o dano por poluição pode resultar de *um evento* no qual estejam envolvidos dois ou mais navios, mas bastando que a poluição provenha de um deles. Como, de qualquer forma, deverá haver derramamento de hidrocarbonetos, isto permite incluir no dito dano por poluição casos em que pode não ter ainda havido fuga ou descarga de hidrocarbonetos[225]. Ao que penso, esta ampliação do evento causador do dano permite alargar – sempre nesta particular situação – o âmbito das medidas preventivas nas quais poderão ser incluídas as que se destinam a evitar o referido *qualquer evento*, se se provar preencherem as mesmas o condicionalismo descrito nas alíneas do artigo I/6 da CLC/92. Não é clara a razão de ser da alteração. Parece-me, porém, surgir a mesma em consequência do desdobramento, operado em 1992, do artigo I/6, pois as medidas preventivas eram insusceptíveis de ressarcimento na redacção da CLC/69. A modificação ao artigo IV permite, pois, aumentar a eficácia prática de tais medidas, incentivando a sua prática[226].

19. Tanto na forma como na CLC foi estruturada a responsabilidade civil do proprietário do navio como no rigorismo com que certa jurisprudência encara essa responsabilidade, deve ter-se presente a influência da tradição do que pode denominar-se de *comunidade marítima*. De acordo

---

[225] No caso do «Patmos», antes do derramamento dos hidrocarbonetos houve um incêndio. Ora, caso este acidente tivesse ocorrido na sequência de um abalroamento, em que estivesse envolvido mais do que um navio – o que, em todo o caso, aí não sucedera – medidas porventura tomadas para o evitar seriam susceptíveis de serem ressarcidas.

[226] CHAO WU, *La Pollution du Fait du Transport Maritime des Hydrocarbures, cit.*, pág. 347, a este respeito refere que, no caso do «Tarpenbeck», não tendo havido derramamento de hidrocarbonetos após o abalroamento, o IOCPF recusou indemnizar os custos das medidas tomadas para o evitar. A ligação da responsabilização não tanto ao derramamento como ao evento que o precede, tem a virtualidade de solucionar situações como as do dito «Tarpenbeck». Desta forma, possibilita que, também neste caso, possam ser pedidas indemnizações pela prática de medidas preventivas.

Responsabilidade Civil e CLC/92 89

com o disposto no artigo V/1, alínea a) da CLC/92 o proprietário de um navio tem o direito de limitar a sua responsabilidade a 4,510.000 unidades de conta para um navio cuja arqueação não exceda as 5.000 unidades, acrescendo (alínea b), para um navio com uma arqueação superior ao referido montante, 631 unidades de conta por unidade de arqueação adicional. Todavia (parte final da alínea b), o montante global não poderá exceder, em nenhum caso, 89,770.000 unidades de conta. Este preceito consagra um instituto tradicional do *shipping*, a saber o da limitação da responsabilidade civil do proprietário do navio. Um seu precedente encontra-se estabelecido no artigo 1.°/1 da *Convenção Internacional sobre a limitação da responsabilidade dos proprietários de navios de alto mar*[227]. O sistema instituído é, há muito, um particularismo do direito marítimo, pois, em contraposição à regra geral civilista – integral reparação dos danos causados – em direito marítimo, as coisas passam-se diferentemente. Nota Pierre Bonnassies que a instituição da limitação da responsabilidade justifica-se «...pela consideração dos riscos do mar, riscos que subsistem apesar da evolução das técnicas e que os exemplos do *Torrey Canyon* ou do *Amoco Cadiz*, só provam. Justifica-se, também, como observava Georges Ripert, por uma referência à noção de comunidade marítima. É um facto que qualquer armador vítima de um incidente marítimo no qual não tem qualquer responsabilidade e que sofra, com a limitação, desta tirará, ele próprio, talvez um dia proveito, quando for responsável e não vítima. Assim, a instituição aparece, em certa medida, pelo menos, como uma tradução da ideia fundamental de solidariedade marítima»[228].

Ora, a subalternização desta ideia por alguma jurisprudência formada neste sector, pode ter como explicação a dificuldade existente neste campo em colocar os interesses da dita *comunidade marítima* ou das suas *práticas marítimas tradicionais* à frente dos interesses dos lesados. Aliás, nessa

---

[227] Aprovado para ratificação pelo Decreto-Lei n.° 48036, de 14 de Novembro de 1967. Texto publicado em Manuel Januário da Costa Gomes, *Leis Marítimas, cit.,* págs. 781 e segts.

[228] *La responsabilité pour pollution en droit maritime,* in "Droit de L'Environnment marin, Développements Récents", Paris, 1988, págs. 291 e segts. e, para a citação supra no texto, cfr., em particular, pág. 303; Cfr., ainda, René Rodière/Martine Rémond--Gouilloud, *La Mer, Droits de L'Homme ou proie des États?*. Paris, 1980, págs. 71 e segts, no que, em particular, concerne a génese do sistema. Sobre o funcionamento do chamado "Fundo de Limitação", cfr. págs. 71 e sgts.

90 *Poluição Marítima por Hidrocarbonetos e Responsabilidade Civil*

comunidade, à qual as vítimas da poluição não pertencem, apenas estão presentes os operadores habituais e respectivos interesses, próprios do comércio marítimo. Ora, para além da própria dificuldade em definir qualquer das noções acima indicadas, a verdade é que a ideia de comunidade marítima tem uma natureza puramente sociológica, não integrando qualquer instituto jurídico dotado de um mínimo de precisão conceptual. Ora, as vítimas da poluição marítima não se encontram nessa situação. Citando novamente Pierre Bonassies, pode dizer-se que «...a solidariedade marítima não vale se não para aqueles que estão envolvidos da mesma maneira na comunidade marítima. Não vale para terceiros, estranhos a esta comunidade, que são vítimas de um sinistro marítimo, como sucede com as vítimas terrestres de uma poluição proveniente de um navio»[229-230]. De facto, muito cedo se reconheceu o que havia de paradoxal em pretender, nos casos de poluição marítima, designadamente daqueles de que aqui nos ocupamos, invocar os interesses da comunidade marítima. Ainda no decurso dos trabalhos da conferência diplomática de que sairia a CLC/69, o Ministro dos Transportes do Canadá, depois de notar que os proprietários dos petroleiros não tinham pedido aos estados costeiros que partilhassem as suas responsabilidades no operar dos respectivos navios-tanque *mamute*, ponderava ser «difícil perceber, por isso, porque se deve solicitar aos interesses piscatórios ... ou aos contribuintes dos estados costeiros que suportem o ónus financeiro do dano da poluição marítima o que equivaleria a subsidiar a indústria petrolífera a uma escala mundial»[231], palavras estas que fazem recordar as de René Rodière e Martine Remond-Gouilloud, quando observam que «No dia em que os interesses de terceiro estão em causa, o sistema torna-se deficiente. Os habitantes em terra incapazes de provar a culpa do navio causador da poluição, incapazes por sua vez de beneficiar da limitação pedem uma responsabilidade sem culpa e, senão uma reparação integral, pelo menos outros limites que não apenas a for-

---

[229] *La Responsabilité Pour Pollution en Droit maritime,* in "Droit de L'Environnment Marin, Développements Récents", *cit.,* pág. 304.

[230] Aliás, mesmo fora do contexto da poluição marítima, já há mais de trinta anos Rodière notava que a regra da limitação não acautelava as pessoas que não estão seguradas, «designadamente os passageiros e viu-se na sequência de catástrofes marítimas, os passageiros ficarem privados de qualquer acção útil», RENÉ RODIÈRE, *Droit Maritime,* 5.ª edição, Paris, 1971, pág. 105.

[231] Citado por M'GONIGLE, ZACHER, in *Pollution, Politics, and International Law, cit.,* pág. 171.

tuna de mar»[232]. Boa parte desta questão tem a ver com o que deverá entender-se por «...*acção ou omissão que lhe seja imputada...*» [ao proprietário do navio] (artigo V/2). De facto, é difícil prever qual seria, no âmbito de qualquer destas duas noções, a repercussão da jurisprudência *Marion*[233]. A mesma, em todo o caso, quer-me parecer, transposta para o campo da responsabilidade civil por poluição por hidrocarbonetos, teria, neste campo, como mais previsível efeito o aumento da severidade de alguma jurisprudência a respeito da responsabilidade civil dos proprietários, ficando, pois, restringida a influência normativa da ideia de *comunidade marítima*. Não tendo sido essa a opção legislativa, daí deverão ser retiradas as devidas ilações interpretativas[234]. Como quer que seja, é à ideia de *comunidade marítima*, cuja influência na formação do direito marítimo foi desde sempre dominante, que se deve a construção das causas de exoneração e de limitação da responsabilidade civil do proprietário do navio, nos termos já indicados.

20. A CLC foi sensível, no que respeita ao elemento subjectivo da responsabilidade civil do proprietário dos navios-tanque, ao facto da ideia de comunidade marítima não poder ser transposta para o direito marítimo da poluição sem adaptações. Essa preocupação nota-se no regime jurídico que traçou para as causas de exclusão da sua responsabilidade. A primeira parte do artigo III/1 da CLC/92 dispõe que o proprietário do navio é responsável por qualquer prejuízo por poluição proveniente de uma fuga ou descarga de hidrocarbonetos. A sua segunda parte acrescenta «...salvo nos casos previstos nos parágrafos 2 e 3 do presente artigo». O parágrafo 2 prevê o caso de força maior, a culpa de terceiro e a culpa do lesado, nas alíneas, respectivamente, a), b) e c). Trata-se, afinal de contas, da trilogia

---

[232] RENÉ RODIÈRE, MARTINE REMOND GOUILLOUD, *La Mer, droits des Hommes ou Proie des États, cit.*, págs. 108 e 109.

[233] Sobre a jurisprudência *Marion*, cfr. supra nota 216.

[234] Isto não significa que os trabalhos preparatórios merecem uma importância decisiva e que vedem a evolução jurisprudencial. Ao contrário, o artigo 32.° da Convenção de Viena sobre o Direito dos Tratados mostra tratar-se de meio complementar. Sobre o papel dos trabalhos preparatórios nas convenções de direito uniforme de direito dos transportes, cfr. SÉRGIO CARBONE, *La réglementation du transport et du trafic maritimes dans le développement de la pratique internationale*, "Recueil des Cours", Vol. 166, págs. 302 e segts., *passim*.

de situações habitualmente convocadas neste tipo de situações. Contudo, a estas várias hipóteses, haverá a acrescentar a do artigo III/2, c), que se circunscreve em torno das consequências, no campo da responsabilidade civil, do proprietário do navio, das intervenções negligentes das entidades com especiais responsabilidades na segurança marítima. Na verdade, a alínea c) ocupa-se da actuação de um governo «...ou outra autoridade responsável pelo bom funcionamento dos faróis ou de outros auxiliares da navegação, praticada no exercício destas funções», matéria de segurança da navegação, permitindo que o proprietário se exonere da sua responsabilidade se provar que houve negligência dessas entidades na execução das tarefas que, no âmbito da segurança da navegação, lhes compete executar. Ir-me-ei ocupar, sucessivamente, de cada uma destas situações.

(i) – *Caso fortuito ou de força maior* – A primeira razão susceptível de levar à exclusão da obrigação do proprietário é o caso fortuito ou de força maior. Rigorosamente, o preceito [artigo III/2, alínea a)] não fala em *caso fortuito ou de força maior*. Na verdade, alude a *acto de guerra, de hostilidades, de uma guerra civil, de uma insurreição ou de um fenómeno de carácter excepcional, inevitável e irresistível*. Mas, sem dúvida, essa enumeração integra o conceito de caso fortuito ou de força maior. Alude--se no direito civil português (artigo 505.° CC) a «...causa de força maior estranha ao funcionamento do veículo...». Penso que na CLC, não haverá que fazer tal distinção – que, de resto, o texto da convenção em causa repele – criando no presente contexto uma distinção de acordo com a qual só relevaria, parafraseando a expressão do CC, uma *causa de força maior estranha ao funcionamento do navio*. Em tal hipótese, estar-se-ia perante entendimento que a lei não consagra. Assim, qualquer causa de força maior que tenha a ver com o navio, como qualquer outra, será fonte de des-responsabilização para o proprietário. Aspecto a esclarecer é, contudo, se o caso fortuito deve ser entendido subjectiva ou objectivamente. O exame dos factos incluídos na relação do artigo III/2, alínea a), encaminha-os, de forma decisiva, para uma concepção de natureza objectiva. De facto, todos esses factos, possuem uma estrutura tal que os torna insusceptíveis de serem reconduzidos a meros comportamentos do proprietário do navio. Mesmo (único conceito de recortes menos precisos utilizado na disposição em causa) o «...fenómeno natural de carácter excepcional, inevitável e irresistível», não se deixa reconduzir a uma apreciação de um agir humano que permita um qualquer juízo de valor, em termos de ausência de culpa.

(ii) *Facto de terceiro*. A segunda razão passível de levar à exoneração do proprietário é a actuação de terceiro, enquanto, também ela, fundamentadora da exoneração. No artigo III/2, alínea b), surpreende-se essa ideia, ao dizer o dito preceito não ser o proprietário responsável se o prejuízo por poluição (não o evento poluidor, note-se) resultar, «...na totalidade, de um facto deliberadamente praticado ou omitido por terceiro com a intenção de causar um prejuízo». Ao falar em *facto*, a lei mostra que a exclusão não tem a ver com a culpa de terceiro mas com facto de terceiro, relevando assim, para efeitos deste artigo, um simples facto mesmo não intencional. A este respeito, desde logo, no nosso contexto, ficam de fora todas as entidades enumeradas nas várias alíneas do artigo III/4. De notar, como já acima foi observado, que o facto de terceiro só é causa de exoneração do proprietário se tiver contribuído totalmente para o evento lesivo. Por ser assim, o eventual concurso que, na produção do dano, o facto de terceiro tenha tido, no âmbito da CLC será irrelevante se não contribuir para ele totalmente.

A questão não foi visionada dessa forma na decisão proferida no recurso interposto no caso do *Amoco Cadiz* para a *Court of Apeals*[235]. De facto, o tribunal havia questionado se o aspecto do litígio relativo à responsabilidade por facto de terceiro deveria ser solucionado pelo direito francês[236], respondendo negativamente. Se o direito francês tivesse sido aplicado, sendo o direito francês nesta matéria integrado pela CLC/69, aspecto já assinalado na 1.ª instância, ter-se-ia a aplicação da disciplina da dita convenção, o que determinaria a irrelevância do facto de terceiro. Não tendo isso ocorrido e afirmada a regra do caso «*Edmonds*»[237], do *admiralty law,* o tribunal de recurso confirmou a decisão do tribunal de 1.ª instância. Este último, explicitamente, já aceitara ser o direito francês aplicável ou seja, de acordo com o próprio tribunal, a CLC/69, embora com a reserva da regra da solidariedade passiva. Assim, o tribunal não levou em atenção a necessidade do facto de terceiro só relevar se contribuir totalmente para o dano, aceitando que os vários responsáveis respondam pelo

---

[235] Sentença cit., "Il Diritto Marittimo", Ano XCV, Vol. IV, cit., págs. 1160 e segts., *passim,* cfr. supra nota n.º 70.

[236] Equacionando, numa passagem anterior desta sentença, o problema da «compensatio lucri cum damno», o tribunal, aplicara o direito francês, de resto, a expresso pedido de «Amoco International Oil Corporation", uma das partes.

[237] Edmonds v. Compagnie Générale Transatlantique, 443, U.S. 256 (1979).

94   *Poluição Marítima por Hidrocarbonetos e Responsabilidade Civil*

prejuízo que cada um deles provocou, aceitando-se, pois, a responsabilidade parcial do proprietário lesado. No caso do *Amoco Cadiz*, esta forma de equacionar a questão implicou que outros responsáveis, designadamente os estaleiros construtores do sistema de lemes, igualmente tivessem sido condenados e que o tribunal tivesse ainda ponderado qual a eventual responsabilidade da sociedade possuidora dos rebocadores que, ligados ao proprietário do navio-tanque por um contrato de assistência e salvação, ao prestar assistência ao *Amoco Cadiz,* não conseguiram evitar a sua perda, por defeituoso cumprimento desse contrato.

Na disciplina da CLC, as coisas passar-se-iam de maneira algo diferente. Na mesma, não havendo contribuição total do terceiro para o evento danoso, todo o dano terá de ser suportado pelo proprietário. Eventuais acções de regresso levariam a que apenas no domínio das relações entre devedores, tais pagamentos relevassem, visão que, repete-se, não é a da CLC, independentemente do facto jurisprudencial. De facto, ao não aceitar que o facto de terceiro possa ter efeitos de exoneração, mesmo parcial, a CLC, qualquer que seja a versão tomada em atenção, não perfilha uma concepção de facto de terceiro que visiona este último, como assumindo uma função de garantia[238], explicando-se, assim, a sua incapacidade de levar à exoneração do proprietário, na medida da respectiva intervenção do terceiro.

(iii) *Facto do lesado.* Enquanto, relativamente à questão globalmente considerada dos efeitos na responsabilidade civil do proprietário do navio o artigo III/2, alínea b), se ocupa do facto de terceiro, por sua vez, o artigo III/3 vem contemplar as consequências da *conduta do lesado* nessa mesma responsabilidade, aspecto a que dedicarei agora a minha atenção.

De acordo com o disposto no artigo III/3 da CLC/92, *Se o proprietário provar que o prejuízo por poluição resulta, na sua totalidade ou em parte, quer de um facto que a pessoa que o suportou praticou ou se absteve de praticar com a intenção de causar um prejuízo, quer da negligência da referida pessoa, o proprietário pode ser isento de toda ou parte da sua responsabilidade em relação àquela pessoa.* Esta disposição codifica,

---

[238] Neste sentido CESARE SALVI nota, embora tendo presente o Código Civil italiano que é se induzido «...a reconduzir as hipóteses em questão a um princípio e uma função de garantia para os terceiros lesados pelo facto do sujeito pelo qual se responde», "Enciclopedia del Diritto", *Responsabilità extracontrattuale, diritto vigente,* págs. 1186 e segts. Vol. XXXIX, Milão, 1988, pág. 1235.

no plano da CLC, o instituto da culpa do lesado[239]. A sua consagração, note-se, não é natural como à primeira vista pareceria. Num documento dominado pela preocupação de, tanto quanto possível, exonerar o proprietário do navio da sua responsabilidade nestes casos, quase que não se estranharia que a culpa, mesmo que tão só parcial, do lesado pudesse levar à completa exoneração do lesante[240].

Na análise de situações em que ocorre a intervenção do lesado, justifica-se procurar esclarecer qual o papel da mesma no âmbito da CLC/92. Na verdade, dir-se-á, dispondo o artigo III/2, alínea b), CLC/92, não ser o proprietário do navio responsável se provar que o prejuízo resulta de um facto que foi totalmente praticado por terceiro, o artigo III/3 torna-se repetitivo, relativamente à disposição anterior [artigo III/2, alínea b)], ao enunciar uma regra de repartição de responsabilidade em caso da conduta do lesado. Ou seja, nesta visão das coisas, se a responsabilidade do proprietário é afectada pela actuação de terceiro, por paridade de razão dir-se-á, também o seria, caso estivesse em jogo a conduta do próprio lesado. Quer-me parecer, em todo o caso, que a autonomia jurídica das duas mencionadas situações justifica-se por, no contexto da CLC/92, terem disciplinas diferentes, sendo mais relevante para o proprietário do navio, no sentido de desagravar a sua responsabilidade, a que tem a ver com a conduta do lesado.

De facto, por um lado, a desresponsabilização do proprietário do navio, no que tem a ver com o comportamento de terceiro, só se verifica se o mesmo provar que o dano por poluição resultou de facto «... *deliberadamente* praticado ou omitido por terceiro com a *intenção* de causar um prejuízo»[241] (itálicos do autor). Ora, no caso do lesado, a lei não qualifica

---

[239] No direito interno português a mesma encontra-se consagrada no artigo 570/1.° do CC.

[240] Sobre esta visão das coisas, que, a ser aceite, retomaria a velha regra pomponiana «quod quis ex culpa sua damnum sentit non intelligitur damnum sentire», cfr., em sentido crítico contudo, JOSÉ CARLOS BRANDÃO PROENÇA, *A conduta do lesado como pressuposto e critério de imputação do dano extracontratual, cit.*, 1996, págs. 369 e segts., *passim.* Sobre a regra pomponiana acima transcrita, cfr. JOSÉ CARLOS BRANDÃO PROENÇA, *A conduta do lesado, cit.*, págs. 69 e segts. e G. CRIFÒ, "Enciclopedia del Diritto", Vol. XI, *Danno, Teoria Generale, a) Premessa storica*, Milão, págs. 618 e segts., *passim.*

[241] A palavra «Deliberadamente» está ausente do texto inglês. Creio provir do francês, que utiliza o termo «délibérément».

especialmente a sua conduta como forma de lhe dar relevância desrespon-sabilizante. Por outro lado, no caso de acto de terceiro, a lei, de forma peremptória, diz «O proprietário não será responsável», quando, no que concerne à conduta do lesado, em tom menos imperativo, afirma «...o proprietário pode ser isento...». Dois aspectos suscitam dúvidas. De facto, embora seja comum nas legislações internas considerar iguais as posições jurídicas de lesante e de lesado, no que concerne à sua influência na produção do resultado final[242], como que decorrente do princípio da igual-dade perante a lei, no presente contexto as coisas parecem apresentar-se de forma própria, justificando, pois, a sua problematização. De facto – e também aqui o precedente (embora atenuado por a regra da canalização não ter então a extensão que, posteriormente, veio a alcançar) provém da CLC/69 – neste âmbito a parificação das posições jurídicas no caso de co-causalidade de lesante e de lesado, introduz uma situação de desigualdade do lesado. Na verdade, a regra da canalização determina, logo à partida, a limitação dos possíveis réus apenas aos que a CLC/92, apertada e restrita-mente, enumera. Em contrapartida, a disciplina legal no que a si se refere é enunciada sem qualquer restrição. Assim, ao abrigo da CLC/92, o lesado fica impedido de accionar as entidades indicadas na mesma. Em contra-partida, relativamente a si mesmo, a sua quota-parte de culpa, sem qual-quer restrição, ser-lhe-á inteiramente imputada, o que implica, se for caso disso, responder pelos actos dos seus propostos. A desconformidade de posições de lesante e de lesado que daqui pode vir a resultar, implica que, na interpretação do termo *negligência*, constante do artigo III/3, sejam tidos em consideração os conceitos construídos na CLC para os seus pró-prios efeitos. Ora, neste contexto, justifica-se recordar o teor do artigo V/2. Esta disposição preceitua que o proprietário do navio fica impossibilitado de limitar a sua responsabilidade se o «...prejuízo devido à poluição resul-tou de acção ou omissão, que lhe seja imputada, cometida com a intenção de causar tal prejuízo ou com imprudência e conhecimento de que de tal prejuízo se poderia vir a verificar». Esta expressão tem por finalidade designar um condicionalismo que, a verificar-se, impede o proprietário de constituir o fundo de limitação previsto no artigo V/1 da CLC/92, a saber a chamada *willfulmisconduct* que, consoante acima já se acima se acen-tuou, integra uma forma particularmente grave de negligência a saber um

---

[242] Cfr., v.g., os artigos 505.º ou 507.º do Código Civil.

imprudência qualificada ou, se se preferir, uma espécie de dolo eventual[243]. Assim, a *negligência* do artigo III/3 deverá ser preenchida com os critérios do artigo V/2. O que precede, note-se, contudo, não resulta tanto de considerar-se dever ser construído um critério de consagração de simetria de conduta lesante/lesado[244], como da circunstância de a própria convenção como que o propor. Isto emerge tanto do explícito agravamento da posição do lesado, em relação ao terceiro, como do facto da observação do texto da CLC possibilitar a observação de uma quase permanente parificação dessas duas situações.

Em primeiro lugar, o preceito não se reporta à influência da conduta do lesado na produção do evento em termos de criar a base legal para o considerar como co-responsável do evento. Na verdade, tal como sucede no que respeita à proibição de constituição do fundo por parte do proprietário, segue-se a mesma solução. De facto, a lei leva em linha de conta não tanto a intervenção da negligência para o evento, como antes, o seu contributo para a produção dos prejuízos. Sendo assim, tratando-se da mesma maneira de perspectivar tanto a conduta do lesado como a do proprietário, não há razão para o critério ser diverso. Em segundo lugar, a não ser assim, ter-se-ia que, na tríade lesante, terceiro, lesado, este último seria o que teria estatuto jurídico mais desfavorável. Na verdade, também para o terceiro, a lei exigia, como critério de responsabilização, uma negligência particularmente agravada. Ora, não teria sentido que, sendo o regime da responsabilidade civil do proprietário do navio estruturado em função do imperativo de indemnizar o lesado, fosse este aquele que via o estatuto mais agravado por uma latíssima noção de negligência, mesmo não desconhecendo a visão restritíssima que a CLC tem da responsabilidade civil do proprietário do navio. E seria assim tanto mais quanto, se pode compreender-se o agravamento da responsabilidade do proprietário, de forma a fazê-lo por formas particulares graves de negligência, o mesmo não é susceptível de suceder com o lesado. De facto, sustentou-se já em direito português, ideia que penso dever ser acolhida, não haver qualquer disposição legal que impeça o lesado de se auto-lesar. Proibida a lesão dos direitos

---

[243] Para a aplicação destas categorias no campo do direito civil, cfr. JORGE RIBEIRO DE FARIA, *Direito das Obrigações*, Vol. I, Coimbra, 1990, pág. 459.

[244] Sobre a justificação do tratamento jurídico do lesado/lesante como responsável, na base de considerações de «simetrismo» cfr. BRANDÃO PROENÇA, *A conduta do lesado..*, *cit.*, págs. 406 e segts.

alheios, a verdade é que a tutela legal não vai ao ponto de considerar haver responsabilidade civil por lesão dos próprios direitos[245]. E, sendo assim, não tem sentido nestes casos – e o que sucede nesta área não pode ser excepção – que o lesante acabe por ter um estatuto mais favorável do que o do próprio lesado. Sendo este o contexto em que a responsabilidade do lesado se coloca, compreende-se por que não é aceitável uma solução que trate mais severamente o lesado que o lesante ou mesmo qualquer terceiro, designadamente quando os prejuízos, mais do que o próprio evento lesivo, são trazidos para o primeiro plano.

Mas isto também explica a razão pela qual a responsabilização do lesado não pode ser alinhada pela do autor dos danos que, ao que creio, deve, antes, procurar-se noutra ordem de considerações[246], para a equiparação do lesado ao lesante, no que respeita ao critério de aferição da negligência. Como haverá ocasião de ver mais adiante, os prejuízos causados por este tipo de lesão são, em parte substancial, indemnizados pela socialização do risco. A reparação a que o IOPCFund procede é feita mediante recursos financeiros obtidos através da cobrança de taxas que incidem sobre as quantidades de produtos petrolíferos importados. Assim, os montantes de tais taxas irão acrescer ao preço do produto, agravando o seu preço, tal como o mesmo é vendido ao consumidor final. Ora, neste contexto, justifica-se que um custo que resulta de lesão por negligência seja integrado na regra da socialização, não sendo, pois, suportado por quem o causou. Mas isto justifica-se, tão somente, se o mesmo não ficou a dever-se, repete-se, a um comportamento integrador de negligência grosseira. De outra forma, estar-se-ia a, tão somente, socializar os custos dos comportamentos negligentes do proprietário do navio, o que, não sendo aceitável, também o não é no que respeita ao comportamento do lesado. Na verdade, se no caso da negligência do proprietário, salvo nos casos de negligência

---

[245] Nota BRANDÃO PROENÇA: «Sabendo-se que a nossa doutrina dominante nega, com mais ou menos clareza, a natureza ilícita do acto do lesado, não se vê como censurar uma conduta que, em regra, não é juridicamente enquadrada e cujo resultado é a lesão da esfera jurídica do próprio lesado», Brandão Proença, *A conduta do lesado, cit.*, pág. 407.

[246] A questão aqui em causa é tão somente como se passam as coisas no nosso contexto, isto é no da CLC/92, porquanto, para este plano poderão valer considerações, porventura, não susceptíveis de transposição para outras esferas normativas. Sobre toda esta questão em geral, cfr. BRANDÃO PROENÇA, *A conduta do lesado, cit.*, págs. 399 e segts., *passim*.

Responsabilidade Civil e CLC/92

grosseira, o benefício da socialização do risco lhe é facultada, por igualdade de razões, o mesmo deve suceder com o lesado. Na verdade, nesse caso, não se trata tanto duma questão de prejuízos, antes de comportamentos susceptíveis de violar todo o sistema de repartição de dado risco que, dada a sua importância económico-social, deve ser suportada por toda a comunidade.

Em suma, a fonte da responsabilização do lesado pode encontrar-se no facto da sua omissão do comportamento optimizador da socialização do risco que lhe é imposta. Por isso, a mesma só pode relevar normativamente em casos de negligência grosseira. Razão esta que, é bom de ver, se aplica a todos os agentes jurídicos que, porventura, se situem no mesmo contexto social. Haverá aqui, porventura, uma visão funcional-sistémica desta questão com uma concomitante subalternização de valores normativos. Mas, neste campo, não me parece que outra possa ser a perspectiva das coisas. Com efeito, viu-se mais acima, o que explica a importante característica da canalização são apenas considerações dessa mesma ordem de razões. Da mesma resultam importantes desvios ao regime de responsabilidade civil como, será, v.g., o caso da responsabilidade civil *in vigilando* ou *in eligendo*, em qualquer dos casos sacrificadas a motivações de mais fácil segurabilidade dos riscos em causa. Ora, o que estes desvios mostram é que, nesta matéria, outro tipo de considerações explicam afastamentos ao regime regra da responsabilidade civil, em termos que adiante serão conceptualizados.

21. A *regra da canalização* implica que apenas o proprietário do navio, com exclusão de qualquer outra eventual entidade, possa ser responsabilizado. Resta saber qual o alcance de tal regra, que, sem qualquer margem de dúvidas, exclui o armador, no que toca ao destinatário desta forçada responsabilização. Em suma, está em causa saber o que deve entender-se por *proprietário do navio*. O artigo III/1 da CLC – seja no texto de 1969 seja no de 1992 – refere o *proprietário do navio*. Contudo, a versão oficial portuguesa de 1969 é acompanhada da versão francesa que utiliza o termo *propriétaire*. Ao traduzir-se o texto de 1992, continuou a utilizar-se palavra *proprietário*. O texto em causa é acompanhado pela redacção inglesa ou seja, uma das versões oficiais na qual é utilizada a expressão *owner of the ship*. Ora, o emprego da expressão inglesa leva a que o intérprete deva considerar estarem aqui incluídas outras realidades para além do proprietário do navio, isto não obstante, igualmente, o texto oficial francês continuar, na esteira do Protocolo de 1984, a falar no *propriétaire du navire*. A verdade é que o termo *owner*, como, de resto, já se assinalou, «...em direito marítimo inglês pode assumir uma variedade de significados e de implicações ...»[247]. Creio, em todo o caso, que neste ponto, será preferível seguir a versão francesa. De facto, o artigo I/3 pretende ter em um sentido mais restrito, como o mostra a referência da CLC, na explicitação do conceito de proprietário, ao registo do navio, como exclusiva forma de fazer a prova dessa qualidade de proprietário.

Como se observou mais acima, de acordo com o artigo III/1 da CLC/92, «O proprietário de um navio no momento em que se verifique um evento (...) é responsável por qualquer prejuízo devido à poluição...». Esta regra é a seguir precisada no artigo III/4, que considera ser o proprietário do navio *destinatário forçado* da responsabilidade civil, pelos danos por poluição produzidos[248]. Na verdade, na CLC a individualização do obrigado a ressarcir os danos causados ao lesado nada tem a ver com o apuramento de quem foi o autor da conduta da qual veio a resultar a produção dos prejuízos. Essa individualização, em princípio e num momento inicial, concentra-se tão só, na tarefa, eminentemente jurídica, da determinação de quem tem a qualidade de proprietário do navio poluidor. De facto, é dessa individualização que decorre o apuramento de quem é civilmente responsável pelos danos. Daí que outros intervenientes e, à partida, potenciais responsáveis são, liminarmente isentos de qualquer possibilidade de responsabilização. Assim, surge a interrogação sobre qual a justificação jurídica para criar um tal «responsável civil forçado». É nesta realidade que consiste a regra da «canalização» ou seja o princípio da «imputação

---

[247] MICHELE COMENALE PINTO, *La responsabilità per inquinamento da idrocarburi nel sistema dela C.L.C., cit.*, pág. 62.

[248] O texto da versão portuguesa está longe de ser claro e não acompanha as versões oficiais inglesa ou francesa. O texto português preceitua que «Nenhum pedido de reparação por prejuízos devidos à poluição, que não tenha por fundamento o disposto na presente Convenção, pode ser formulado contra o proprietário». O que precede é de difícil inteligibilidade. Na verdade, o que se dispõe na passagem transcrita é que «Nenhum pedido de reparação por prejuízos devidos à poluição pode ser formulado contra o proprietário a não ser ao abrigo desta Convenção». O texto inglês, na verdade, mostra ser assim ao prescrever «No claim for compensation for pollution damage may be made against the owner otherwise than in accordance with this convention». Igualmente, o texto da versão francesa, por seu lado, só consente uma tal leitura.

Responsabilidade Civil e CLC/92

da obrigação de ressarcir os lesados apenas aos sujeitos indicados pelo legislador»[249].

A explicação da adopção deste mecanismo jurídico, típico das situações de risco catastrófico[250], caracterizador da CLC, encontra-se na própria génese de todo o sistema – e não apenas da Convenção CLC/69 – de ressarcimento dos danos causados pela poluição provinda do derramamento no mar de hidrocarbonetos[251]. De facto, o mecanismo instituído para ressarcir este tipo de danos implicou, simultaneamente, nos termos acima vistos, a criação de um fundo indemnizatório – o IOPCFund/71 – organismo a que foi cometida a missão de atribuir indemnizações complementares das determinadas pela aplicação das regras da CLC. Por sua vez, a responsabilização exclusiva do proprietário do navio perante os lesados é compensada através da possibilidade que lhe é facultada pela convenção de limitar o quantitativo da sua indemnização ao montante máximo fixado na lei, através da constituição de um «fundo de limitação» desse valor, tudo nos termos do artigo V da CLC. Assim, se os recursos deste forem insuficientes, considerando os danos sofridos, a vítima encontra um complemento de reparação nos fundos próprios do IOPCFund. Ora, a indústria petrolífera, nos termos dos estatutos do IOPCFund, administradora do mencionado fundo, é uma das actividades económicas sobre a qual recai a obrigação de proporcionar os meios financeiros que alimentam esse fundo, através das contribuições que é chamada a pagar. Desta maneira, também os carregadores acabam, embora por via indirecta, por responder pelas indemnizações a pagar. Ou seja, o desvio aos princípios jurídicos gerais aplicáveis acaba, consequentemente, por ser compensado numa ponderação global do sistema instituído. Isto mostra a necessidade de, no exame desta temática, ter em atenção que o sistema de ressarcimento estabelecido na CLC – uma das suas características funda-

---

[249] MICHELE COMENALE PINTO, *La responsabilità per inquinamento da idrocarburi nel sistema della C.L.C. 1969, cit.,* 1993, pág. 36.

[250] Neste sentido, cfr. MICHELE COMENALE PINTO, *La responsabilita per inquinamento da idrocarburi nel sistema della C.L.C., cit.,* pág. 36, nota n.º 43.

[251] No derramamento do petróleo no mar, não se tem em mira, tão só, o petróleo transportado nas cisternas dos navios. Igualmente, deve ter-se em atenção o óleo utilizado como propulsor do navio e o óleo dos sistemas hidráulicos de lemes das embarcações em causa, desde que estes sejam petroleiros. No caso do *Amoco Cadiz*, os primeiros hidrocarbonetos derramados provinham do sistema hidráulico dos lemes do navio.

102 *Poluição Marítima por Hidrocarbonetos e Responsabilidade Civil*

mentais, – encontra-se estruturado em termos de poder ser, se necessário, complementado pelo do IOPCFund. Em suma, embora possa considerar--se ter a CLC canalizado para o proprietário, enquanto um dos intervenientes no processo causal que levou ao dano, toda a responsabilidade, o certo é que o exame conjunto de todo o sistema instituído dá uma diferente perspectiva das coisas.

A CLC privilegiou o proprietário enquanto responsável, em função de considerações ligadas à intenção de evitar conflitualidade e de facilitar a prova tanto dos danos como da sua imputação ao responsável, definido, uma vez por todas, como o responsável por este tipo de eventos. Mas, sabendo que nos mesmos, os danos são muito elevados, considerou ser irrealista pretender que agentes como, v.g., membros da equipagem do navio, designadamente o seu comandante, os possam ressarcir, mesmo que tão só parcialmente. Assim, ao concentrar a responsabilidade civil sobre o proprietário, o legislador convencional teve em atenção considerações «...de *predictability*, a fim de realizar a *insurability* do contrato»[252]. Isto, em suma, significa que imperativos de cariz jurídico-funcional, designadamente os que se conexionam com a temática seguradora, foram tidas em consideração, sem sacrificar puras exigências normativas[253]. Desta forma, conservando a regra, cardinal neste sistema, da canalização da responsabilidade civil no proprietário do navio, acompanhada da limitação quantitativa dos danos que deve ressarcir, procurou não afectar a rápida indemnização dos titulares de indemnizações por razões ligadas à questão da determinação do grau de culpa dos vários intervenientes o que o sistema da CLC evita.

Não obstante o disposto nos artigos III/3 e 4 da CLC/69, o certo é que a jurisprudência interpretou as disposições relativas à regra da canalização de maneira restritiva. A consequência foi, no que importa ao apuramento

---

[252] LUIGI FERRARI BRAVI, *Les Rapports entre Contrats et Obligations Délictuelles en Droit International Privé,* "Recueil des Cours", Vol. 146, pág. 377.

[253] Notam RENÉ RODIÉRE/MARTINE RÉMOND-GOUILLOUD: «Ninguém sabe aqui quem deve segurar-se: é preciso pedir ao fabricante de aerosóis para segurar-se contra poluição dos mares porque uma das suas garrafas arrisca-se um dia a explodir na ponte de um petroleiro provocando uma maré negra? É evidente, face ao super risco de catástrofe e à enorme carga financeira que representa, dever a responsabilidade ser canalisada para um dado meio capaz de premunir-se contra ele», *La Mer, Droits de L'Homme ou proie des États, cit.,* pág 117.

da dimensão *canalização*[254], o seu quase esvaziamento. Pode ilustrar-se o que precede mediante o exame de jurisprudência relevante, designadamente, com a originada no caso do *Amoco Cadiz*[255], no domínio da vigência da CLC/69.

Neste caso provou-se que todas as decisões que o comandante tomara haviam sido precedidas de prévia consulta, não aos proprietários nominais, isto é a quem como tal estava inscrito no respectivo registo, antes aos *proprietários de facto* do navio. Daí que o tribunal condenasse não o proprietário inscrito no respectivo registo mas, antes, o proprietário de facto. Esta primeira forma de esvaziamento da regra da canalização, foi, assim, efectuada através da ampliação – a entender, note-se, de forma muito particular – do significado da expressão *proprietário do navio*. De facto, o que o tribunal realmente fez foi "desconsiderar"[256] a personalidade jurídica, não pondo em causa, directamente, a dita «canalização». Só que, através da dita "desconsideração", aceitou-se ser responsável tanto o proprietário registral do navio como quem, sobre o navio e equipagem, exercia de facto, poderes como tal. Operação sempre muito delicada, no direito marítimo, oferece ainda mais especificidade, dada a existência de regras sobre a atribuição da nacionalidade ao navio. Por tal motivo, pode

---

[254] Sobre este princípio, cfr. em direito português, ISABEL DE MAGALHÃES COLLAÇO, Lisboa, s/d, *Problemas Jurídicos no domínio do risco nuclear,* págs. 38 e segts., *passim.* Parece depreender-se uma atitude de compreensão da ilustre autora no que concerne à adopção da dita regra no domínio do risco nuclear, embora sublinhando que a solução "... envolve um desvio importante às regras comuns em matéria de responsabilidade civil que vigoram em muitas legislações". A justificação, encontra-a a autora na necessidade de resolver o problema da "segurabilidade" de tão elevado risco. Como nota, a serem aplicados " ... os princípios comuns neste domínio, para cobrir todos esses eventuais responsáveis pelo sinistro ocorrido numa instalação nuclear, haveria que contratar um seguro extraordinariamente oneroso que de resto não é certo que pudesse ser obtido" (ob. cit. pág. 40). Se se substituir a expressão "instalação nuclear" por "navio tanque" as palavras da ilustre autora são aqui inteiramente aplicáveis.

[255] Sobre este caso, cfr. supra, notas 45. De notar em todo o caso que os processos que foram decididos pelas jurisdições norte-americanas, embora tivessem tido em atenção a CLC/69, foram julgados à luz do direito norte-americano.

[256] Na doutrina portuguesa, adoptam o termo "desconsideração", PEDRO CORDEIRO *A desconsideração da Personalidade jurídica das Sociedades,* Lisboa, 1989 e COUTINHO DE ABREU, *Da Empresarialidade,* Coimbra, 1996, págs. 204 e segts. Propondo, antes, o termo "levantamento", cfr. MENEZES CORDEIRO, *O Levantamento da Personalidade Colectiva,* Coimbra, 2000, págs. 102 e segts. e 112 e segts.

104 *Poluição Marítima por Hidrocarbonetos e Responsabilidade Civil*

entender-se que a não tomada em atenção da personalidade jurídica do proprietário do navio, tal como efectuada pelo tribunal norte-americano teve, muito em especial, a finalidade de ultrapassar o obstáculo constituído pelos tectos ressarcitórios fixados na CLC/69 que o tribunal considerou aplicáveis a esta situação.

É certo que o mesmo sucedia com os Estados Unidos, não aderentes à convenção. Três razões contudo, levaram o tribunal a aplicar, ao menos de forma parcial, a convenção. Em primeiro lugar, desenvolvendo um raciocínio de tipo conflitualista, remeteu a disciplina da situação para o direito francês, enquanto *lex loci delicti*. Depois, à margem deste tipo de raciocínio, escreve ainda, «as exigências da vida civilizada e a razão e a lógica comum a todos os homens ditam que a lei de todas as nações, incluindo a França e os Estados Unidos, resultem no *favorecimento da vítima*...»[257] (sublinhados meus). A esta espécie de *favor lesi*[258], tal como entendido pelo tribunal norte-americano, para contornar a regra da «canalização», o tribunal acrescentou um terceiro motivo. Ao analisar a regra da canalização, considerou-se – o que, sem dúvida, é correcto – que o seu funcionamento operava, tão só, nos limites da própria CLC/69. De facto, o artigo III/4, 1.ª parte, dispõe não poder ser formulado contra o proprietário do navio «Nenhum pedido de reparação por prejuízos devidos a poluição que não tenha por fundamento o disposto na presente Convenção...», o que significa não poder o proprietário do navio ser demandado senão ao abrigo da CLC. Isto, contudo, não paralisa a utilização de outras vias, mesmo responsabilizando outras entidades que não apenas o proprietário do navio, se invocados outros títulos de aquisição de prestação[259]. Ou seja, a eventual existência e funcionamento de quaisquer outros meios processuais constantes de, v.g., legislação interna, não é prejudicada pela existência da Convenção. Isto monta a dizer que, fora do sistema convencional, considerado pois como não sendo o único à disposição dos lesados para obterem o ressarcimento dos seus danos, é possível a responsabilização de outras entidades, desde que as não indicadas no artigo III/4,

---

[257] "Il Diritto Marittimo", *cit.*, pág. 880.

[258] Mais adiante, haverá ocasião de o precisar, ver-se-á não ser esse o fenómeno que aqui está em causa. Assim, a expressão *favor lesi*, é utilizada em sentido meramente descritivo. Cfr. adiante capítulo V.

[259] MICHELE COMENALE PINTO, *La responsabilità per inquinamento da idrocarburi nel sistema della C.L.C.*, *cit*, pág. 36.

Responsabilidade Civil e CLC/92   105

para além do proprietário do navio[260]. Vê-se, pois, a total pertinência do juízo de um autor, de acordo com o qual, «esta disposição, com efeito, não opera uma canalização exclusiva das acções susceptíveis de serem propostas...». E, por ser assim, o mesmo autor, acrescenta ainda que a CLC/69 não «...exclui, de forma alguma, que possam, eventualmente, serem deduzidos pedidos contra outras pessoas»[261], visão que, repete-se, a meu ver, deve ser aceite.

O reconhecimento de que, bem vistas as coisas, a regra da canalização, tal como formulada na CLC/69, é susceptível de ser contornada, bem como a observação da forma como fora aplicada no caso *Amoco Cadiz*, levou à modificação dessa regra. Tal modificação concretizou-se numa redacção inovadora, relativamente à inicial, do artigo III/4 da Convenção, através do chamado «Protocolo de 1984»[262-263]. O Protocolo de 1984 nunca chegou a entrar em vigor pelo que no Protocolo de Londres de 1992, o assunto foi retomado. Neste, o alargamento da regra da «canalização», entendida nos termos acima vistos, foi efectuado através de meios processuais. É que o preceito vem não tanto dizer não serem essas entidades insusceptíveis de responsabilização quanto, sobretudo, proibir, salvo casos excepcionais[264], o accionamento das entidades que indica, reformulando, assim, as regras sobre legitimidade passiva contidas no artigo III/4, ao não

---

[260] Doutrina semelhante parece fluir do acórdão do Tribunal da Relação de Lisboa de 20 de Outubro de 1994, acima referido, mesmo não tendo a questão sido equacionada. Com efeito, o tribunal detecta uma certa hesitação da lesada que parece hesitar entre a invocação da CLC/69 e os preceitos do CC. Perante essa incerteza, o tribunal optou por uma solução híbrida. Para a questão da definição do conceito de "dano ressarcível" causado por poluição, socorreu-se do n.º 6 do artigo I da CLC. Contudo, para o problema, fulcral, relativo à determinação de qual o regime jurídico da responsabilização civil, optou, antes, pela disciplina do CC.

[261] LAURENT LUCCHINI, *Le Procès de L'Amoco Cadiz, cit.*, cfr., supra nota 7. Compreende-se, pois, dado o que precede, que o mesmo autor observe que "... a Convenção de 1969 organiza, em parte pelo menos, o seu próprio funeral abrindo as vias para eliminar a sua aplicação", *cit.*, pág. 767.

[262] Protocolo de 25 de Maio de 1984; texto em "Espaces et Ressources Maritimes", *cit.*, págs. 223 e segts.

[263] Sobre a problemática do "Protocolo de 1984", não entrado em vigor, cfr. LAURENT LUCCHINI, *Le Procés de L'Amoco Cadiz, cit.*, em particular págs. 777 e segts. As suas soluções, mais tarde, seriam retomadas na Convenção de Londres de 1992. A valia das reflexões do ilustre autor a este respeito mantêm-se pois.

[264] Cfr. infra §§ 2.º e 3.º

106 *Poluição Marítima por Hidrocarbonetos e Responsabilidade Civil*

impor a formulação de pedidos de indemnização por dano de poluição (*claim for compensation for pollution damage*) contra as várias entidades referidas nas várias alíneas dessa disposição. Ora, na CLC/92 o preceito correspondente ao da CLC/69, relativo à mesma matéria, alarga o número de entidades que, a serem demandadas, são partes ilegítimas. Assim, além dos já referidos, não podem ser demandadas (artigo III/4) as seguintes pessoas:

(*a*) Os funcionários ou agentes do proprietário ou membros da tripulação;

(*b*) O piloto ou qualquer outra pessoa que, não sendo membro da tripulação, preste serviço no navio;

(*c*) Qualquer afretador (seja qual for o seu estatuto, incluindo o afretador de navio em casco nu[265]), gestor ou operador do navio;

(*d*) Qualquer pessoa que desenvolva operações de salvamento com o consentimento do proprietário ou de acordo com instruções de uma autoridade pública competente;

(*e*) Qualquer pessoa que esteja a executar medidas de salvaguarda;

(*f*) Todos os funcionários ou agentes das pessoas mencionadas nas alíneas c), d) e e).

Não obstante o reforço da regra da *canalização* na CLC/92, é duvidoso ter a mesma sido consagrada em termos tais que impossibilitem demandar outras entidades que não apenas o proprietário. De facto, por um lado, a *canalização* da responsabilidade civil no proprietário do navio, nos casos do artigo III/4, deixa de operar quando, parte final do preceito, (a) o prejuízo resultar de acção ou omissão de qualquer das entidades indicadas e (b) o mesmo tenha sido cometido intencionalmente ou de forma temerária e com a consciência de que esse dano resultaria provavelmente desse seu comportamento. Por outro lado, e muito em especial, deverá notar-se que, apesar do substancial aumento das pessoas insusceptíveis de serem demandadas – numa visível tentativa para reforçar a regra da *canalização* – continuam a ser possíveis acções contra outras entidades. É o caso,

---

[265] Sobre a problemática e as dificuldades a que a inclusão do *bare-boat chaterer*, cfr. MICHELE COMENALE PINTO, *La responsabilità per inquinamento da idrocarburi, cit.*, págs. 37 e segts.

Responsabilidade Civil e CLC/92 107

v.g., do «...navio abalroador, das sociedades de classificação, o constru-
tor...»[266]. A ultrapassagem desta regra, tal como aqui apresentada, ocorre
no contexto da CLC/92. Contudo, a questão pode, igualmente, surgir no
contexto da IOPCFund como, de resto, veio a suceder no caso decorrente
do incidente com o *Erika*, já mais acima referido noutro contexto[267].
Neste caso, tal como a *Cour d'Appel* de Rennes o perspectivou, não chega
a colocar-se uma questão de ultrapassagem da regra em causa. Na realidade, segundo o tribunal, o IOPCFund não é «...um fundo que exprime a
limitação da responsabilidade do armador[268], como o previsto pela Convenção de 1969, mas um mecanismo colectivo de financiamento destinado
a cobrir um risco...», não impedindo a instituição do IOPCFund que as
vitimas procurem «...a responsabilidade dos poluidores na base do direito
comum»[269]. Nada impede, é certo, que outras entidades sejam accionadas
por danos causados pela poluição com base em títulos que não sejam os
internacionais. Só que, tal actuação sai do sistema conjunto CLC/IOPC-
Fund, o que impede a instauração de acções contra o IOPCFund. A ser de
outra forma, o IOPCFund estaria a ser accionado em situações em que a
sua responsabilidade civil está excluída pelas convenções que estruturam
tal responsabilidade civil e pelas quais, portanto, não responde.

É fácil reconhecer que a regra da canalização, relativamente aos
membros da equipagem e, em geral, às várias categorias de profissionais
em causa neste tipo de ilícitos, continua a ser insusceptível de ser ignorada, sem embargo, em todo o caso, de continuar aberta a via para a formulação de pedidos contra outros responsáveis. Vale a pena, a este respeito, recordar o que sucedeu com uma proposta apresentada pela
OCIMF[270]. Na conferência de 1984 da OMI, este organismo apresentou a
seguinte proposta: «Nenhum pedido de indemnização por perdas e danos
devidos a prejuízos causados por poluição ao abrigo desta convenção, ou

---

[266] LAURENT LUCCHINI, *Le Procès de L'Amoco Cadiz, cit.*, pág. 780; cfr. supra,
nota 7.

[267] Cfr. nota n.° 135.

[268] O tribunal utiliza o termo "Armateur". O texto francês da convenção (cfr.
JEAN-PIERRE QUÉNEUDEC, *Conventions Maritimes Internationales*, Paris, 1979), emprega
a palavra "propriétaire".

[269] De facto, o IOPCFund pode ser demandado directamente relativamente a danos
que ele mesmo indica. Neste sentido, cfr. MICHELE COMENALE PINTO, *La responsabilità
per inquinamenti da idrocarburi nel sistema, cit.*, pág. 77.

[270] Iniciais de "Oil Companies International Maritime Forum".

108 *Poluição Marítima por Hidrocarbonetos e Responsabilidade Civil*

de qualquer outro texto, poderá ser deduzido contra qualquer outra pessoa que não seja o proprietário». Se aprovada, implicaria um regime jurídico de exclusiva *canalização* da responsabilidade civil sobre o proprietário do navio[271]. Contudo, a proposta foi rejeitada[272] o que, a meu ver, leva a não poder considerar-se ter a CLC/92 conseguido assegurar que, nestes casos, a responsabilidade civil esteja exclusivamente *canalizada* para o proprietário no navio de onde proveio a poluição. Em suma, embora privilegie a responsabilidade deste último, não pretende impedir a de outros intervenientes.

22. A segurança e a correcta execução da actividade da navegação depende, em substancial parte, da maneira como a mesma for acompanhada por todo o sistema de acompanhamento e auxílios à navegação. A jurisprudência conhece casos em que surgiram condenações pelo uso de mapas inadequados ou, simplesmente, desactualizados[273]. Entre estas diversas situações, porém, a temática dos portos de refúgio reveste uma tal premência e uma tal actualidade que dela nos iremos ocupar de forma individualizada.

A criação de portos de refúgio surge como uma maneira de possibilitar que navios em precárias condições de navegabilidade, perante condições atmosféricas adversas ou quando as duas situações referidas se cumulam, encontrem locais em que possam ultrapassar as suas precárias condições ou nos quais possam aguardar a melhoria das ditas condições atmosféricas, tornando possível evitar que os referidos condicionalismos

---

[271] Vale a pena recordar que na Convenção de Bruxelas de 25 de Maio de 1962 (Convenção sobre a responsabilidade dos armadores de navios nucleares, aprovada para ratificação pelo Decreto-lei n.° 47988, de 9 de Outubro de 1967 – cfr. texto em ALCIDES DE ALMEIDA, MIRANDA RODRIGUES, *Legislação Marítima Anotada*, II, volume, Coimbra, 1971, págs. 575 e segts. – optou-se por uma "canalização" exclusiva da responsabilidade sobre a entidade que explora o navio nuclear. Ora, nesta convenção, a redacção do seu artigo II/2 encontra-se flagrantemente próximo da proposta da OCIMF, rejeitada pela OMI. O texto em questão é do seguinte teor: "Ninguém, a não ser o armador é responsável por tal dano, a menos que a presente Convenção disponha outra coisa".

[272] Indicações a este respeito em LAURENT LUCCHINI, *Le Procès de L'Amoco Cadiz*, *cit.*, págs. 779 e sgts. *passim*.

[273] Caso do navio *Tsesis* em que o tribunal considerou abrangidas nas ajudas à navegação a preparação e actualização de cartas náuticas. Sobre este caso no plano deste estudo, cfr. MICHELE COMENALE PINTO, *La Responsabilità per Inquinamenti da Idrocarburi Nell Sistema della C.L.C.*, *cit.*, págs. 69, 70 e 72.

potenciem gravíssimos acidentes marítimos como, v.g., naufrágios ou encalhes seguidos de derramamento de hidrocarbonetos. De facto, não obstante o risco que a entrada dessas embarcações, em precárias condições de navegabilidade, proporciona, pode entender a lei ser preferível permitir o ingresso desses navios em portos preparados para fazer face a tal tipo de situações. A alternativa – impedir a sua entrada e deixá-los no mar, possibilitando o agravamento da situação e respectivas consequências – é susceptível de gerar efeitos ainda mais negativos tanto para o navio em causa como para o país em cujo mar territorial a dita embarcação navega. A escolha da opção preferível, assunto de natureza, eminentemente, publicística, é, contudo, susceptível, também no campo da responsabilidade civil por danos causados por hidrocarbonetos, de surgir de forma relevante, o que justifica o seu exame no nosso contexto. Antes, porém, de proceder a um tal exame, passe-se, rapidamente, em revista o estado da questão no plano do direito internacional público. O problema em exame, perspectivado a partir dos dados do direito vigente, é tudo menos inequívoco. Equacionamo-lo aqui a partir de um triplo ângulo de visão.

(i) – Numa primeira perspectiva deste assunto, a questão é visionada a partir da Convenção das Nações Unidas do Direito do Mar de 1982 (abreviadamente, CNUDM) cujo artigo 18.º dispõe consistir a *passagem*, no facto de navegar no mar territorial. O artigo 18/2 dispõe que: *A passagem deve ser contínua e rápida. No entanto, a passagem compreende o parar e o fundear, mas apenas na medida em que os mesmos constituam incidentes comuns de navegação ou sejam impostos por motivo de força maior ou por dificuldade grave ou tenham por fim prestar auxílio a pessoas, navios ou aeronaves em perigo ou em dificuldade grave.* Contudo, no que concerne ao nosso problema, o alcance deste preceito é reduzido pelo artigo 21/1, segundo o qual o Estado costeiro pode aprovar leis e regulamentos de conformidade com as disposições da CNUDM e demais normas de direito internacional, relativos à passagem inofensiva no seu mar territorial que podem incidir sobre: *f) preservação do meio ambiente do Estado costeiro e prevenção, redacção*[274] *e controlo da sua poluição.*

---

[274] No texto oficial português refere-se, efectivamente, *redacção*. Penso tratar-se de lapso pois o texto inglês fala em *reduction*. Como quer que seja, com esta advertência transcreve-se o texto português tal como publicado na versão oficial portuguesa.

110   *Poluição Marítima por Hidrocarbonetos e Responsabilidade Civil*

Nesta medida, a passagem dos navios, mesmo a processar-se da forma indicada na primeira parte do n.º 2 do artigo 18.º, fica sempre condicionada às leis e regulamentos que o Estado costeiro, porventura venha a editar a este respeito. De qualquer maneira, as precedentes disposições são omissas sobre a necessidade do dito Estado costeiro criar portos de refúgio.

(ii) – Uma outra maneira de encarar esta questão é ter presente o disposto no artigo 11.º da *International Convention on Salvage* de 1989, entrada em vigor em 14 de Julho de 1996[275]. Segundo este preceito, «Um Estado parte, ao regular ou ao decidir questões relativas às operações de salvamento, tais como as de admitir a entrada nos portos de navios em perigo ou a concessão de facilidades aos salvadores, tomará em conta a necessidade de cooperação entre salvadores, outras partes interessadas e as autoridades públicas de forma a garantir a realização eficiente e bem sucedida das operações de salvação com a finalidade de salvar a vida ou a propriedade em perigo bem como prevenir danos ao meio ambiente em geral». Portugal não ratificou esta convenção internacional, antes tendo editado legislação interna própria. Refiro-me ao Decreto-lei n.º 203/98, de 10 de Julho. Ora este diploma prevê a salvação feita pelo capitão de dada embarcação ou de quem, nessa embarcação, desempenhe funções de comando (n.º 1 do seu artigo 3.º). Está-se, como se vê, longe da temática dos portos de refúgio.

(iii) – Enfim, este tema pode ser perspectivado de um ponto de vista do direito comunitário. Com efeito, a Directiva 95/21 CE, do Conselho de 19 de Junho[276], vem dizer no n.º 6 do artigo 11.º que «... o acesso a um porto específico pode ser autorizado pela autoridade competente do Estado desse porto, em caso de força maior ou considerações de segurança primordiais, para *reduzir ou minimizar os riscos de poluição*, ou para corrigir anomalias, *desde que o proprietário, o armador ou o comandante do navio tenham tomado medidas adequadas, a contento da autoridade competente desse Estado-membro*, para assegurar a entrada do navio em segurança no

---

[275] Texto em Manuel Januário da Costa Gomes, *Leis Marítimas, cit.*, págs. 529 e segts.

[276] Texto em Manuel Januário da Costa Gomes, *Leis Marítimas, cit.*, págs. 1026 e segts.

porto». Ou seja, ainda aqui o texto legal potencialmente aplicável não tem carácter imperativo. De facto, o mesmo não cria qualquer obrigação de permitir a entrada. Mesmo nos casos em que a mesma é aceite, terá de ser feita a prova de que, segundo os critérios do Estado a cuja jurisdição o dito porto esteja submetido, *o armador ou o comandante do navio tomaram medidas adequadas* para fazer face aos riscos de poluição. Ou seja, ainda que o texto tivesse natureza imperativa, a sua aplicação sempre dependeria da utilização de procedimentos práticos, cuja escolha sempre fica dependente do critério do Estado em cuja costa ficasse localizado o porto refúgio. O artigo 199/1.ª, parte, CNUDM dispõe que, nos casos de risco eminente de dano ou de dano efectivo, os Estados situados na zona afectada devem cooperar, tanto quanto possível, para eliminar os efeitos da poluição de prevenir ou reduzir ao mínimo os danos. E, logo em seguida, artigo 199/2.ª parte preceitua que «Para tal fim, os Estados devem elaborar e promover em conjunto planos de emergência para enfrentar incidentes de poluição no meio marinho». Num artigo recente, Patrick Griggs[277], ao delinear o estado da concretização na prática marítima recente, relativa ao mencionado artigo da CNUDM, considerava a mesma reduzida. De facto, por um lado, as condições para o acesso, estabelecidas pelos Estados, são muito restritas. Por outro lado, acresce ainda, é escasso o número de Estados dotados de meios para dar resposta a catástrofes por poluição, designadamente, de estruturas portuárias ou similares que possam, independentemente da designação, ser consideradas como adequadas a evitar que um dado navio permaneça sem auxílio.

23. O problema dos portos de refúgio fez a sua entrada no campo da responsabilidade civil por danos causados por poluição marítima por hidrocarbonetos no caso do navio *Castor*[278]. Na verdade, foi este caso que levou a IMO, colocada pela primeira vez perante esta temática, a criar uma normativa específica para o assunto. Neste caso, o navio tanque em causa tinha uma fissura de 24 metros no seu casco. Sucessivamente impedido de entrar em vários portos do Mediterrâneo, o *Castor* foi, enfim, autorizado a aceder a um porto tunisino no qual foi feito o *transhipment* da respectiva carga evitando-se, assim, o que poderia ter sido uma enorme catástrofe marítima.

---

[277] *Places of Refuge*, "Il diritto Marittimo", 2003, págs. 1033 e segts., *passim*.

[278] Sobre este caso, cfr. RAIMONDO POLLASTRINI, *I porti di rifugio*, "Il Diritto Marittimo", 2003, págs. 1041 e segts., *passim*.

112   *Poluição Marítima por Hidrocarbonetos e Responsabilidade Civil*

Em todo o caso, duas interrogações são legítimas, porquanto será da resposta dada às mesmas que deverão ser retirados elementos para uma resposta. A primeira é a de saber quais as implicações, no campo da responsabilidade civil, das consequências danosas que, porventura, viessem a resultar das proibições de entrada por parte das entidades portuárias competentes, caso tivesse sobrevindo um derramamento de hidrocarbonetos no mar. A segunda é a de saber quem ressarciria as entidades que, tendo aberto os seus portos a navios em perigo, não obstante, veriam as suas costas atingidas por marés negras que, afinal de contas, não fosse a decisão de abrir os seus portos aos ditos navios, não as teriam sofrido.

Diga-se, antes de mais, quanto à primeira pergunta posta, que o grau de imperatividade, tanto no que respeita à obrigatoriedade da existência de portos de abrigo como no que concerne ao comportamento a adoptar, no que toca à proibição do ingresso das embarcações em perigo, não pode afectar o juízo que, no estrito plano do direito civil, a este respeito haverá que efectuar. Na verdade, estando em causa a conduta de terceiro é a partir das normas que, no plano da responsabilidade civil lhes impõem deveres ou omissões, que a questão terá de ser perspectivada. Isto é tanto mais assim quanto a responsabilidade civil a que alude a CLC/92 – não curando agora de apurar que tipo de responsabilidade civil na mesma foi consagrado – tem disciplina própria no seu espaço normativo, sendo que as situações tipificadas no artigo III/2, alínea c), bem vistas as coisas, não são senão casos ou de *facto de terceiro* ou de *facto do lesado*, que o legislador tipificou autonomamente, considerando tanto a sua especial natureza como a sua fácil configurabilidade, ainda que o número de incidentes susceptíveis de serem reconduzidos ao condicionalismo do artigo III/3 seja escasso[279]. Assim, deve assinalar-se que a prática que, posteriormente, vier a ser adoptada é susceptível de alterar o juízo que a este respeito agora se formar e que portanto, será provisório, para mais em tão delicada matéria. Bem vistas as coisas, as situações passíveis de serem aqui enquadradas são factos que só podem ser praticados pelo Estado, administrações portuárias autónomas ou organizações de idêntica natureza, logo equiparáveis tanto a *pessoa que suportou o dano*, como a, para efeitos do dis-

---

[279] RAIMONDO POLLASTRINI, "Il Diritto Marittimo", 2003, págs. 1033 e segts., *passim*, enumera cinco casos entre os quais, como os mais divulgados pelos media, estão os ocorridos como os navios "Exxon Valdez", Erika", Prestige". Este estudo refere, ainda, os casos do "Castor" e do "Sea Empress".

posto no artigo III/2, alínea c) da CLC[280], acção prejudicial de um governo ou de autoridade responsável pelo bom funcionamento dos faróis ou de outros auxiliares da navegação. A leitura das decisões que se têm ocupado do ressarcimento dos danos causados pelo derramamento no mar de hidrocarbonetos mostra figurarem, com frequência, nos lesados entidades de natureza pública, tais como pessoas colectivas públicas e até mesmo Estados.

A dúvida que, no âmbito deste trabalho, surge neste momento, é a de saber qual a relevância, no contexto, respectivamente, do artigo III/2, alínea c) e do artigo III/3, ambos da CLC/92 da inexistência de portos de refúgio ou, existindo os mesmos, da recusa de autorização das autoridades competentes no ingresso no porto de refúgio da embarcação em causa, no plano da responsabilidade civil. Esta interrogação postula resposta às interrogações seguintes:

(1) Porque é o comportamento do lesado ou das entidades referidas nos dois preceitos mencionados sancionado? (2) Sobre quem recai o ónus da prova da necessidade do navio em perigo (*ship (...) in danger ou distress* na expressão do art. 19/2, 2.ª parte da CNUDM) entrar num porto de refúgio? (3) Quais os critérios de responsabilização do lesado ou de qualquer das entidades referidas no artigo III/2, alínea c) pela sua conduta seguida, omissiva ou não?

(1) Relativamente à primeira questão, deve observar-se haver, neste contexto, escasso interesse em apurar se a conduta, qualquer que possa ser, integra ou não uma obrigação de direito internacional público. No contexto do caso *Prestige*, a propósito da determinação do afastamento desse navio da costa e, logo, do afastamento de um porto de refúgio, a afirmação de que «...se não houve violação de uma obrigação internacional não há facto internacionalmente ilícito nem responsabilidade internacional do Estado

---

[280] Neste sentido, no caso do «Prestige», FERNANDEZ QUIRÓS, "Responsabilidade civil por daños derivados de la contaminación marítima por hidrocarburos: algumas consideraciones a propósito del «Prestige»", citado por JOSÉ JUSTE RUIZ, in *El Accidente del Prestige y el Derecho Internacional*, "Revista Española de Derecho Internacional", Vol. LV (2003), I, pág. 40.

espanhol» passa ao lado do problema[281]. Tenho dúvidas em acompanhar esta visão das coisas. Na verdade, como se ensina em direito português, a conduta do lesado não está em geral «...enquadrada em moldes normativos»[282]. Sem embargo de ser assim, a verdade é que tem de aceitar-se a possibilidade de existência dos danos, mesmo na extensão que concretamente revestiram, ainda que a entrada do navio no porto de refúgio tivesse sido autorizada. Na verdade, tal como, tanto o artigo III/2, alínea c), como o artigo III/3, estão redigidos, não está tanto em causa um raciocínio de tipo causalista, em termos de apurar a contribuição de cada uma das actuações para dado evento lesivo[283], como uma possibilidade de isenção parcial ou total, da responsabilidade do lesado ou das entidades referidas nos artigos III/2, alínea c) e III/3 pelos prejuízos causados. Nesta medida, o preceito contém doutrina próxima da do artigo 570.° do CC, que, igualmente, fala na *produção ou agravamento dos danos* e não na produção do facto lesivo. Está assim em causa uma exigência de responsabilização de cada um dos intervenientes nesse acontecimento, embora tão só no plano das respectivas consequências danosas ocorridas. Este entendimento, de resto, está em consonância com a natureza de responsabilidade quase objectiva que, por vezes, é atribuída à responsabilidade civil por actividades perigosas[284].

Se assim se preferir, empregando uma expressão já utilizada na doutrina portuguesa, trata-se de um *princípio de auto-responsabilidade*[285]. Esta conclusão, enunciada em termos genéricos, não prescinde do apura-

---

[281] JOSÉ JUSTE RUIZ, in *El accidente del Prestige y el Derecho Internacional*, "Revista Española de Derecho Internacional", *cit.*, pág. 35.

[282] JOSÉ CARLOS BRANDÃO PROENÇA, *A conduta do lesado ..., cit.*, pág. 417.

[283] De notar a este respeito que no preceito em causa da CLC, o acento é colocado, não tanto na sua contribuição para o evento danoso, antes na sua adequação para a produção do prejuízo.

[284] JOSÉ CARLOS BRANDÃO PROENÇA, *A conduta do lesado, cit.*, pág. 240, que alude à possibilidade da «...norma do artigo 493.° 2 poder suprir, de certa forma, a inelutável desactualização do sistema e da sua capacidade em poder suprir, de certa forma, a inelutável desactualização do sistema e da sua capacidade em poder reagir, com maior ou menor celeridade, às novas esferas de periculosidade...». Sendo, indiscutivelmente, assim, a verdade é que a noção de *actividade perigosa* é realidade pertinente ao direito interno português e normativamente ausente da CLC/92. Assim, é discutível, metodologicamente, a possibilidade de utilizar essa noção no contexto do direito uniforme e no qual toda esta matéria encontra a sua única sede legal.

[285] JOSÉ CARLOS BRANDÃO PROENÇA, *A conduta do lesado, cit.*, pág. 418.

mento das circunstâncias concretas do caso, no sentido de determinar se, realmente, era necessário o recurso a portos de refúgio. A visão que é proposta ajusta-se particularmente às situações em exame em que não está em causa constatar se a negação do acesso a dada porto de refúgio foi causa do sinistro, ou antes o verificar se, caso a mesma não tivesse ocorrido, seriam evitados ou, ao menos, reduzidos os prejuízos verificados. Uma tal averiguação depende de cada caso concreto. O que, sendo sempre exacto em qualquer situação que surja perante o intérprete, ainda o é mais em contexto como o dos portos de refúgio. Ponto é que o lesado, ao decidir-se em dado sentido, possa afirmar que o fez considerando, tanto as «potencialidades auto-danosas»[286] da sua omissão como, igualmente, os efeitos igualmente, potencialmente lesivos, da conduta contrária. O que significa que tudo tem a ver com a ponderação das consequências, todas elas, que a conduta do lesado ou das entidades referidas no artigo III/2, alínea c), pode implicar tanto para ele mesmo como para terceiros.

(2) A segunda dúvida a esclarecer tem em vista determinar a quem pertence o ónus da prova da necessidade da entrada do navio no *porto de refúgio*. Ao tomar posição sobre este assunto, um autor afirmou pertencer tal ónus ao autor da omissão ou da recusa da autorização[287]. Mas o referido autor coloca o problema em termos genéricos e a partir de uma visão do problema em sede de direito internacional público. Além disso, ao que penso, a única imposição a recair sobre a entidade recusante será a da indicação das razões da sua proibição. Ao que penso, no plano da CLC/92, isto é no do direito privado, a resposta deverá ser diferente. Vejamos, pois. O corpo do artigo III/2, em conjugação com a sua alínea c), dispõem que o proprietário não será responsável se provar que o prejuízo por poluição, «...Resulta na totalidade, da *negligência* ou de qualquer *outra acção prejudicial* de um governo ou de outra autoridade responsável...». Dada a redacção do preceito, que, explicitamente, confia ao proprietário a tarefa de provar que o prejuízo por poluição resulta de negligência ou de dada acção de um governo ou entidade equiparada, o ónus da prova pertencerá ao proprietário do navio. Ora, se é assim, se cabe ao proprietário do navio

---

[286] A expressão é de JOSÉ CARLOS BRANDÃO PROENÇA, *A conduta do lesado, cit.*, pág. 418.

[287] ERIC VAN HOOYDONK: *The Obligation to Offer a Place of Refugee to a Ship in distress*, "CMI YEARBOOK", 2003, págs. 432 e segts.

provar que o dano resulta na totalidade de negligência ou acção alheias, isso quer dizer que o proprietário terá de provar ter havido negligência na recusa da autorização da entrada do navio em perigo. Nessa comprovação pertencer-lhe-á um duplo ónus da prova. Compete-lhe, em primeiro lugar, mostrar ter fornecido à entidade competente os elementos necessários para a devida apreciação do circunstancialismo presente e, em seguida, explicitar ter essa apreciação sido efectuada de forma negligente. Isto é assim tanto mais quanto a entidade a quem pertence autorizar ou recusar o ingresso no porto de refúgio ignora qual a real situação de perigo do navio em causa, devendo, pois, confiar nas afirmações do requerente do pedido de entrada. Por ser assim, se tal pedido for infundamentado, não é possível imputar à autoridade portuária ou equivalente qualquer juízo de censura relativamente a uma decisão de recusa de autorização de entrada. Isto, naturalmente, alarga-se às eventuais consequências e efeitos daí advenientes.

(3) No que toca à determinação dos critérios de responsabilização do governo ou de outra ou outras autoridades responsáveis pelo bom funcionamento dos faróis ou de outros auxiliares da navegação, os mesmos serão os já aplicados para o autor da lesão. Assim, tanto no que concerne a negligência, como no que respeita às pessoas a serem susceptíveis de recusar, penso deverem ser adoptados os critérios que presidiram às regras do regime de responsabilização do próprio proprietário do navio. Logo, no caso da negligência, deverá tratar-se de negligência qualificada. A negligência pode provir de uma apreciação errónea ou demasiado superficial dos factos e dos riscos presentes ou de uma irrazoável recusa relativamente a parecer de peritos, devidamente fundamentado ou, enfim, de claras deficiências nos processos de comunicação e de coordenação das várias entidades a quem a gestão e saída de navios pertence[288]. Quanto aos responsáveis, deverão ser excluídos os agentes da administração portuária, concentrando-se a responsabilidade civil sobre a própria administração portuária, designadamente se se tratar, o que é frequente, de uma administração autónoma[289]. Ou seja, mesmo que por outras razões, a regra da

---

[288] ERIC VAN HOOYDONK: *The Obligation to Offer a Place of Refugee to a Ship in distress*, "CMI Yearbook", 2003, in www.comitemaritime.org/year/2003, págs. 403 e segts; para a citação supra no texto, cfr. pág. 436

[289] Neste sentido cfr. ERIC VAN HOOYDONK: *The Obligation to Offer a Place of Refuge, cit.* pág. 437.

canalização reaparece[290]. O que precede tem a ver, antes, com a concepção de acordo com a qual «...a apreciação da culpa (*rectius,* negligência) do lesado em moldes semelhantes aos que presidem à culpa do lesante, é uma base dominante do pensamento jurídico»[291]. E mesmo quando, na exoneração da responsabilidade de entidades e de agentes portuários, é afirmada uma ideia de política legislativa – estimular o acesso de navios em risco a portos de refúgio – ainda assim, não é afastada tal ideia. Na verdade, foi a partir de considerações provindas de razões de política legislativa que a regra da canalização foi sucessivamente afirmada, legislativamente consagrada e, por fim, reforçada, mesmo que não o tenha sido em toda a sua possível extensão.

A segunda interrogação tem a ver com a resposta a dar à questão de saber quem suporta os prejuízos decorrentes da maré negra, caso a intervenção dos portos de refúgio tenha sido um insucesso. Neste caso, a justificar uma leitura restritiva, a posição de prudência impõe-se tanto mais quanto, por um lado, pagas estas despesas, o Estado do porto de refúgio não usufrui, relativamente às mesmas, de qualquer privilégio creditório. Por outro lado, sendo a responsabilidade civil do proprietário do navio causador da poluição limitada nos termos previstos na própria CLC, a indemnização que nesse caso a entidade portuária receberia seria limitada aos limites da mesma, podendo, em seguida, se disso fosse caso, reclamar o remanescente ao IOPCFund. Solução, sem qualquer dúvida pouco equilibrada. De facto, desta forma, através do mecanismo da co-causalidade, um dos responsáveis – muito provavelmente, nem sequer o principal autor dos prejuízos – poderia ser levado a pagar mais do que qualquer dos vários intervenientes e restantes responsáveis.

Talvez devido à consciência desta realidade, notou um autor, aliás, favorável à responsabilização do Estado no caso de recusa de entrada de um navio em porto de refúgio, que «Dados os limitados escopos de aplicação das convenções internacionais e os limites de responsabilidade,

---

[290] Como Eric Van Hooydonk já afirmou, «Se se pretende encorajar o acesso aos portos de navios em perigo será, muito certamente contraprodutivo considerar as autoridades portuárias ou o comandante do porto responsáveis civil ou criminalmente pela poluição que surge quando foi autorizada a entrada do navio», in «the Obligation to Offer a Place of Refugee to a Ship in distress», "CMI Yearbook, *cit.*

[291] João Carlos Brandão Proença, *A conduta do lesado, cit.,* pág. 575.

118   *Poluição Marítima por Hidrocarbonetos e Responsabilidade Civil*

há o risco de certos danos só parcialmente serem reparados ou nem sequer o serem»[292].

24. Como ponto de partida para o exame da questão relativa à determinação de qual o tipo de responsabilidade civil do proprietário do navio, devem recordar-se duas constatações a que acima já chegámos. Por um lado, a regra geral, consistente em fazer recair exclusivamente sobre o proprietário – artigo III/1 CLC/92 – aparentemente, apenas pelo simples facto de o ser, a responsabilidade civil. Por outro lado, deverá recordar-se, a regra da *canalização* impede o proprietário, através de princípios legais, como v.g. *«culpa in vigilando»* ou *culpa in eligendo*[293], de repercutir a respectiva responsabilidade civil em qualquer dos eventuais intervenientes no evento lesivo mencionados no artigo III/4. Isto é, perante a CLC, é responsável tão só o proprietário do navio, nos termos acima já analisados. O que precede, constante já da versão inicial da convenção – a CLC/69 – na versão posterior – a CLC/92 – foi reafirmado e reforçado. Procurou-se, assim, impedir que o proprietário se exonerasse da sua própria e pessoal responsabilidade. Ou seja, reiterou-se a concepção da responsabilidade civil extracontratual baseada na culpa pessoal e insusceptível de derrogação do proprietário do navio, salvo nos casos, acima já examinados, dos parágrafos 2 e 3 do artigo III. A primeira ideia apresentada encontra-se no artigo III/1. De acordo com o mesmo, «O proprietário de um navio (...) é responsável por qualquer prejuízo devido à poluição causado pelo navio e resultante do evento...». A segunda consta da segunda parte do artigo III/4 que dispõe que «...nenhum pedido de indemnização por prejuízos devidos à poluição, fundamentado ou não nas disposições da presente Convenção pode ser formulado contra...», seguindo-se uma longa enumeração, já acima passada em revista, de pessoas insusceptíveis de serem demandadas ao abrigo da CLC/92. Estas disposições, dir-se-á, antes parecem fundamentar um regime de responsabilidade civil objectiva, afirmação que

---

[292] Neste sentido cfr. ERIC VAN HOOYDONK, *The Obligation to Offer a Place of Refuge*, "CMI Yearbook" *cit*. pág. 438.

[293] A escolha dos elementos da tripulação bem como a fiscalização da sua actividade profissional pertence ao comandante do navio. Logo, se o proprietário do navio alegasse qualquer destas circunstâncias conseguia a sua desresponsabilização, à imagem do que se passa v.g. na Convenção e Bruxelas de 1924, em que o armador não responde pelas faltas náuticas, antes só pelas comerciais.

Responsabilidade Civil e CLC/92

parece ser confirmada pela forma como os trabalhos da conferência diplomática encarregada de redigir a CLC/69 perspectivaram este assunto. Assim, afigura-se-me oportuno dizer algo a respeito desta temática[294].

No decurso da mencionada conferência, nos debates travados no II Comité, formaram-se várias correntes, de certa forma polarizadas em torno da contraposição Estados marítimos/ Estados costeiros. No primeiro grupo de Estados incluíam-se, v.g., a Bélgica[295], Reino Unido ou Dinamarca. No segundo encontravam-se Estados como, v.g., Canadá, França ou Alemanha, incluindo esta última categoria Estados com preocupações de natureza ambientalista (caso dos Estados Unidos)[296]. Ora, os Estados marítimos favoreciam a responsabilização do armador ao abrigo da regra da *fault liability*, em suma, entendiam dever manter-se a tradição jus--maritimista de basear a responsabilidade civil na culpa. Por seu vez, os Estados costeiros preferiam a responsabilização do armador de preferência efectuada com base no princípio da *strict liability*», abandonando-se assim, a referência à culpa para fundar a responsabilidade civil do armador. À dificuldade de encontrar uma fórmula de compromisso aceitável, juntava-se o obstáculo relacionado com o pedido de eventual elevação dos limites quantitativos a suportar, em caso de prejuízos, por unidade transportada (1,000 francos/ton.). Neste último caso, as dificuldades provinham da própria capacidade financeira da actividade seguradora para fazer face aos montantes, sempre de assinalável dimensão quantitativa, que normalmente emergem deste tipo de acidentes. A solução veio a encontrar-se no chamado *British compromise*, proposto pela Grã-Bretanha. De acordo com o mesmo, por um lado aceitava-se a elevação do limite de 1,000 francos/ton.) para 2,000 francos/ton. Por outro lado, em contrapartida deste acréscimo, fixava-se um tecto máximo de responsabilização do proprietário do navio. O remanescente era suportado por um fundo a ser

---

[294] Ao longo das observações que, a este respeito, se seguem, acompanhar-se-á de perto GONIGLE/ZACHER, Pollution, *Politics and International Law, cit.,* págs. 17 e segts., *passim.*

[295] A Bélgica, país sede do C.M.I., tinha bem presente a tradição do direito marítimo baseado na culpa do armador.

[296] Um autor resume a situação, dizendo que os países com interesses no armamento queriam responsabilidade com base na culpa, países em desenvolvimento pretendiam «strict liability» ou «absolute liability» e o Canadá queria responsabilidade ilimitada a recair solidariamente no navio e no proprietário», D. O'CONNEL, *The International Law of the Sea,* Vol. II, edited by I.A. Shearer, Londres, 1984, pág. 1010.

criado[297] e que respondia pelos danos não suportados pelo proprietário. No que respeitava à responsabilização deste último optava-se pelo sistema da *strict liability*. Também este aspecto traduzia um compromisso. Afastava-se, na verdade, tanto o sistema da *absolute liability*, merecedor da simpatia dos ambientalistas e dos Estados costeiros, como o da *fault liability*, defendido pelos Estados preocupados com a conservação das grandes linhas tradicionais em torno das quais o direito marítimo havia nascido e se desenvolvera.

Em todo o caso, tal como veio a ser definitivamente transposto para o texto legal aprovado – a CLC/69 – o sistema da *strict liability*, perante o seu intérprete, aparece, não tanto como uma forma de, e com fortíssima exclusividade, centrar a responsabilidade civil no proprietário do navio tanque – sem embargo de isso, em todo o caso, ser inquestionável – antes como a maneira de evitar o completo abandono da tradição do direito marítimo de assentar na ideia de culpa a responsabilidade civil do proprietário do navio – incluindo o do navio-tanque – aspecto, já o vimos, posto em questão no decorrer dos trabalhos preparatórios.

25. O sistema concebido no contexto que acaba de descrever-se, acabou por vir a ser transposto para o articulado da convenção. E, caracterizando-o muito rapidamente, em primeiro lugar, terá de reconhecer-se parecer inequívoco o afastamento da CLC de qualquer mecanismo da responsabilidade civil objectiva.

Na verdade, ao preceituar-se não ser o proprietário responsável se provar que a poluição proveio de «...um fenómeno natural de carácter excepcional, inevitável e irresistível...», segundo dispõe o artigo III/2, alínea a) da CLC/92, ou que o evento proveio de qualquer das excepções tipificadas nas várias alíneas do artigo III, bem vistas as coisas, justamente em casos «...que mais parecem implicar a exigência de desligar a responsabilidade, da culpa, a previsão legal consente a exoneração através de uma fórmula que não parece facilmente recondutível (mesmo para os adeptos da vigência daquele princípio) à categoria da responsabilidade objectiva em sentido próprio»[298]. De resto, confirmando o que precede, deve refe-

---

[297] E, na verdade, algum tempo mais tarde, esta vertente do compromisso descrito foi concretizada através da constituição do IOPCFund/71.

[298] Cesare Salvi, *Responsabilità Extracontrattuale (dir. vig.)*, "Enciclopedia del Dirritto", Vol. XXXIX, 1988, pág. 1234.

Responsabilidade Civil e CLC/92 121

rir-se que, no espírito da maioria dos participantes[299] na conferência de que veio a resultar a redacção do articulado da CLC/69, inexistia qualquer intenção de consagrar tal regime jurídico, estado de espírito que parece ter sido transposto para o texto da Convenção. Na realidade, a tutela da posição dos lesados pela poluição por hidrocarbonetos, na CLC/69, não foi feita mediante a instituição de um regime jurídico de responsabilidade civil objectiva[300]. E, como a leitura do texto o confirma, não houve a este respeito, qualquer alteração na CLC/92. Sendo assim, encontra-se em aberto o problema da qualificação de qual o tipo de responsabilidade civil consagrado na ditas convenções. Antes, porém, de o fazer abro um parêntesis para esclarecer alguns aspectos prévios.

Como acima se viu, à regra geral da presunção de responsabilidade do proprietário, junta-se a possibilidade da sua desoneração pelas razões e motivos oportunamente expostos. Pode, pois, sustentar-se ser o regime instituído pela CLC/92 – como, de resto, já ocorria na CLC/69 – o da responsabilidade civil pelo exercício de actividades perigosas no qual, ao proprietário é facultada a prova da verificação de circunstâncias que, a terem ocorrido, o isentam de responsabilidade (*strict libility*). De facto, o sistema instituído apresenta traços que, em princípio, o aproximam do regime da responsabilidade civil por actividades perigosas, caso, v.g., do

---

[299] Mesmo Portugal, no decurso dos trabalhos votou no sentido da consagração de um regime de responsabilidade civil pela culpa (*strict liability*) e não de responsabilidade civil objectiva (*absolut liability*) (indicações constantes de GONIGLE/ZACHER, *Pollution, Politics and International Law, cit.*, pág. 177, mapa 9).

[300] No sentido da desvalorização deste debate, cfr. CHAO WU, *La Pollution du Fait du Transport des Hidrocarbures, cit.*, pág. 73, o qual afirma que a controvérsia evocada mais não é do que " ... disputa puramente doutrinária não apresentando muito interesse". Quer-me parecer, à luz do que tenho vindo a dizer, que, pelo contrário, pode ser fulcral, em não poucas situações da vida real, a clara determinação de qual a natureza da responsabilidade civil do transportador marítimo de hidrocarbonetos. Saber qual a possibilidade que o proprietário do navio tem de fazer a prova de que fez tudo o que estava ao seu alcance ou, sem mais, entender que ele responde pelos danos, salvo caso fortuito ou de força maior a provar por ele, tudo consequências da natureza jurídica que resultam da responsabilidade civil do proprietário do navio, mostra que não se trata de questão puramente doutrinária, antes podendo ter profundas repercussões no plano indemnizatório. De resto, o próprio facto do acórdão acima citado (cfr. supra, nota n.° 81) do Tribunal da Relação de Lisboa, de 20 de Outubro de 1994, ter sentido a necessidade de se envolver neste debate, disso é prova.

122   *Poluição Marítima por Hidrocarbonetos e Responsabilidade Civil*

artigo 493/2, CC. A reserva que acabo de fazer decorre do facto de, bem vistas as coisas, a semelhança não ser total. Resta saber se esse afastamento é suficiente para afastar o sistema da CLC/92 do tipo de responsabilidade civil por actividades perigosas. No que toca ao ónus da prova da existência, e respectivas características, do facto lesivo e do montante das lesões causadas, as soluções coincidem em atribuir o respectivo ónus da prova ao lesado. Divergem entre si, porém, em dois aspectos. Por um lado, enquanto a CLC, desde logo, *sic e simpliciter*, presume a *responsabilidade* do proprietário do navio, o artigo 493/2, CC, sem, ao menos *expressis verbis*, aludir a responsabilidade ou culpa, cria a obrigação de indemnizar no caso de danos causados no exercício de uma actividade perigosa. Daqui resulta serem diferentes os meios legais do causador dos danos se isentar da sua obrigação de indemnizar o lesado. Na CLC/92, o proprietário terá de provar que o evento resultou de uma das razões taxativamente indicadas na lei. No CC, de acordo com a expressão constante da parte final do artigo 493/2 do CC, não há obrigação de indemnizar se quem exerce uma actividade perigosa mostrar ter empregado «...todas as providências exigidas pelas circunstâncias com o fim de os prevenir», expressão esta muito mais ampla do que a constante da CLC, ao tipificar as formas do proprietário do navio se exonerar do dever de ressarcir. Sem embargo de ser assim, a ideia de que através da prova do emprego de todas as providências exigidas pelas circunstâncias é passível de ser considerada como a que subjaz às situações tipificadas na CLC/92 e, logo, na sua interpretação. De facto, o artigo III/2 da CLC contém nas suas alíneas a), b) e c), largas possibilidades de exoneração, dificilmente compatíveis com a irrelevância, ao menos em termos gerais, da prova da sua irresponsabilidade ou da inevitabilidade da ocorrência dos danos, designadamente as indicadas na alínea a) do artigo III/2. Isto leva-me, mesmo recaindo sobre o proprietário o ónus da prova de que a responsabilidade pelos danos não lhe pertence[301], a admitir, dado o preceituado no

---

[301] No C.Civil, o caso de força maior, tem, é certo, efeito exoneratório. Contudo, isso sucede, apenas, quando a ocorrência seja provocada por caso de força maior estranho ao funcionamento de veículo de circulação terrestre ou seja, nos casos de responsabilidade civil objectiva de que se ocupa o artigo 503.°, o que torna a doutrina deste preceito insusceptível de transposição para este contexto. Acresce que as situações em estudo neste trabalho, se porventura integrassem hipótese de responsabilidade civil objectiva, seriam enquadráveis no artigo 500.° e não no artigo 503.°. Mas outra é a previsão do artigo II/2,

Responsabilidade Civil e CLC/92

artigo III/1 e 2 da CLC/92, ter sido, afinal de contas, consagrado no texto da convenção um regime de responsabilidade civil pelo exercício de actividades perigosas.

Ex adverso, relativamente ao entendimento de que a CLC consagrou um regime de responsabilidade civil pelo exercício de actividades perigosas, dir-se-á inexistir no artigo III/2 e 3da CLC/92 uma causa de exoneração com fórmula equivalente à do artigo 493/2, CC, pelo que, a ser assim, não está o proprietário do navio obrigado a «...mostrar que empregou todas as providências exigidas pelas circunstâncias com o fim de os prevenir» ou, em expressão de sentido equivalente, a «...provar ter adoptado todas as medidas idóneas a evitar o dano»[302]. A verdade é que, para além da inegável perigosidade do transporte pela via marítima de hidrocarbonetos[303], a jurisprudência tem vindo a exigir a prova de que o proprietário colocou o seu navio em estado de navegabilidade[304]. Ora, bem vistas as coisas, a atenção a esta faceta do problema traduz a indispensabilidade de ter em atenção a forma, verificada em concreto, como foi levado a cabo o *exercício de uma actividade perigosa* e não de um acto isolado apreciado tão só, *ex-post*. Ora tudo isto integra aspectos característicos do regime legal da responsabilidade civil por actividades perigosas, como sucede, v.g., no caso do artigo 493/2, CC. ou no do artigo 2050.°, CC italiano. E, na mesma linha de pensamento, poderá recordar-

---

alínea a) CLC/92. Nesta situação, ainda que o facto resulte do funcionamento do navio, só haverá exoneração do responsável se, a esse facto, se juntar a causa de força maior, conexa ou não com o navio.

[302] Artigo 2050.° do Código Civil italiano, que inspirou o artigo 493/2 do Código Civil português.

[303] Esta constatação, no plano da CLC, apenas tem um valor meramente empírico e descritivo, dada a fidelidade da convenção a modelos puramente romanistas. Por ser assim, qualquer desvio é excepcional no âmbito da convenção.

[304] Assim, no caso «Amoco Cadiz», decisão de 24 de Janeiro de 1992, do «United States Court of Appeals – Seventh Circuit», o tribunal aceitou que a colocação do navio em estado de navegabilidade era obrigação do proprietário, mesmo no campo da responsabilidade civil extra-contratual. Após citar o tribunal de 1.ª instância, de acordo com o qual fora a negligência da *Amoco International Oil, C.°*, no cumprimento da sua obrigação de manutenção e de reparação do sistema de lemes a causa próxima da avaria do sistema em 16 de Março de 1978, tendo daí resultado o encalhe do navio e, bem assim, o dano de poluição, concluiu que: «A situação de falta de navegabilidade *(unseaworthy)* era o resultado directo da falta de cuidado na execução razoável na manutenção e operacionalidade da embarcação».

124   *Poluição Marítima por Hidrocarbonetos e Responsabilidade Civil*

se que, estando embora a responsabilidade do proprietário limitada a um montante fixo, a verdade é que o ressarcimento dos vários lesados, dada a intervenção, mesmo que tão só *a posteriori,* do IOPCFund (e, presentemente, do *Suplementary Fund*) pode levar à ultrapassagem dos limites indicados na CLC. Acresce que o transporte marítimo de hidrocarbonetos possui sempre, por muitas precauções que sejam tomadas, uma enorme potencialidade de causar gravíssimos danos, *mega-danos* na expressiva terminologia de Michele Comenale Pinto, pelo que bem se compreende, também por esta razão, dever ser esta considerada uma actividade perigosa[305].

Liga-se, na doutrina portuguesa por vezes, o regime da responsabilidade civil pelo exercício de actividades perigosas à responsabilidade por culpa presumida[306]. Pode aceitar-se estar uma tal visão presente na CLC/92, desde que se precisem conceitos e se desligue essa culpa presumida de um regime de responsabilidade civil em que só o momento da culpa subjectiva releve ou, pelo menos, releve de forma porventura preponderante[307]. Ora, é esse, quer-me parecer, o caminho que a actual versão da CLC trilha. De facto, na versão francesa do artigo V/2 – redacção

---

[305] Nota com efeito, o ilustre autor. «É sob esta perspectiva, também ela contemplada no artigo 2050 c. Civ, que pode dizer-se que a actividade de transporte de hidrocarbonetos seja considerada uma actividade perigosa», MICHELE COMENALE PINTO, *La responsabilità per inquinamenti da idrocarburi nel Sistema della C.L.C., cit.* pág. 125.

[306] É o caso, v.g., de MENEZES LEITÃO, ao notar: «O art. 493.º, n.º 2, vem ainda prever a responsabilidade por culpa presumida daquele que causar danos a outrem no exercício de uma actividade, perigosa por sua própria natureza ou pela natureza dos meios utilizados» (*Direito das Obrigações,* Volume I, 4.ª edição, Coimbra, 2005, pág. 308). Há na doutrina portuguesa dissídio sobre o que daqui decorre para o autor da dano, neste caso. De facto, outros autores, parece-me, têm a este respeito uma visão algo diferente. Assim, RIBEIRO DE FARIA, v.g. que, ocupando-se do do S.T.J. de 27 de Março de 1979, no qual se considerou não bastar o cumprimento do "Regulamento para a exploração e polícia dos Caminhos de Ferro", para afastar a presunção de culpa num incêndio, escreve: «dúvidas da nossa parte que possa ser assim» (*Direito das Obrigações,* Volume I, Coimbra, 1990, pág. 308).

[307] É o caso de Esmein que, ao colocar esta questão no âmbito de responsabilidade civil por culpa presumida tem presente a necessidade ou pelo menos a vantagem de inspirar aos interessados «um salutar receio de responsabilidade eventual», *La faute et sa place dans la responsabilité civile,* "Revue Trimestrielle de Droit Civil", 1969, págs. 484 e segts.

de 1969 – falava-se em *faute personell*e. É duvidoso que esta expressão, ao menos em direito português, pudesse abranger a ilicitude da conduta do autor do facto lesivo. Basta comparar esse preceito com o artigo 483.° do C.C. para se ver que assim é[308]. A verdade, é que, na redacção de 1992 a expressão *faute personell*e desapareceu, privilegiando-se, antes, o apuramento *ex ante* da adopção de providências exigidas pelas circunstâncias com o fim de a prevenir[309]. Por outro lado, harmoniza-se esta visão da actividade perigosa com a faceta de natureza eminentemente objectiva que o caso fortuito ou de força maior possui[310]. Isto impõe-se tanto mais quanto o exame da evolução dos textos legais em causa, registada entre 1969 e 1992, mostra o seu progressivo afastamento de uma visão de culpa considerada esta como culpa directa e subjectiva do responsável – o proprietário do navio – como condição *sine qua non*, para a existência de uma obrigação de indemnizar. De facto, na CLC/69, de acordo com o artigo V/2, o proprietário do navio não podia limitar a sua responsabilidade caso o evento tivesse sido «...causado por *falta pessoal* do proprietário...» (itálico meu). Ora, na CLC/92, este preceito foi profundamente alterado, passando a dizer-se no mesmo que o proprietário do navio não tem o direito de limitar a sua responsabilidade caso se prove que o prejuízo devido à poluição «...resultou de acção ou omissão que lhe seja imputada, cometida com a intenção de causar tal prejuízo ou com imprudência e o conhecimento de que tal prejuízo se poderia vir a verificar». Acompanhando esta alteração, por sua vez, o artigo VII/8, igualmente, fez desaparecer a alusão que a falta pessoal nele contida. Para além da eliminação da alusão a *falta pessoal*, a ampliação do elemento subjectivo fez-se através da inclusão nas causas de exclusão do direito de limitar o montante da responsabilidade, igualmente a negligência, entendida esta de forma particularmente severa. Desta forma, a visão da culpa, entendida como facto puramente pessoal e

---

[308] Provavelmente por ser assim, no acórdão da Relação de Lisboa de 20 de Outubro de 1994 (cfr., supra nota n.° 81) nota-se um apelo quase constante ao artigo 483.° do CC.

[309] Na versão actual escreveu-se: «...de son fait ou de son omission personnels, commis avec l'intention de provoquer un tel dommage, ou commis témérairement et avec conscience qu'un tel dommage en résulterait probablement...».

[310] CESARE SALVI, *Responsabilità Extracontrattuale (dir. vig.)*, "Enciclopedia del Diritto", Vol. XXXIX, 1988, pág. 1230, que afirma que «...a prova do caso fortuito não se identifica com a ausência de culpa».

126   *Poluição Marítima por Hidrocarbonetos e Responsabilidade Civil*

intencional, na versão de 1969, foi se não abandonada na redacção de 1992, ao menos subalternizada, já que, presentemente, encontra-se reduzida a uma alusão a *falta intencional* existente no artigo VII/8. Assim, em conclusão pode aceitar-se, entendidas as coisas desta maneira, encontrar-se aqui consagrado um regime de responsabilidade civil por culpa presumida, isto é uma *presunção de culpa.*

Haverá agora, antes de concluir, tão somente que examinar como se coloca, no contexto da CLC, a questão da *causa virtual,* designadamente no que se reporta à sua relevância. Os factos indicados no artigo III/2, alíneas b) e c), de qualquer das versões da CLC, viu-se mais acima, devem ter, na totalidade, contribuído para o evento danoso. A omissão da palavra *totalidade,* na alínea a), segundo a doutrina, também já se disse, foi intencional[311]. Na verdade, decorre da mesma o alargamento dos casos de desoneração por bastar a simples presença de qualquer das circunstâncias indicadas na transcrita alínea a), para a desresponsabilização do proprietário. Isto será assim mesmo que o seu papel no eclodir do processo causal que levou ao acidente e à produção dos respectivos danos, tiver sido mínimo. Observou-se já que «...a presença, só por si, do acto de guerra ou a força maior basta para liberar o armador da sua responsabilidade seja qual for a importância do papel desempenhado pelo caso de força maior ou pelo acto de guerra no acidente»[312]. Isto é tanto mais assim quanto, ao que parece, «...os negociadores queriam que os casos de força maior, nessas hipóteses, fossem exoneratórios da responsabilidade do proprietário»[313]. Mas se, afinal de contas, através da prova da simples presença do caso fortuito ou de força maior, é possível a desoneração do responsável do acidente, decorrem daí, no contexto da relevância da causa virtual, consequências importantes.

---

[311] CHAO WU, *La Pollution du Fait du Transport Maritime, cit.,* pág. 157, nota n.º 150.

[312] CHAU WU, *La Pollution du Fait du Transport Maritime,* cit., pág. 75

[313] CHAU WU, *La Pollution du Fait du Transport Maritime, cit.,* pág. 75. Sobre o estado da questão no direito civil português cfr., por todos , PIRES DE LIMA, ANTUNES VARELA, *Código Civil, anotado,* 4.ª edição, Coimbra, 1987, em anotação ao artigo 493.º do CCivil, pág. 496 e PEREIRA COELHO, *O Problema da Causa Virtual na Responsabilidade Civil,* Coimbra, 1998 e, em particular a importante nota de actualização que acompanha a reimpressão 1998, na qual é passada em revista a doutrina portuguesa que, nos últimos trinta anos, se ocupou deste assunto.

A ausência da palavra *totalidade*, reportada ao caso fortuito ou de força maior, mostra que, nas situações de concorrência desse circunstancialismo factual com qualquer outro evento, o armador não responderá pelo dano. Logo, parece-me, se aqui o legislador previu um *casus mixtus*, em que o evento lesivo, embora possa ter na sua origem a própria acção [omissão] do armador, não ocorreria caso não tivesse sobrevindo o caso fortuito ou de força maior, ter-se-á que, no quadro da CLC, nos termos indicados, a chamada *causa virtual* releva, afastando-se assim, neste ponto, da solução geral do direito português de irrelevância da causa virtual. Contudo – efeitos da regra da canalização, ao que penso – noutros casos em que no CC relevaria, aqui não sucederá dessa forma. Com efeito, segundo o artigo III/4, 2.ª parte, «Nenhum pedido de indemnização por prejuízos devidos à poluição, fundamentado ou não nas disposições da presente convenção, pode ser formulado contra os funcionários ou agentes do proprietário ou membros da tripulação» o que, a meu ver, significa que casos a que o CC concede relevância como causa virtual[314], v.g. o artigo 491.º CC[315], na CLC não a têm, mesmo que, bem vistas as coisas, a insusceptibilidade dos mesmos serem accionáveis judicialmente ao abrigo de CLC, acabe por retirar implicações de ordem prática à questão.

Em todo o caso, o número de casos em que a causa virtual na CLC releva, é escasso, praticamente reduzido ao do artigo III/2 alínea a), ou seja ao caso fortuito ou de força maior. Não obstante, para além do papel central que no direito marítimo o caso fortuito ou de força maior desempenha, a verdade é que, recorde-se, a CLC confere eficácia exoneratória ao caso fortuito ou de força maior, mesmo quando a sua intervenção no evento é menor. A CLC exige, lembremo-nos, como condição de ser tida em atenção, tão só a sua mera presença – mesmo que parcial – para a sua relevância positiva. A doutrina, mesmo que de forma não unânime, tem ligado a relevância da causa virtual a situações em que a responsabilidade do lesante se encontra agravada, o que aqui sucede com a adopção da teoria da equivalência das condições. Como houve ocasião de ser assinalado «...também no CC a relevância da causa virtual só foi admitida excepcionalmente, em casos em que a lei agravou a posição do obrigado a indem-

---

[314] Neste sentido, v.g., cfr. Pereira Coelho, *O Problema da Causa Virtual na Responsabilidade Civil, cit.*, págs. 7 e 8.

[315] Pereira Coelho, *O problema da Causa Virtual na Responsabilidade Civil, cit.*, págs. 8 e segts.

128 Poluição Marítima por Hidrocarbonetos e Responsabilidade Civil

nizar e nos quais, por isso, não seria justo obrigá-lo a reparar o dano que sem o seu facto se teria igualmente verificado»[316]. No nosso caso, o lesante só encontra uma situação em que a causa virtual lhe consente a exoneração, outro sinal de que a sua responsabilidade nada tem de objectiva. Acresce que, dada a redacção da, várias vezes invocada, alínea a) do artigo III/2, o caso fortuito ou de força maior pode alcançar um relevo que, no CC nunca teria. Contudo, compreende-se a opção da CLC. De facto, o proprietário do navio é sujeito a responsabilidade, que ao fim e ao cabo, não é sua ou não é especialmente sua.

A verdade é que os danos são causados por uma mercadoria que o proprietário se limita a transportar, sendo, pois, responsabilizado, não tanto por razões jurídicas, antes por meros motivos de ordem prática, relativos à escolha de que foi objecto como entidade a quem, num primeiro momento, cabe o sacrifício económico de ressarcir os lesados[317]. Sendo mais fácil determinar quem é o responsável, o proprietário responde em primeiro lugar, com a contrapartida de, a partir de dado valor, cessar o seu dever de ressarcir, passando este, a partir daí, para outras entidades, caso do IOPCFund.

26. Não há, contudo, a este respeito, unanimidade na doutrina que se tem debruçado sobre este assunto. Escrevendo em 1976, pouco após o início da vigência da CLC, versão de 1969, René Rodière ponderava não se tratar, «...como tem sido geralmente escrito, de uma responsabilidade «objectiva», porque esta não deixaria qualquer escapatória ao proprietário. Trata-se, propriamente, de uma presunção de responsabilidade»[318]. Não obstante, em 1980, mudando parcialmente de entendimento, René Rodière, juntamente com Martine Remond-Gouiloud, afirmava antes, referindo-se à responsabilidade do proprietário do navio, que «A sua responsabilidade é objectiva, mas é exonerado dela se o acidente for a consequência de actos de guerra ou de guerra civil, dum cataclismo natural ou

---

[316] PEREIRA COELHO, O Problema da Causa Virtual na Responsabilidade Civil, cit., pág. 7.

[317] Nota E. LANGAVANT, «De facto, a imputabilidade imputada contra o proprietário ou explorador do navio é o essencialmente por razões de ordem prática: o proprietário da carga pode mudar no curso da viagem, enquanto a identidade do proprietário do navio é um dado constante fácil de apreender», Droit de la Mer, Paris, 1979, Vol. I, pág. 155.

[318] Traité Génerale de Droit Maritime, Introduction, L'Armement, Paris, 1976, págs. 660 e segts.

de acto intencional de um terceiro»[319]. Também esse é o entendimento de Langavant que nota que a convenção retoma como «...fundamento de responsabilidade o risco...» irresistível»[320]. Mas já Michel Despax sustenta, antes, que o proprietário «...não pode afastar a presunção de responsabilidade que o onera, a não ser provando que o dano é devido a um acto de guerra ou acto similar, a um fenómeno natural de carácter excepcional, inevitável ou irresistível»[321]. Refira-se, enfim, O'Connell que, após afirmar que a Conferência [a Conferência de Bruxelas da qual saiu a CLC/69] teria de escolher entre *fault liability*, *strict liability* e *absolute liability* conclui que «...foi escolhida a *strict liability,* a qual é responsabilidade que ocorre devido a um incidente com um número de exclusões. A não ser que o proprietário procure invocar alguma causa de exclusão, pagará judicialmente o montante da sua responsabilidade limitada"[322]. Mas se o proprietário, provando que o acidente ficou a dever-se a caso fortuito ou de força maior, obtiver a sua exoneração, isto quer dizer que a regra do artigo III/1, 1.ª parte, não impede que o armador prove a sua ausência de responsabilidade que, nos casos indicados na convenção, pode ser exoneratória. Ou seja, a convenção não estabelece uma presunção absoluta de responsabilidade do proprietário. Não tendo sido previsto na CLC/92 qualquer tipo de responsabilidade objectiva, em todo o caso, pode dizer-se ter sido consagrado um regime que o aproxima do contido no artigo 493/2 CC, embora algo distante do rigor deste último. Com efeito, devendo neste caso o responsável, para se exonerar da sua responsabilidade, «...mostrar que empregou todas as providências exigidas pelas circunstâncias com o fim de os prevenir», o artigo III/2, alínea a), basta-se com a prova de a poluição ter resultado, mesmo que só parcialmente, do condicionalismo dessa alínea[323], estando pois, bem longe, do condicionalismo do citado artigo 493/2 do CC.

---

[319] RENÉ RODIÈRE, MARTINE REMOND-GOUILLOUD, *La Mer, Droits des hommes ou proie des États, cit.* pág. 109.

[320] *Droit de la Mer,* Vol. I, Paris, 1979, págs. 154 e segts.

[321] *Droit de L'Environnment,* Paris, 1980, págs. 154 e segts.

[322] D. O'CONNEL, *The International Law of the Sea,* Vol. II, edited by I.A. Shearer, Londres, 1984, pág. 1008.

[323] No mesmo sentido, cfr. RÜDIGER WOLFRUM, *Means of Ensuring Compliance and Enforcement of International Environmental Law,* "Recueil des Cours", Vol. 272, pág. 89 e D. O'CONNEL, *The International Law of the Sea,* Vol. II, edited by I.A. Shearer, Londres, 1984, pág. 1008 e segts., *passim.*

27. Em direito português, a doutrina, aliás escassa a este respeito, se bem a entendemos, não acompanha inteiramente o entendimento proposto. Na verdade, quando a CLC/69 foi redigida, o direito da responsabilidade civil português já superara a fase da inaceitabilidade da responsabilidade civil pelo risco que, ainda no princípio do século, autores tão importantes, como, v.g., Guilherme Moreira[324], não obstante a existência de legislação sobre acidentes de trabalho, punham em causa, embora de forma muito prudente.

Não admira, assim, que, a propósito da atitude da jurisprudência portuguesa, um autor, após notar que «O nosso direito veio adoptar uma concepção restritiva da responsabilidade pelo risco...», a justo título, de resto tenha acrescentado que isso «...tem vindo a funcionar como um travão ao desenvolvimento jurisprudencial neste domínio»[325]. Estas afirmações indiciam uma dada visão do problema. Nesta ordem de ideias, Brandão Proença, que teve ocasião de referir-se a esta convenção, começa por recordar não ter o legislador português introduzido «...um princípio geral de responsabilidade objectiva (*maxime* pelo risco)». Salientando em seguida que o legislador português, «...ciente da possibilidade da norma do artigo 493.° n.° 2 poder suprir de certa forma, a inelutável desactualização do sistema e da sua capacidade em poder reagir, com maior ou menor celeridade, às novas esferas de periculosidade...»[326], considera, ainda, que foi a partir dos anos 80 que o mesmo «... começa a mostrar-se sensível ao risco do quotidiano...»[327], sendo que «...o direito especial chamou a si a defesa dos direitos das pessoas contra os perigos ligados ao funcionamento de certas *instalações* e ao exercício de determinadas *actividades perigosas* e à verificação de «danos significativos» no *ambiente*, enquanto bem jurídico heterogéneo...». Enfim, acaba por afirmar que «Num enquadramento mais geral, e que tem ainda a ver com a preservação ambiental, não pode ser esquecida a tutela contra os danos decorrentes do emprego da energia nuclear ou devidos à poluição resultantes de fugas ou de descargas

---

[324] Cfr. v.g. GUILHERME MOREIRA, *Estudo sobre a Responsabilidade Civil*, agora in "Boletim da Faculdade de Direito de Coimbra", 1977, pág. 391 e segts. e, em especial para este ponto, págs. 427 e segts., *passim*.

[325] Neste sentido, cfr. MENEZES LEITÃO, *Direito das Obrigações*, Vol. I, 4.ª edição, Coimbra, 2002, pág. 343.

[326] JOÃO CARLOS BRANDÃO PROENÇA, *A Conduta do Lesado, cit.*, pág. 241.

[327] JOÃO CARLOS BRANDÃO PROENÇA, *A Conduta do Lesado, cit.*, pág. 241.

de hidrocarbonetos provindas de navios»[328]. Apesar deste ponto de vista não ter sido explicitamente afirmado, penso encontrar-se na posição acima exposta do ilustre autor, a concepção de se estar em face de um caso de responsabilidade objectiva. De facto, a aproximação entre, por um lado, o risco nuclear, no qual a responsabilidade objectiva é a regra, designadamente no caso dos navios nucleares e, por outro lado, o risco por poluição por hidrocarbonetos, é susceptível de conduzir a esse entendimento, o que é confirmado pelo facto de o referido autor visionar o regime do artigo 493.º/2 CC como a norma destinada a suprir no direito português, a desactualização do sistema de responsabilização pelo risco. Esta perspectivação implica ainda, tanto «...a contenção *proporcionada* da auto--responsabilidade do lesado...» como a «...compressão desse limite natural que é a força maior...»[329], tudo isto, afinal de contas, concorrendo para acentuar a necessidade de assegurar a posição do lesado.

É duvidoso, em todo o caso, poderem estas ideias, no plano da situação em análise neste estudo – a responsabilidade civil consagrada na CLC – ser partilhadas. Neste caso, as palavras de Guilherme Moreira, que Brandão Proença transcreve[330], segundo as quais o caso de força maior é uma isenção necessária, mantêm-se inteiramente válidas, por opção do legislador da CLC/69, reafirmada na CLC/92. Admitir que na CLC está presente a «...compressão desse limite natural que é a força maior...»[331], equivale a admitir uma visão da CLC ampliativa da culpa do proprietário. Ora, mesmo sendo a culpa do proprietário central no sistema de Bruxelas/Londres, o certo é que a força maior[332], tanto pela largueza da definição como pelo papel que lhe é dado, afecta decisivamente a exoneração da responsabilidade dos proprietários dos petroleiros. Assim, a afirmação de que o artigo III da CLC consagra «...a descaracterização da força maior...»[333] deve suscitar cautela. O que precede repercute-se nas indemnizações pagas, mesmo se aquém do valor dos danos causados. Alterar esse equilí-

---

[328] João Carlos Brandão Proença, *A Conduta do Lesado, cit.,* pág. 243.

[329] João Carlos Brandão Proença, *A Conduta do Lesado, cit.,* pág. 281.

[330] João Carlos Brandão Proença, *A Conduta do Lesado, cit.,* pág. 281, nota 903.

[331] João Carlos Brandão Proença, *A Conduta do Lesado, cit.,* pág. 281.

[332] Cfr. supra, págs. 14 e segts. 16 e segts., *passim.*

[333] João Carlos Brandão Proença, *A Conduta do Lesado, cit.,* pág. 281, nota 903.

132 *Poluição Marítima por Hidrocarbonetos e Responsabilidade Civil*

brio – fulcral na CLC/92 – seria susceptível de destruir a delicada conciliação de interesses entre armamento e carga.

28. Que eu saiba, os tribunais portugueses só se ocuparam desta matéria no caso do *Marão*. Ora, nesse caso, o Tribunal da Relação de Lisboa inclinou-se para a tese da responsabilidade objectiva. Com efeito, observa-se no aresto em causa não estar presente o condicionalismo descrito no artigo 483/1, CC, designadamente se se verificou alguma conduta negligente ou que tenha violado qualquer lei ou regulamento. Assim, segundo o aresto, haveria a «...apurar se aquela sempre seria obrigada a indemnizar a Autora ao abrigo da citada Convenção de Bruxelas de 1969, que consagra um regime de *responsabilidade objectiva*...». Já na parte final escreve-se ainda o seguinte: «Concluindo: I – O sistema de *responsabilidade* objectiva estabelecido na convenção de Bruxelas de 29/11/69 ("Responsabilidade Civil dos Prejuízos Devidos à Poluição de Hidrocarbonetos") acha-se circunscrito aos danos que provenham de contaminação...» (itálicos meus). Por tudo o que acima ficou não pode ser aceite a posição da jurisprudência portuguesa. Em todo o caso, há um aspecto que importa referir. Ao apreciar criticamente a sentença da 1.ª instância, a Relação nota que a mesma considerara aplicável à situação em causa os pressupostos da responsabilidade civil baseada na culpa mas que, no que toca à extensão dos danos, socorrera-se do regime da CLC. O Tribunal da Relação de Lisboa não aceita uma tal visão das coisas. De facto, como a doutrina portuguesa teve ocasião de sublinhar, embora tão só no domínio dos acidentes de viação, haverá, em todo o caso, que escolher. Nota Joaquim de Sousa Ribeiro: «O concurso entre a presunção de culpa e a responsabilidade pelo risco, em matéria de acidente de viação, deverá, pois, ser caracterizado como um concurso real de normas»[334]. Ao recusar a aplicação simultânea do regime do CC e da CLC/69, o Acórdão do Tribunal da Relação em causa teve presente a boa doutrina.

---

[334] JOAQUIM DE SOUSA RIBEIRO, *O ónus da prova da culpa na responsabilidade civil por acidente de viação,* in "Estudos em Homenagem ao Prof. Doutor J. J. Teixeira Ribeiro", II, Jurídica, Coimbra, 1979, págs., 413 e segts. e, em especial, para a citação supra no texto, pág. 457.

29. Em direito espanhol, defendeu-se já que[335], nesta situação, se está em face de um caso de obrigação *ex lege*. O ponto de partida desta forma de encarar as coisas encontra-se na constatação de que, igualmente, no caso, previsto no artigo III/4, alínea c) da CLC, existe responsabilidade do proprietário do navio. Nesta alínea, a situação que é prevista é a da desresponsabilização de: «c) Any charterer (howsoever described, including a bareboat charterer), manager or operator of the ship;». Ora, prossegue-se, neste caso, «...o arrendatário ou fretador assume a direcção técnica e comercial da exploração do navio; também aprovisiona o navio com tudo o necessário para a sua navegabilidade e decide de tudo o relacionado com o transporte de hidrocarbonetos, classe, rota, portos de destino, portos de atracagem, saídas, etc., isto é tudo aquilo relacionado com a exploração comercial e a direcção náutica do navio»[336]. E, linhas adiante, a autora que tenho vindo a seguir acrescenta: «Mas ainda em todos estes casos, em que o proprietário do navio permanece totalmente à margem da navegação comercial e da direcção náutica do mesmo a CLC torna-o responsável pelos danos da contaminação»[337]. Por ser assim a autora conclui desta forma: «Esta obrigação de indemnizar que se impõe ao proprietário do navio, ainda que seja alheio à actividade que gera o risco, isto é – o transporte de hidrocarbonetos por mar – tem de considerar-se pelas razões que a seguir expomos uma «obrigação ex-lege» e não um caso de responsabilidade civil extracontratual objectiva»[338].

Esta forma de encarar o nosso problema não é susceptível de ser aceite. Antes de mais, não está presente no nosso ordenamento nenhuma norma jurídica que, como sucede com o artigo 1089.º do CC espanhol[339], possa fundamentar uma construção como a das obrigações «*ex lege*».

---

[335] Mª José RODRIGUEZ DOCAMPO, *La Obligacion de Indemnizar del proprietario del buque-tanque*, Valência, págs. 61 e segts., *passim*, 2003.

[336] Mª José RODRIGUEZ DOCAMPO, *La Obligacion de Indemnizar del proprietario del buque-tanque, cit.*, págs. 69 e 70.

[337] Mª José RODRIGUEZ DOCAMPO, *La Obligacion de Indemnizar del proprietario del buque-tanque, cit.*, pág. 70.

[338] Mª José RODRIGUEZ DOCAMPO, *La Obligacion de Indemnizar del proprietario del buque-tanque, cit.*, pág. 70.

[339] «Las obligaciones nacem de la ley, de los contratos y cuasi contratos, y de los actos y omissiones ilícitos o en que intervenga cualquier género de culpa o negligencia».

134 *Poluição Marítima por Hidrocarbonetos e Responsabilidade Civil*

Mesmo que estivesse, a questão não se colocaria de forma substancial-mente diferente. De facto, como se reconhece, mesmo em direito espa-nhol, «...se a lei é configurada como uma fonte de obrigações, em rigor é também a fonte daquelas obrigações que se consideram derivadas dos con-tratos, enquanto a produção do efeito jurídico obrigacional só é possível mediante o reconhecimento e a tutela que a lei concede ao contrato. A obrigação contratual tem também a sua fonte normativa de reconhe-cimento na lei»[340]. Quer-me parecer, atento o que precede, que falar em obrigação *«ex lege»* é tautológico, pouco acrescentando, em termos dogmáticos, à situação em análise.

Deverá, de resto, acrescentar-se que a situação que mais impressiona a autora cuja construção tem vindo a ser exposta e que, ao fim e ao cabo, parece a decisiva para a levar a abandonar o entendimento que a obriga-ção de ressarcir, neste caso, decorre da responsabilidade civil pelo risco, é a constante do artigo III/4, alínea c) da Convenção CLC/92 ou seja a da responsabilização do armador, mesmo nos casos em que o navio navega ao abrigo de um contrato de fretamento em casco nu. Mas só aparente-mente tal invocação impressiona ao ponto de, a partir da mesma, poder ser posta em crise a situação de responsabilização do proprietário do navio a que alude a citada disposição da convenção. Em direito portu-guês conhece-se uma situação de responsabilização algo próxima – mas, advirta-se! – sem com ela se confundir, da que aparece consagrada no artigo III/4, alínea c) da CLC. Com efeito, de acordo com o artigo 500.º do CC, o comitente responde independentemente de culpa pelos prejuízos que o comissário venha a causar. Nota a doutrina não criar a lei uma sim-ples presunção de culpa, antes afirmando tratar-se «...de a responsabili-dade prescindir da existência de culpa, nada adiantando, por isso, a prova de que o comitente agiu sem culpa»[341]. A justificação para esta responsa-bilização encontra-a a doutrina no facto de, ao que sustenta, o termo *comissão* ter o sentido amplo de «...serviço ou actividade que se realiza por conta e sob a direcção de outrem, podendo essa actividade traduzir-se tanto num acto isolado como numa função duradoura, ter carácter gratuito

---

[340] LUIS DIEZ-PICAZO, *Fundamentos del Derecho Civil Patrimonial, II, Las Rela-ciones Obligatorias, Madrid,* 1993, pág. 138.

[341] ANTUNES VARELA, *Das Obrigações em Geral,* Vol. I, 9.ª edição, Coimbra, 1996, pág. 661.

ou oneroso, manual ou intelectual, etc.»[342]. E, por ser assim, acrescenta que «...a nota mais característica da situação do comitente é sua posição de garante da indemnização perante o terceiro lesado, e não a oneração do seu património com um encargo definitivo»[343]. Esta forma de perspectivar as coisas é particularmente adequada no caso da CLC, na qual, mesmo no caso das várias situações previstas no artigo III/4, alínea c), designadamente do fretamento, nunca é transferida a propriedade do navio. Logo, o interesse que acima podia ser detectado nas relações entre comitente e comissário, explicativo das razões de responsabilização do comitente pelas actividades do comissário pode, também, ser encontrado aqui. Assim, a responsabilidade do proprietário do petroleiro por condutas de terceiros, sempre nos casos em que a autora pensa ser a construção que propõe a mais adequada – as obrigações *ex lege* – em direito português sempre poderiam caber nos quadros da responsabilidade civil objectiva. Assim, para obter esse desiderato, mesmo em situações como as hipoteticamente configuradas, é desnecessário construir uma figura de recortes tão vagos e, no que ao direito português muito especialmente concerne, desconhecida, como é o caso deste instituto denominado de *obrigação ex lege*.

Aliás, mesmo em direito espanhol, a posição apresentada é objecto de algumas reticências. De facto, já se observou a este respeito o seguinte: «Não creio que a intenção dos redactores da CLC/1992, fosse – directa e especificamente – estabelecer uma obrigação *ex lege*, antes prever que em todo o caso, quaisquer que fossem as circunstâncias, os danos produzidos por um derramamento de hidrocarbonetos deveriam ser indemnizados e a indemnização deveria ser paga por uma determinada personagem: o proprietário do navio»[344].

---

[342] ANTUNES VARELA, *Das Obrigações em Geral*, Vol. I, *cit.*, pág. 662.

[343] ANTUNES VARELA, *Das Obrigações em Geral*, Vol. I, *cit.*, pág. 668.

[344] JOSÉ LUÍS GARCIA-PITA Y LASTRES, *Aspectos Jurídico Mercantis da La Llamada «Responsabilidade Civil», por Daños en El Sinistro Del Prestige*, in "Estudios sobre el Régimen Jurídico de los Vertidos de Buque en el Medio Marino", Navarra, 2006, pág. 441.

§ 2.º
A responsabilidade civil
das sociedades classificadoras de navios

Viu-se mais acima que, em princípio, tal como a CLC está redigida, nada impede as sociedades de classificação de navios de serem accionadas no contexto de acidentes por poluição. Esta afirmação foi, nesse ponto deste trabalho, algo prematura, por ter sido deixado na sombra o que, no entanto, seria sempre prévio. Com efeito, preliminar ao exame da obrigação deste tipo de sociedades ressarcirem os danos causados pelo derramamento no mar de hidrocarbonetos, quando tenham dado pareceres relativos a navios que tenham estado na génese ou participado no processo causal que levou a dado acidente, é a determinação da própria existência dessa obrigação. A questão surge como a consequência do legislador, ao formular o princípio da canalização, o ter feito em termos tais que, bem vistas as coisas, deixa de fora do alcance dessa regra algumas entidades; entre estas estariam, ao menos hipoteticamente, as sociedades de classificação de navios[345]. A questão fora suscitada no âmbito da versão de 1969. A versão de 1992, que, neste aspecto, introduziu profundas alterações, não se ocupou, no entanto, da situação das sociedades classificadoras de navios, problema que, por esse motivo, permanece em aberto. De qualquer forma, a ser, eventualmente, possível a sua responsabilização, certamente que só o será ao abrigo de um qualquer outro título jurídico, que não a Convenção CLC, de Bruxelas/Londres. O efeito jurídico destas será tão só o de excluir estas sociedades do alcance da regra da negligência. Numa importante monografia sobre a *Responsabilidade por Conselhos, Recomendações ou Informações*, Jorge Sinde Monteiro veio tomar posição sobre a questão da responsabilidade civil das agências de informação[346]. O esforço hermenêutico do mencionado autor a este respeito, que parte da intenção de delimitar e preencher o espaço normativo do artigo 485.º CC, não obstante a sua riqueza informativa a este respeito, não tem, contudo, presente o caso deste especial tipo de entes informativos que são as sociedades classificadoras de navios. Acresce, estas sociedades, por via

---

[345] Neste sentido, cfr., LAURENT LUCCHINI, *Le Procès...,* *cit.,* cfr. supra, nota 7.

[346] *Responsabilidade por Conselhos, Recomendações ou Informações,* Coimbra, 1989, pág. 384 e segts., *passim.*

de regra, não têm finalidade lucrativa, sendo que as informações que prestam o são tão só a pedido dos interessados e com base nas suas regras próprias. Assim, torna-se difícil reconduzir as informações prestadas por estas entidades, mesmo quando por inciativa de terceiros, aos parâmetros a que o artigo 485.º CC alude.

A consideração explícita, em direito português, desta problemática, relativamente a este tipo de sociedades no campo do direito marítimo, em todo o caso, fica a dever-se a Mário Raposo, num estudo de 2002[347]. A ideia central que se retira desse estudo, muito em especial no que se refere à da jurisprudência aí passada em revista, é a da tendencial exoneração destas sociedades pelos pareceres que, a este respeito, emitiram, designadamente perante terceiros que com elas não contrataram. No entanto, esta análise é levada a cabo num plano geral, não tendo em atenção as especialidades que, porventura, a consideração de acidentes ocorridos com navios, designadamente petroleiros, mostre deverem ser levadas em linha de conta. Dizendo de outro modo, a temática das sociedades de classificação de navios nasceu no campo contratual, só mais tarde tendo sido configurada a sua eventual aplicação no campo da responsabilidade civil aquiliana. Aqui, preocupar-nos-emos com a eventual responsabilização de tal tipo de sociedades, pelos lesados no caso de acidentes marítimos, designadamente de sinistros marítimos e que originem danos por poluição por hidrocarbonetos. Ora, a mesma, *primum conspectu*, afigura-se-me muito duvidosa, podendo qualquer tentativa de a concretizar suscitar difíceis problemas.

Note-se, em primeiro lugar, não terem estas sociedades qualquer ligação, contratual ou não, com os lesados. De facto, no que respeita ao primeiro aspecto, os lesados não se dirigiram a este tipo de sociedades, pedindo-lhes parecer ou relatório informativo sobre dado navio-tanque. Aliás, é mesmo muito duvidoso que, porventura, isso pudesse suceder. E, no que tem a ver com o segundo, nenhum dano foi causado, directa ou indirectamente pelo parecer emitido. Aliás, os pareceres que estas sociedades são chamadas a dar incidem sobre a avaliação do navio em si mesmo considerado, não tendo, pois, em conta outros aspectos que, igual-

---

[347] *Responsabilidade extra-contratual das Sociedades de Classificação de navios,* "Estudos em Homenagem a Francisco José Veloso", págs. 599 e segts., *passim,* Braga, 2002. Para uma expressa alusão ao problema no campo da poluição marítima por hidrocarbonetos, cfr. pág. 602.

138 *Poluição Marítima por Hidrocarbonetos e Responsabilidade Civil*

mente, importam à navegação, como, v.g., sucede com o caso dos lemes do navio em causa. Ora, dado certo parecer sobre o casco do navio, só dificilmente se levará em linha de conta poderem avarias em instrumentos de navegação da embarcação de que se trata levar o casco a suportar esforços para que não estava preparado. No limite, é verdade, pode suceder que, no parecer elaborado, esses aspectos fossem susceptíveis de ser antecipados. Mas tal tarefa, salvo se a sua atenção for expressamente solicitada, não lhe pertence, considerada que está no apuramento do estado geral de navegabilidade da embarcação em causa. De resto, como quer que seja, a decisão de empreender a navegação ou de a fazer prosseguir não lhe pertence. Em última análise, trata-se de decisão não delegável, do proprietário do navio. E, sendo assim, as consequências de qualquer violação de obrigações conexas com tal faceta, só poderão ser imputadas ao mencionado proprietário, aspecto este a, sempre, ter presente. A doutrina, ao ocupar-se deste problema, sublinha sempre que o «...certificado não garante a navegabilidade do navio aspecto que pertence, por inteiro, ao proprietário do navio assegurar»[348]. Nesta medida, não pode equiparar-se a posição da sociedade de classificação à do proprietário do navio, enquanto autor de condutas susceptíveis de fundamentarem responsabilidade civil extra--contratual, por falta de navegabilidade do navio-tanque em causa[349].

Num estudo sobre esta matéria, notavam dois autores que, no campo do direito marítimo internacional, formou-se, historicamente, «...um sistema de distribuição de risco e de limitação da responsabilidade»[350], acrescentando adiante que «...o artigo 3.º da Convenção de Londres [sobre

---

[348] JÜRGEN BASEDOW, WOLFGANG WURNMEST, *Responsabilidad de las Sociedades de Clasificación frente a terceros en el contexto de los accidentes de navegación*, in "Estudios sobre el régimen jurídico de los vertidos de buques en el medio marino", Navarra, 2006, pág. 418. Esta mesma posição, isto é a de que os certificados são insuficientes para, por si só, provar a navegabilidade de dado navio, cfr. Tribunal de Savona, 29 de Outubro de 1990, "Il Diritto Marittimo", Ano XCIII, págs. 423 e segts.

[349] Aliás, não é seguro que, no campo da responsabilidade civil extra-contratual, designadamente, no que respeita a petroleiros, possa colocar-se uma questão de navegabilidade do navio, aspecto que só ganha relevo – ou, sobretudo, só o adquire – no sector da responsabilidade civil contratual. Cfr., a este respeito, U.S.Court of Appeals – Seventh Circuit – 22 de Janeiro de 1992, "Il Diritto Marittimo", XCV, pág. 1164.

[350] JÜRGEN BASEDOW, WOLFGANG WURNMEST, *Responsabilidad de las Sociedades de Clasificación frente a terceros en el contexto de los accidentes de navegación, cit.*, pág. 419.

a limitação da responsabilidade de proprietários de mar] explícita, de maneira clara, que as limitações de responsabilidade se deveriam aplicar no comércio marítimo de maneira general e exaustiva»[351-352]. Esta afirmação, no que toca ao nosso sector, é também exacta. No § 1.º deste capítulo, houve já oportunidade de, com o devido pormenor, expor o sistema instituído pela CLC/92. Sintetizando aqui o que então foi exposto, direi que o sistema, nas suas grandes linhas, consiste na sujeição do proprietário do navio à responsabilidade civil pelos danos ocorridos, mas limitando a sua responsabilização a tectos fixos. A ampliação dos montantes ressarcitórios é feita por duas vias, consoante houve ou não culpa – em todo o caso definida esta da forma indicada na CLC – do proprietário. No primeiro caso, o proprietário perde o direito à limitação quantitativa da sua responsabilidade e a elevação dos limites indemnizatórios é feita pela sujeição do proprietário a responsabilidade pessoal e ilimitada. No segundo, a ampliação é feita através da intervenção do IOPCFund que, embora nos limites dos seus recursos, compensará o lesado das perdas não cobertas pelo «*Fundo de limitação*». Enfim, acrescente-se, o mecanismo instituído na CLC é dominado por uma rigorosa canalização da responsabilidade civil no proprietário do navio pelos motivos que então houve oportunidade de indicar. Ora, no contexto descrito, o apelo à responsabilização das sociedades de classificação surge como mais uma entidade a que haverá de pedir ressarcimento pelos danos.

A responsabilização das sociedades de classificação de navios carece, no entanto, de fundamento dogmático. Antes de mais, ao responsabilizar o proprietário do proprietário do navio pelos danos ocorridos, a CLC prescinde de quaisquer considerações relativas a juízos de culpa. Esta apenas intervém no que respeita à determinação do montante indemnizatório a ser suportado pelo proprietário do navio e, sobretudo, no que tem a ver com a determinação do direito de limitar a sua própria respon-

---

[351] JÜRGEN BASEDOW, WOLFGANG WURNMEST, *Responsabilidad de las Sociedades de Clasificacón frente a terceros en el contexto de los accidentes de navegación, cit.*, pág. 421.

[352] Estes autores, em todo o caso, põem em relevo que, segundo o artigo 3.º da dita convenção, há reclamações que não podem ser objecto de limitação, chamando a atenção para o facto do Código Comercial alemão (artigo 486 (4), n.º1) não prever limitação no caso de despesas e responsabilidades ligadas à integridade física da tripulação; *Responsabilidad de las Sociedades de Clasificación frente a terceros en el contexto de los accidentes de navegación, cit.*, pág. 421.

140   *Poluição Marítima por Hidrocarbonetos e Responsabilidade Civil*

sabilidade civil. Ora, se é assim quanto ao proprietário no navio, torna-se incompreensível a razão pela qual uma entidade, para mais estranha à aventura marítima, pode ser demandada pela totalidade da indemnização – e totalidade, porquanto, relativamente às sociedades de classificação a lei não prevê qualquer direito das mesmas a limitarem – quando um dos mais importantes actores nesse sucesso só em casos bem delimitados na lei pode vir a ser responsabilizado pela totalidade. E torna-se tanto mais incompreensível quanto não responde pela navegabilidade da embarcação em causa. O fundamento jurídico respectivo terá, assim, de ser procurado na dogmática da responsabilidade por informações inexactas *(latu sensu)*. Ao ocupar-se da matéria da responsabilidade civil de quem dá conselhos, Sinde Monteiro isola, ao lado dos casos em que «...entre as partes se estabelece um comércio jurídico permanente...», aqueles em que ocorrem «...os chamados contratos com eficácia de protecção de terceiros...»[353], sendo nesta última situação que o mencionado autor inclui os casos de danos causados por informações deficientes ou incompletas. Ora, seria nessa categoria jurídica que se achariam os alicerces dogmáticos para a responsabilização destas sociedades. A teoria dos contratos com eficácia protectora de terceiros já foi invocada no âmbito jus-marítimo e relativamente a estas sociedades. Só, porém, em situações muito peculiares e, sempre de natureza contratual, a saber a da compra e venda de navios. Nestes casos, a situação em que esta figura irrompe é a dos adquirentes de navios, relativamente às informações prestadas sobre as suas quali-dades[354]. Ou seja, alargou-se o âmbito da protecção contratual, o que, de resto, parece ser a verdadeira finalidade da criação deste instituto, jun-tando-se um outro responsável contratual. De facto, como, ao introduzir a figura no direito português, Mota Pinto nota: «As determinantes de tal construção consistem no entendimento da existência duma maior razoabi-lidade na colocação do lesado no terreno mais favorável da respon-sabilidade contratual»[355]. Mas, a ser assim, ao que creio, é esta mesma explicação que leva à inaceitabilidade desta visão do problema no nosso

---

[353] SINDE MONTEIRO, *Responsabilidade por Conselhos, Recomendações ou Informações, cit.*, págs. 515 e 518, respectivamente.

[354] Informações a este respeito em JÜRGEN BASEDOW, WOLFGANG WURNMEST, *Responsabilidad de las Sociedades de Clasificación frente a terceros en el contexto de los accidentes de navegación, cit.*, págs. 429 e 430.

[355] MOTA PINTO, *Cessão da Posição Contratual*, Coimbra, 1970, pág. 421.

campo de exame. De facto, num caso como o presente, nunca a responsabilidade do proprietário do navio será contratual. Admitindo a possibilidade de dado acidente marítimo ocorrer devido a uma errada informação de uma sociedade de classificação de navios, a acção que os lesados têm contra a dita sociedade só pode basear-se em eventual ilícito extra-contratual. A aplicação da teoria dos deveres laterais que, em dada relação contratual, segundo esta visão da questão, nasce para os lesados, desloca o eixo da situação no que à dimensão ressarcitória respeita, colocando no seu centro, não o proprietário, que é o titular do dever principal, antes um dado terceiro – mero detentor de um dever lateral[356] – a sociedade de classificação de navios, assim projectada para o centro de uma relação jurídica que não se constituiu por sua iniciativa ou na qual sequer teve intervenção. Escrevi, *projectada para o centro de uma relação jurídica*, porque, não desfrutando de uma limitação de responsabilidade, pode vir a ter de responder de forma mais exigente do que o proprietário do navio[357]. Na verdade, é isso o que poderia, caso fosse aceite a possibilidade de responsabilização das sociedades de classificação de navios, vir a acontecer[358].

Acresce que a colocação da sociedade classificadora no fulcro do pedido litigioso poderá favorecer o autor, quer no que respeita aos prazos prescricionais, quer no que concerne ao ónus da prova. Sem prejuízo, pois, das razões que, em termos gerais poderão – muito eventualmente – justificar esta construção, a verdade é que a mesma, fora do âmbito da responsabilidade civil contratual, pode levar à total alteração na forma de ponderação de valores e princípios legalmente consagrados[359]. Assim, a meu

---

[356] Para o debate, na doutrina alemã, a este respeito, cfr. Jürgen Basedow Wolf-Gang Wurnmest, *Responsabilidad de las Sociedades de Clasificación frente a terceros en el contexto de los accidentes de navegación, cit.*, pág. 430.

[357] Para a temática dos deveres laterais de protecção, cfr., na doutrina portuguesa Mota Pinto, *Cessão da Posição Contratual, cit.*, pág. 421.

[358] Sobre a possibilidade de tal suceder, cfr. Manuel Alba Fernández, *Establishing Causation in tort liability of classification Societies*, "Il Diritto Marittimo", Ano CVIII, 2006, págs. 339 e segts. E, para esta questão, pág. 372, nota n.º 118, na qual se reconhece que aceitar a responsabilidades destas sociedades equivaleria a convertê-las em «...seguradores de um navio sem a característica de navegabilidade.

[359] E, embora já num plano secundário, sempre poderia suscitar-se a questão da desnecessidade de recorrer a esta construção, mesmo nos casos em que um terceiro fosse digno de ver a sua posição acautelada e, se disso fosse o caso, objecto de tutela resarci-

ver, no plano jurídico, inexistem razões para justificar uma eventual responsabilização e, menos ainda, no domínio da responsabilidade civil extra-contratual das sociedades classificadoras de navios[360]. De resto, a análise da jurisprudência relevante a este respeito – a que aqui não irei proceder – confirma isso mesmo, ao mostrar-se, maioritariamente, muito prudente relativamente à possibilidade de proceder a responsabilização dessas sociedades[361].

A estes argumentos, de natureza eminentemente jurídica, devem somar-se os de natureza económica. Se passar a entender-se que as sociedades classificadoras de navios são susceptíveis de responsabilização civil, isso forçá-las-á a celebrar contratos de seguro onerando assim esta actividade profissional[362]. Note-se, ainda, que as sociedades, com este objecto social, quase todas sem fim lucrativo, não têm, presentemente, qualquer influência na formação dos fretes marítimos. Mas, a prevalecer qualquer orientação em sentido contrário, a situação poderia mudar de figura. Com efeito, no caso da sua responsabilização, verificar-se-ia alteração das condições de preços no mercado mundial de fretes, pois tais sociedades, perante a necessidade de acautelar-se perante a possibilidade de suportarem elevadas indemnizações, passarão a ter de celebrar contratos de seguros que, onerando-as, por sua vez, irão agravar a própria actividade com os custos dos fretes marítimos, a repercutirem-se, por sua vez, nos preços finais, em prejuízo do consumidor.

---

tóraia. Cfr. a este respeito, Menezes Cordeiro, *Da Boa Fé no Direito Civil*, Coimbra, 1984, págs. 639 e 640, nota n.º 384.

[360] Aceita a possibilidade das sociedades de classificação serem objecto de responsabilização civil extra-contratual, René Rodière, *Droit Maritime, Le navire*, Paris, 1980, págs. 67, 68.

[361] Para um quadro da jurisprudência internacional, cfr. a análise de Jürgen Basedow, Wolfgang Wurnmest, *Responsabilidad de las Sociedades de Clasificación frente a terceros en el contexto de los accidentes de navegación, cit.*, págs. 424 e segts., passim.

[362] Jürgen Basedow, Wolfgang Wurnmest, *Responsabilidad de las Sociedades de Clasificación frente a terceros en el contexto de los accidentes de navegación, cit.*, págs. 422 e 423.

§ 3.º

A responsabilidade civil do capitão do navio

Houve ocasião de mais acima estudar a regra da canalização. Esta, já se viu, consagrada no artigo III/4 da convenção, provém do texto de 1969. Esse n.º 4, porém, na revisão operada pelo Protocolo de Londres de 1992, foi integralmente substituído por nova redacção. O objectivo do novo texto foi o de, a um tempo, reafirmar o princípio da canalização e impedir que fosse desviada do seu propósito de facilitar a indemnização dos lesados. Sendo assim, teve-se presente o risco da regra em causa levar à desresponsabilização de comportamentos, incluindo omissivos, cujo grau de negligência é tão intenso que quase que os converte em casos de dolo. Segundo a nova versão (parte final do n.º 4), a regra da canalização deixa de operar quando «...o prejuízo resultar de acção ou omissão destas pessoas [as indicadas nas alíneas a) a f) desse mesmo n.º 4], com a intenção de causar tal prejuízo ou por imprudência e com o conhecimento de que tal prejuízo poderia vir a ocorrer». Tome-se, v.g., o caso do navio *Heidberg*[363] para mostrar qual a realidade que a lei tem presente e que pretende acautelar. O navio *Heidberg*, navegando com bom tempo e mar calmo, dirigia-se ao porto de Bordéus. Contudo, ao aproximar-se do terminal petrolífero desse porto, não conseguiu parar a tempo, vindo, consequentemente a colidir, daí resultando numerosos danos. O proprietário, ao abrigo das disposições da Convenção de Londres de 1976 *(International Connention on Limitation of lalility for Maritime Clasus)*, pediu a constituição do fundo de limitação, o que, aceite inicialmente por despacho do Presidente do Tribunal de Bordéus, acabou por vir a ser revogado por sentença do mesmo Tribunal. A razão pela qual não foi autorizada a constituição do mencionado fundo – desencadeando assim a responsabilidade pessoal e total do armador do *Heidberg* – residiu no facto do tribunal ter considerado estar presente o condicionalismo descrito no artigo 4.º da dita Convenção, segundo o qual «A person liable shall not be entitled to limit his liability if it is proved that the loss resulted from his personal act or omission, committed with the intent to cause such loss, or

---

[363] Sobre este caso , "Il Diritto Marittimo", Ano XCV, páginas 1149 e segts e, relativamente a ele, anotação de Pierre Bonassies, páginas 1150 a 1153.

144 Poluição Marítima por Hidrocarbonetos e Responsabilidade Civil

recklessly and with kownledge that such loss would probably result»[364]. De facto, o acidente foi causado pelo facto do comandante do navio não se encontrar presente na ponte de comando no momento em que deveria ter tido início a manobra de inversão de marcha. E não se encontrava na ponte porque executava uma manobra para cuja prática, naquele momento, não havia ninguém apto a bordo, salvo o próprio capitão. Isto, por sua vez, tinha por causa a interpretação que o proprietário daquele navio fizera da lei alemã sobre a tripulação dos navios e que, em termos práticos, se traduzira na falta de número suficiente de tripulantes, desig-nadamente, os qualificados[365]. Enquadrando o comportamento descrito nas disposições aplicáveis, designadamente nas relativas à constituição do fundo de limitação, o tribunal ponderou que «...os armadores não podiam ignorar, ao constituir assim [sem a tripulação adequada] a equi-pagem do m/s *Heidberg* que aceitavam o risco que, embora não fosse certo era provável e, em qualquer caso, possível o que constituiu da sua parte um acto ilícito...»[366]. E, retirando os efeitos que esta interpretação comporta, considerou que, nesse caso, o proprietário do navio perdera o direito à limitação da sua responsabilidade, acabando por não aceitar a constituição do fundo de limitação. A parte final do número 4 do ar-tigo III da CLC/92 tem uma redacção cuja semelhança com o acima trans-crito n.° 4 da Convenção de Londres é flagrante. Nessa parte final, após a enumeração dos casos de canalização da responsabilidade civil no proprie-tário no navio, diz-se: «unless de damage resulted from their per-sonal act or omission, committed with the intent to cause such damage, or recklessly and with knowledge that such loss would probably

---

[364] Texto inglês, em Manuel Januário da Costa Gomes, *Leis Marítimas, cit.*, pág. 792.

[365] Resumo rapidamente os termos do debate jurídico em causa. A lei alemã em causa neste caso dispunha que a tripulação devia compreender o capitão, um oficial e ponte e de um chefe mecânico. Contudo acrescentava que este podia ser substituído pelo titular de um diploma técnico. Havia, assim, a possibilidade de uma dupla leitura. Na primeira, titular de um diploma técnico significava que esse técnico podia ser subs-tituído por um marinheiro desde que o mesmo fosse detentor do referido diploma. Na segunda, significava que esse técnico podia não existir a bordo se o próprio oficial de ponte fosse titular de tal diploma, o que era o caso. A interpretação do proprietário permitia, assim, diminuir a equipagem de um membro, facto que estava na origem do sinistro ocorrido.

[366] Sentença citada, "Il Diritto Marittimo", *cit.*, página 1156.

result»[367]. Em qualquer dos casos, está-se perante a figura da *wilful misconduct*[368]. A figura mencionada valoriza os comportamentos subjectivos de entidades em princípio isentas de responsabilidade – todas as constantes das várias alíneas desse mencionado artigo IV/4 – em termos de lhes retirar essa como que isenção de responsabilidade, caso o apuramento da forma como a actividade profissional foi levada a efeito mostre a presença de acções ou omissões gravemente negligentes. Nesses casos, a regra da canalização deixa de funcionar, podendo a entidade que agiu dessa forma ser civilmente responsabilizada. Ora, dado ser o capitão do navio uma das pessoas que é referida como beneficiária da dita canalização [artigo III/4, alínea a)], caso venha a comprovar-se a dita conduta, perderá o direito de beneficiar da dita isenção. A versão portuguesa acompanha a inglesa. De acordo com o texto português desaparece a canalização se «...o prejuízo resultar de acção ou omissão destas pessoas com a intenção de causar tal prejuízo ou por imprudência e com o conhecimento de que tal prejuízo poderia vir a ocorrer». Aspecto que, contudo, fica na sombra é o de saber a quem compete o ónus da prova. Não é fácil responder-lhe. Na verdade, *o proprietário do navio não é responsável se provar que* – seguindo-se a enunciação dos vários casos em que pode conseguir obter a sua própria desoneração. Contudo, no artigo V/2, as coisas passam-se de forma algo diferente. Na verdade, segundo preceitua o artigo V/2, pode-lhe ser recusado judicialmente o direito de constituir o fundo de limitação, com a inerente limitação da sua responsabilidade, *se se provar* o condicionalismo previsto na parte final do referido artigo V/2. E tal condicionalismo é igual, *ipsis verbis*[369], ao que, precedentemente, já fora descrito no artigo III/4. Perante isto, quer-me parecer que, instaurada

---

[367] Texto inglês retirado de Patricia Byrnes e *Alan Boyle, Basic Documents on International Law and The Environnment*, Oxford, 1995, página 94.

[368] Sobre a temática da *wilful misconduct*, v.g. Paula Ivaldi, *Wilful misconduct e colpa grave tra diritto internazionale e diritto interno*, "Rivista di diritto internazionale privato e processuale", ano XXII, págs. 327 e segts.

[369] Faça-se, em todo o caso, uma precisão a este respeito. A frase final, tanto do artigo III/4, alínea a) como a do artigo V/2, têm a seguinte redacção no texto inglês: with Knowledge that such damage would probably result». Ora, enquanto na versão versão oficial portuguesa a palavra «result», no artigo III/4, alínea foi traduzida por *vir a ocorrer* o mesmo termo, no artigo V/2, foi traduzido por *vir a verificar*». Seria interessante conhecer as razões das opções feitas. De facto, o termo inglês traduzido foi o mesmo tal como o seu sentido, qualquer que fosse o preceito em causa, o mesmo.

146 *Poluição Marítima por Hidrocarbonetos e Responsabilidade Civil*

a competente acção judicial para constituição do «*fundo de limitação*», que, tendo provado que o prejuízo devido à poluição resultou de acção ou omissão de terceiro, o proprietário nada mais terá de provar. Mas, ao dizer-se no artigo V/2, *se se provar*, está-se a ampliar o âmbito do ónus da prova.

Com efeito, a redacção consagrada neste último preceito permite que outras entidades participem na acção proposta pelo proprietário com o objectivo de constituir o dito «fundo de limitação». Assim, embora o proprietário tenha legitimidade para fazer a prova, outras entidades, nomeadamente os seus credores – os lesados pela poluição – igualmente, a terão. A *wilful misconduct*[370], pela gravidade da negligência da actuação ou omissão que supõe, equivale a um verdadeiro dolo. E isso justifica que, provada a sua presença e influência na actuação do capitão, haja responsabilidade do capitão do petroleiro, mesmo no plano puramente civil.

---

[370] A noção anglo-saxónica de *wilful misconduct* diz-nos que a mesma é algo muito mais que negligência: «Implica que uma pessoa sabe, tem consciência que está a actuar erradamente ou omitindo, erradamente, actuar e, mesmo assim, persiste na actuação ou omissão, indiferente às consequências ou actua ou omite actuar com indiferença censurável relativamente às consequências e resultados que possam resultar». Citado por Paola Ivaldi, in *Wilful misconduct, e colpa grave tra Diritto Internazionale e Diritto Interno,* "Rivista di diritto internazionale privato e processuale", Anno XXII, pág. 329.

CAPÍTULO IV
A indemnização dos danos

30. A indemnização dos prejuízos causados pela poluição marítima, tal como disciplinada pelo sistema das CLC/92 e pelo IOPCFund, é feita por dois tipos de entidades. Em primeiro lugar, esses danos são ressarcidos pelo proprietário do navio causador do dano. Num segundo momento, caso isso venha a ser necessário, os danos não reparados pelo proprietário do navio, serão indemnizados pelo IOPCFund e, se vier a ser necessário, pelo *Supplementary Fund*. Como haverá oportunidade de mostrar, os modelos de ressarcimento de danos contidos nas duas convenções são diferentes. No primeiro caso está-se em face de um sistema de índole financeira/seguradora, assentando o sistema numa caução expressa e explicitamente constituída com finalidade ressarcitória. Nos outros casos, trata-se de verbas colocadas à disposição dessas organizações internacionais e que são resultantes da soma dos pagamentos efectuados por sociedades petrolíferas, através de um mecanismo que tem em conta a actividade importadora de hidrocarbonetos dos vários Estados membros do IOCPFund, bem como do *Supplementary Fund*.

Apesar de se estar perante realidades jurídicas diferentes, a verdade é que as finalidades que o *fundo de limitação* a que o artigo V/3 da CLC/92 alude, por um lado, e o IOPCFund e o *Supplementary Fund,* por outro lado, prosseguem, para além de serem as mesmas, estão numa relação de complementaridade. De facto, ocorrido um acidente poluidor e constituído pelo proprietário do navio interveniente o fundo de limitação, os danos ocorridos são suportados pelo dito fundo. Contudo, uma vez esgotado o montante deste *fundo de limitação*, caso os danos não tenham sido integralmente ressarcidos, os lesados podem pedir ao IOPCFund a respectiva contribuição indemnizatória e, por último, caso isso acabe por revelar-se indispensável, o concurso do *Supplementary Fund*. Por ser assim, o seu artigo 1/2 remete as definições do *Supplementary Fund,* entre outras, a de

148   *Poluição Marítima por Hidrocarbonetos e Responsabilidade Civil*

prejuízo por poluição para as constantes da CLC/92. Também por essa mesma razão, ocorrido um sinistro, e iniciadas as necessárias diligências para a sua regularização, as entidades seguradoras, designadamente os P & I Clubs, por um lado e o IOPCFund, por outro, procuram actuar em conjugação. O que precede sugere a temática a examinar. Antes de mais, ter-se-ão em conta as múltiplas questões suscitadas pelo *fundo de limitação* criado pela CLC/92. Depois, ocupar-nos-emos da forma como são indemnizados pelo IOPCFund os prejuízos não indemnizados pelo dito *fundo de limitação* da CLC, examinando, ao mesmo tempo, de que forma é o seu montante fixado. Por fim, embora rapidamente, examinarei quais as funções do chamado *Supplementary Fund*.

31. Ao longo da análise efectuada no capítulo anterior assinalou-se, como uma importante característica da CLC/92, a existência da regra da *canalização*, já objecto da nossa atenção[371]. Houve, então, oportunidade de assinalar que, na CLC/92, essa regra encontra-se consagrada no artigo III/4, 1.ª parte. É agora o momento de, retomando o seu estudo, e integrando-a na análise a levar a cabo sobre a forma como a indemnização dos prejuízos é disciplinada na CLC/92, ver o papel que, nesse contexto, lhe pertence. Diga-se, preliminarmente, serem na dita convenção duas as principais traves em que a construção relativa ao ressarcimento dos danos assenta: (a) a ideia de canalização e (b) a limitação dos montantes a ressarcir. Começo pela questão da canalização.

Na doutrina portuguesa, a regra da canalização foi pela primeira vez evocada por Isabel Magalhães Collaço, a propósito do risco nuclear[372]. Neste campo, bem vistas as coisas não muito afastado daquele de que aqui nos ocupamos, no que respeita às características do dano a reparar (seu elevadíssimo montante, escasso número de entidades com capacidade financeira para os suportar, número indeterminado de lesados, multiplicidade de possíveis autores ou co-autores do ilícito ocorrido, etc.), escreveu a ilustre autora que «A consagração desse princípio, na sua fórmula pura, faz com que o lesado por um acidente nuclear só possa invocar o direito a ser indemnizado (...) contra a pessoa que a lei expressamente designar

---

[371] Cfr. supra, capítulo III, n.° 21, pág. 99.

[372] Isabel Maria Magalhães Collaço, *Problemas Jurídicos no Domínio do Risco Nuclear*, Lisboa, s/d.

responsável pelo acidente...»[373]. Após ter observado envolver esse regime jurídico «...um desvio importante às regras comuns em matéria de responsabilidade civil que vigoram em muitas legislações» acrescenta, em todo o caso, que os interesses do lesado não parecem ser «profundamente atingidos pela adopção do sistema dito da *canalização* da responsabilidade, uma vez que ele possa fazer valer contra o garante o seu direito a ser indemnizado até ao máximo fixado na lei para a cobertura do risco nuclear»[374]. Do que precede resulta que a regra da *canalização* conexiona-se, no plano jurídico, com a problemática da indemnização na sua dupla vertente da determinação da extensão do dano ressarcível e do apuramento do seu autor. Ocorrido um incidente lesivo, o ressarcimento dos danos que causou, numa primeira fase, é efectuado, tal como expresso nas normas da CLC/92, pelos recursos do chamado *fundo de limitação*. Logo, a *extensão da canalização* acaba por ser ditada pela própria *extensão do dano a ressarcir*, pelo *fundo de limitação* que estiver em causa[375]. Mas outro aspecto ainda justifica a existência da regra da canalização e que é a chamada *insurability* dos danos ocorridos. Na verdade, ao proceder à concentração num dos agentes do processo que leva à produção do dano por poluição, da responsabilidade civil emergente do facto que os produziu, o legislador não pretende exprimir um tipo de entendimento segundo o qual só esse agente, com exclusão de qualquer outro, é susceptível de responsabilização. Muito simplesmente – e não se ocupando de tal aspecto – está-se em face de uma opção legislativa que decorre de considerar-se ser dada entidade quem melhor colocada está, em termos jurídicos, tanto para impedir o resultado danoso como, muito em especial, para suportar o ónus financeiro do ressarcimento. Logo, será quem, através da celebração de um seguro único (um seguro, recordo, é uma das realidades susceptível de integrar o fundo de limitação a que se reporta o artigo V/3 da CLC/92, como o artigo VII/1, 2 e 5, da CLC o permite) que melhor se conseguirá impedir a proliferação da celebração, mais ou menos desarticulada, de

---

[373] Isabel Maria Magalhães Collaço, *Problemas Jurídicos no Domínio do Risco Nuclear, cit.*, pág. 39.

[374] Isabel Maria Magalhães Collaço, *Problemas Jurídicos no Domínio do Risco Nuclear, cit*, pág. 40.

[375] Pierre Catala, *La Nature Juridique des Fonds de Limitation*, em anotação ao acórdão da *Cour de Cassation (Chambre Commerciale)*, de 10 de Julho de 1990) in "Mélanges Jean Derruppé", Paris, 1991, págs. 159 e segts.

150 *Poluição Marítima por Hidrocarbonetos e Responsabilidade Civil*

contratos de seguro por esses vários intervenientes. Se isso viesse a suceder, os respectivos custos, repercutindo-se nas despesas gerais, agravariam os fretes marítimos. Mas, estipulando-se, *ope legis*, que apenas haverá um só responsável, evita-se essa dita possível celebração, desta maneira contribuindo para a formação dos preços nas melhores condições possíveis e, logo, para a redução de custos totais finais. Esta visão do problema tem presente não «...*ser lícito negar que outra função essencial da responsabilidade civil é a de fazer incidir os danos sobre quem está em melhor posição de os prevenir*»[376]. Ora, a concentração da responsabilidade civil no proprietário, acompanhada da possibilidade da sua exoneração, a partir de dado montante, através da atribuição ao mesmo do direito de constituir um *fundo de limitação*, com função de indemnização dos lesados, mediante critérios desligados de aspectos que tenham a ver com o quantitativo dos danos ocorridos[377], permite ao transportador avaliar com facilidade quais os custos de seguro que, na pior das hipóteses, o irão onerar, solução que lhe é favorável. Mas a mesma também beneficia o transportador – no nosso contexto quase sempre empresas petrolíferas – que, exoneradas dos custos do seguro (mesmo que estes, afinal de contas, possam encontrar-se incluído nos fretes a pagar), desde o início tem forma de saber qual o preço final a suportar. A regra da *canalização* permite, pois, melhor e mais eficiente aplicação do princípio do *cheapest cost avoider*, enquanto entidade que «...poderia ter evitado a produção do dano com a mais diminuta despesa...»[378].

Assim, a exposição subsequente começará por ocupar-se da temática, complexa e extensa, dos mencionados *fundos de limitação* tal como, no contexto da CLC/92 surgem e se encontram estruturados de forma a compreender todas as suas várias eventuais e possíveis implicações. Note-se, em todo o caso, ainda antes de começar, que a indemnização proporcionada pelo fundo de limitação previsto na CLC/92 não é automática. De

---

[376] PIETRO TRIMARCHI, *Sulla Responsabilità del Terzo per Pregiudizio al Diritto di Credito*, in "Studi in Memoria di Giacomo Delitala", III, Milão, 1984, págs. 1611 e segts. e, para a citação, supra no texto, pág. 1626, nota n.º 15.

[377] De facto, o montante do fundo (redacção de 1969) deve (n.º 1 do artigo V da CLC 1969) corresponder «...a um montante total, por evento de 2.000 francos por tonelada de tonelagem no navio», com um máximo de 210 milhões de francos.

[378] SCHÄFER, OTT, *Manual de Análisis Económico del Derecho Civil*, Madrid, 1986, pág. 137.

A Indemnização dos Danos   151

facto, a constituição deste fundo de limitação tem como pressuposto a ine-xistência de culpa por parte do proprietário do navio, sendo possível que, não obstante, o proprietário do navio entenda estar presente o condiciona-lismo exigido na CLC/92 para lhe possibilitar a respectiva constituição, mas que os lesados considerem não ser assim. A verificar-se assim suce-der, a pretensão do proprietário do navio relativamente à constituição do *fundo* é susceptível de apreciação judiciária[379].

32. A expressão *fundo de limitação*, embora de natureza doutri-nária[380-381], acompanha, no entanto, de muito perto os dados legais. Com efeito, o artigo V/1 da CLC/92 dispõe que o proprietário do navio *tem o direito de limitar a sua responsabilidade (...) a um montante total, por evento*. Por sua vez, o artigo V/3 da CLC/92 preceitua que *Para beneficiar da limitação (...) o proprietário deve constituir um fundo, no montante do limite da sua responsabilidade...»* (itálicos e sublinhados meus). Examine--se, assim, o sistema construído pelas Convenções de Bruxelas/Londres.

O artigo V/3, 1.ª parte, da CLC/92 concede ao proprietário do navio fonte dos hidrocarbonetos causadores dos danos causados a possibilidade de limitar o montante da sua responsabilidade civil. Para tal, prossegue, *«...deve constituir um fundo, no montante do limite da sua responsabili-dade, junto do tribunal (...) onde é movida ou possa vir a ser movida uma acção ao abrigo do artigo IX»*. Este fundo, precisa o artigo V/3, 2.ª parte, *«...pode ser constituído quer pelo *depósito* da soma correspondente quer pela apresentação de uma *garantia bancária* ou de *qualquer outra garan-tia* aceitável pela legislação do Estado Contratante no território do qual o fundo for constituído e julgada satisfatória pelo tribunal ou qualquer outra

---

[379] Foi o que se passou no caso do «Tanio», ocorrido em 1980, no qual o IOPCFund de 1971 considerou que o respectivo proprietário não tinha o direito de limitar o seu direito, a este respeito «The IOPCFunds' 25 Years of Compesating Victms of oil pollutiom incidents», London, págs. 19 e segts., *passim*.

[380] Von Bar, *Environmental Damage in Private International Law*, *cit.*, pág. 317.

[381] Em direito português, contudo, a mesma já recebera consagração *de lege lata*, mesmo antes da entrada em vigor tanto da CLC/69, como do Decreto-lei n.º 202/98, de 10 de Julho, nomeadamente os seus artigos 14.º e 15.º, que se referem, por mais do que uma vez, a fundos de limitação de responsabilidade. Na verdade, a Convenção de Bruxelas de 10 de Outubro de 1957, aprovada para ratificação pelo Decreto-lei n.º 48036, de 14 de Novembro, previa no artigo 2/2 a figura do *fundo de limitação*.

152 *Poluição Marítima por Hidrocarbonetos e Responsabilidade Civil*

autoridade competente»[382]. A ideia de que se trata de um fundo destinado exclusivamente ao ressarcimento deste tipo de danos decorre da conexão feita entre a constituição do fundo e a responsabilidade do proprietário do navio, nos termos da CLC/92 («responsabilidade nos termos da presente Convenção», utilizando a terminologia do artigo V/1). A forma como a CLC/92 permite a quem toma a iniciativa – normalmente o proprietário do navio donde proveio o derramamento do crude causador do incidente marítimo poluidor – constituir o fundo, afigura-se-nos indiciar a configuração do mesmo como um *património autónomo,* ao menos se colocado o problema perante as jurisdições portuguesas. Várias das características desta figura apontam para a ideia proposta. Antes de mais, constituído o mesmo, mais nenhuns bens do proprietário do navio podem vir a ser atingidos por este tipo de credores (artigo VI/1, alínea a). Em seguida, este fundo é constituído para fazer face a eventuais (no momento da sua constituição) responsabilidades desde que tão só as definidas na CLC/92. Finalmente, uma vez o fundo constituído, pode ser autorizado o levantamento de arresto que, eventualmente, tenha sido decretado sobre o navio transportador dos hidrocarbonetos causadores do incidente ou, em geral, sobre bens pertencentes ao mesmo proprietário do dito navio.

Embora as regras a ter em conta no que concerne à constituição do fundo sejam as definidas pela própria CLC/92, o certo é que tudo o que não for previsto na mesma terá de ser regulado pelo direito português, enquanto direito do lugar da constituição do fundo e, por tal motivo, aplicável à sua constituição[383]. Segundo o direito português, nesta figura, o que lhe confere a sua especificidade não é a sua especial afec-

---

[382] Nada, v.g., impede que o fundo seja constituído por um seguro de responsabilidade civil, o que, de resto, no contexto do artigo VII/1, está expressamente previsto.

[383] Neste sentido, BAPTISTA MACHADO que afirma: «O disposto no artigo art. 33.º deve estender-se analogicamente às organizações de pessoas ou bens não dotadas de personalidade jurídica...», acrescentando, ainda, ser «...por essa lei que se resolverá o problema de saber se os bens da instituição constituem um património autónomo...», *Lições de Direito Internacional Privado,* Coimbra, 1985, pág. 349. Para o direito italiano, a este respeito, acórdão do Tribunal de Génova, "Il Diritto Marittimo", Ano XCV, págs. 780 e segts. e, em especial pág. 794, onde, após afirmar-se que, com a constituição do fundo cria-se um património separado, acrescenta-se que «...tal património permanece sujeito, no que respeita ao regime dos aspectos acessórios, à disciplina prevista a esse respeito pela legislação do país em que o fundo foi constituído...». Bem vistas as coisas, trata-se de solução não distante da do direito português.

tação[384]. De facto, a este respeito, nota Manuel de Andrade que, dessa circunstância não é forçoso seguir-se que o património «...tenha uma individualidade jurídica completa ou pelo menos suficientemente destacada da do restante património do seu titular»[385-386]. Como, igualmente, Manuel de Andrade teve ocasião de ponderar, o «...critério mais seguro ou em todo o caso o mais geralmente adoptado para reconhecer a existência dum património autónomo é o da *responsabilidade por dívidas*»[387]. Este critério exige que estes fundos sejam criados e exclusivamente utilizados no ressarcimento de dadas vítimas, a saber as dos danos causados por poluição. Esta ideia, que sempre resultaria dos princípios aplicáveis nesta matéria, encontra-se, no entanto, explicitamente, consagrada no artigo VII/9 da CLC/92, de acordo com o qual «Qualquer fundo constituído por um seguro ou outra garantia financeira, por força do parágrafo 1 do presente artigo, *só* poderá ser utilizado para *satisfação das indemnizações devidas em virtude da presente Convenção*»[388] (itálicos meus). A palavra *só*, cons-

---

[384] Em direito francês foi atribuída uma superlativa importância ao fenómeno da «afectação». Assim, PIERRE CATALA (*ob. cit.*, pág. 162), observa que o resultado prosseguido, a limitação da responsabilidade do proprietário do navio e a protecção do direito dos credores, é levado a cabo através «... da afectação aos credores duma soma representativa dos seus direitos».

[385] MANUEL DE ANDRADE, *TEORIA Geral da Relação Jurídica*, Vol. I, Coimbra, 1960, pág. 218.

[386] Na esteira do ensinamento de MENEZES CORDEIRO, poderá considerar-se integrarem estes Fundos as chamadas «pessoas colectivas rudimentares», *Tratado de Direito Civil Português*, I, Parte Geral, Tomo III, *Pessoas*, 2004, pág. 531.

[387] Manuel de Andrade, *Teoria Geral da Relação Jurídica*, Vol. I, Coimbra, 1960, pág. 218.

[388] De acordo com este preceito, qualquer fundo constituído por um seguro ou outra garantia financeira será utilizado para satisfação das indemnizações devidas ao abrigo da CLC. O preceito omite, pois, na enunciação dos fundos os que forem constituídos «...pelo depósito da soma correspondente...», tal como previsto no artigo V/3, 2.ª parte da CLC/92. Não creio, no entanto, que esta omissão seja relevante no sentido de "a contrario sensu", aceitar-se que os fundos constituídos em dinheiro podem ser utilizados fora das finalidades que presidiram à sua constituição. De facto, por um lado, não há razões que explicassem uma tal eventual diferença de tratamentos e, por outro lado, a ser assim, a própria lógica explicativa da constituição do fundo, protecção especial de determinada categoria de credores, seria posta, inexplicavelmente de lado. Inexplicavelmente, porque não há motivos para, constituído um fundo, os seus componentes poderem ser objecto de tratamento jurídico diferente. Assim, o regime jurídico do fundo, no que respeita à forma como é composto, deverá ser sempre o mesmo, independentemente do tipo de bens que o integram.

tante do preceito, marca, de forma bem eloquente, a sua exclusiva finalidade de ressarcir os lesados pelo dano de poluição a que esta convenção se reporta. Refira-se que o fundo em causa, que pode ser composto por depósito em dinheiro, por garantia bancária ou por qualquer outra garantia aceitável no Estado em cujo território se situa o tribunal em que foi requerida a constituição do fundo, só estará constituído após trânsito em julgado da sentença que julgou o respectivo pedido de constituição. A mesma deverá ocupar-se, por um lado, da idoneidade da garantia oferecida e, por outro lado, da presença do condicionalismo factual que justifica a constituição do fundo isto é da presença da poluição nos termos indicados na CLC.

33. O fundo, enquanto património autónomo, é composto pelos valores indicados pelo requerente no respectivo pedido de constituição. Os montantes a indicar não dependem da soma dos danos causados, mas antes de montantes calculados de acordo com os critérios legais (artigo V/1). Caso o requerente opte pela constituição através de garantias (*latu sensu*), o critério a seguir para fixar o seu montante será o mesmo. A intervenção judicial, ao controlar esse cálculo, pode rectificá-lo. Houve, da parte dos autores da convenção, uma grande preocupação de evitar que a inflação viesse a reduzir os montantes máximos do *fundo de limitação*, tais como fixados na convenção, propósito levado a efeito através da indexação do valor do «fundo...» aos direitos de saque especiais. Saber se, na garantia constituída, estão incluídos os juros vencidos e vincendos foi respondido de forma afirmativa na sentença de 14 de Março de 1992, do Tribunal de Génova de 14 de Março de 1992[389] (caso do *Haven*). Nesta, afirmou-se dever a garantia «...compreender os juros vencidos e vincendos (...) até ao momento da repartição da soma limite pelos credores)...»[390]. Mas, uma vez prestada, segundo a referida sentença, a garantia é insusceptível de ser revalorizada. De facto, decidiu-se, a partir da constituição do *fundo de limitação*, não pode imputar-se ao proprietário do navio e ao seu segurador, não terem, prontamente, reparado os prejuízos.

Na verdade, de acordo com essa decisão, os mesmos cumpriram as obrigações «...que sobre eles impendiam, dependendo os prazos da

---

[389] "Il Diritto Marittimo", ano XCIV, págs. 169 e 170.

[390] A data de 16 de Maio de 1991 foi a da ocorrência do sinistro que deu lugar à constituição do "fundo de limitação», devido ao acidente com o navio "Haven".

repartição da soma limite, de factores (...) que não lhes são imputáveis»[391].

Dado que o fundo a que o artigo V da CLC/92 se refere, enquanto património autónomo, tem a finalidade de suportar certos créditos de dada classe de credores – os causados pela poluição e sofridos pelos respectivos lesados – decorrem daí duas consequências. Por um lado, as somas indemnizatórias resultantes da responsabilidade civil do proprietário do navio integradoras do fundo de limitação podem não pertencer ao agente da lesão. Por outro lado, os credores só podem obter o ressarcimento dos seus danos por parte do proprietário do navio, através desse património autónomo, com exclusão de qualquer outro. Isto significa não se tratar de um mero direito de excussão prévia. O lesado encontrará, pois, considerando o acima exposto, o seu direito à indemnização duplamente condicionado. Por um lado, em virtude da regra da *canalização*, à luz da CLC, apenas pode demandar o proprietário. Por outro lado, dos bens do proprietário, só poderá atingir os que compõem o «fundo...», caso, bem entendido, o proprietário o tenha constituído. De notar, em todo o caso, que esta regulamentação, apesar dos aspectos limitativos de que se reveste, acaba por ser vantajosa, tanto para o proprietário do navio, como para terceiros ou lesados. Na verdade, pela mesma, o proprietário consegue uma mais fácil *segurabilidade* dos danos a indemnizar. Tal facto, para além de possibilitar o estabelecimento de custos mais baixos neste sector, nos termos já indicados[392], repercutir-se-á na possibilidade de um mais célere ressarcimento dos respectivos danos pela mais fácil determinação do montante de danos que lhe cabe suportar e dos responsáveis, evitando-se, quanto a estes últimos, difíceis dúvidas relativas à sua legitimidade. Esta dupla concentração, postulada pela regra da *canalização*, a saber, concentração da responsabilidade em certo e determinado sujeito – o proprietário do navio – que, por sua vez, pode limitar o montante da indemnização a cujo pagamento está adstrito, através de uma como que, *segunda canalização*, em dado património autónomo, por ele, exclusivamente constituído para tal finalidade, garante a rápida satisfação, tanto por diminuir a possibilidade de litígios quanto ao responsável e seu garante, como a respeito do *quantum* indemnizatório a ser pago, dos direitos que os lesados possam ter em

---

[391] "Il Diritto Marittimo", ano XCIV, págs. 169 e 170.

[392] Cfr. supra nota 378.

156 *Poluição Marítima por Hidrocarbonetos e Responsabilidade Civil*

relação ao proprietário do navio. Em todo o caso, precise-se esta última afirmação. Com efeito, segundo o artigo V/3, última parte, caso o armador faça depositar em juízo o necessário para a constituição do *fundo de limitação*, seja através de depósito em dinheiro, seja mediante garantia, nem por isso o fundo se acha desde logo constituído. Com efeito, o tribunal pode controlar a sua constituição, sob dois pontos de vista. Antes de mais, ao tribunal compete apurar se está ou não presente o condicionalismo que permite a constituição do fundo, isto é a ausência de culpa do proprietário. Em seguida, ao tribunal compete ainda avaliar a idoneidade da garantia oferecida.

Assim, a meu ver, isto significa que a constituição definitiva do *fundo* só fica completa, quando, na sequência de processo judicial ou equivalente, um tribunal, por sentença transitada em julgado, decidir não ter havido culpa de proprietário e os valores do fundo – ou garantia equivalente – terem os montantes que resultam da aplicação dos critérios legais. De facto, deverá ser examinado se a garantia oferecida – qualquer que seja – é, por um lado, "*aceitável* pela legislação do Estado contratante no território do qual o fundo foi constituído, e, por outro lado, *julgada satisfatória pelo tribunal* ou qualquer outra autoridade competente» (artigo V/3, 2.ª parte, CLC/92). Isto não significa a existência de uma dupla instância de controle, sendo uma de natureza administrativa e outra judicial. De facto, ao fim e ao cabo, o juízo a fazer será apenas o da instância judicial, que se ocupará das duas referidas facetas.

34. Não há uma obrigação legal a exigir a constituição do fundo de limitação, por parte do proprietário do navio, que pode optar por não a pedir. Como quer que seja, ao decidir fazê-lo, encontra-se perante um delicado problema de natureza processual. Quero referir-me à questão de saber a que processo deverá recorrer para pedir a constituição do dito fundo. Três meios processuais sendo candidatos, haverá que optar por um deles. Em primeiro lugar, tem à sua disposição o processo de consignação em depósito regulado nos artigos 1024.° e segts. do CPC. Em segundo lugar, a lei proporciona-lhe o processo regulado nos artigos 12.° e seguintes do Decreto-Lei n.° 202/98, de 10 de Julho[393]. Por último, haverá

---

[393] Texto em Manuel Januário da Costa Gomes, *Leis Marítimas, cit.*, págs. 451 e segts.

que contar com o processo de que se ocupam, conjuntamente, o Decreto-Lei n.º 49028[394] e o Decreto-Lei n.º 49029, ambos de 26 de Maio de 1969[395], diplomas que integram a transposição, para o direito interno português, da *Convenção sobre o Limite de Responsabilidade dos Proprietários dos Navios de Alto-Mar de 10 de Outubro de 1967*, a que Portugal já aderira pelo Decreto-Lei n.º 48036, de 14 de Setembro de 1967[396]. Penso que a situação deve ser regida pelo Código de Processo Civil e que, por conseguinte, na constituição do Fundo de Limitação a que alude a CLC/92, devem ser adoptadas as normas que aí regem o processo de consignação em depósito. Como irei mostrar, outros meios processuais, potencialmente aplicáveis, foram configurados para situações diversas das em causa no presente estudo, sendo que, nos respectivos articulados, ressalta a intenção de legislar, exclusivamente, para as situações específicas aí indicados e não de maneira genérica para quaisquer outras situações que, não previstas aí, eventualmente viessem a carecer de um processo de liberação de responsabilidades através da entrega em juízo e à sua ordem, de dados valores. As razões deste entendimento são as que irei apresentar.

(a) O Decreto-lei n.º 49029 consiste no *Regulamento do Processo de Execução da Convenção Internacional sobre o Limite de Responsabilidade dos Proprietários dos Navios de Alto Mar*. Assim, o seu âmbito de aplicação delimita-se em função do da própria convenção que regulamenta, Ora, esta convenção limita a responsabilidade dos proprietários dos navios de alto mar nas situações que tipifica. O seu artigo 1.º prevê a limitação da responsabilidade nos seguintes casos: (a) morte ou lesões corporais de pessoa que se encontre a bordo para ser transportada; (b) perdas e danos de bens a bordo do navio; (c) morte ou lesões corporais de qualquer outra pessoa; (d) perda e danos de quaisquer outros bens; (e) infracções a quaisquer outros direitos; (f) deveres legais relativos à remoção de destroços de navio afundado, à deriva ou abandono e (g) responsabilidade emergente de danos causados às obras de arte dos portos, bacias e vias navegá-

---

[394] Texto em MANUEL JANUÁRIO DA COSTA GOMES, *Leis Marítimas, cit.*, págs. 465 e 466.

[395] Texto em MANUEL JANUÁRIO DA COSTA GOMES, *Leis Marítimas, cit.*, págs. 467 e segts.

[396] Texto em MANUEL JANUÁRIO DA COSTA GOMES, *Leis Marítimas, cit.*, págs. 781 e segts.

veis. No caso das alíneas a) e c) trata-se de acção de qualquer pessoa a bordo ou não do navio por quem o proprietário seja responsável. Na situação da alínea b) está-se em face de perdas e danos a bens a bordo do navio. Nas alíneas f) e g) faz-se face a situações decorrentes da existência de navios afundados e danos em instalações portuárias *(latu sensu)* fixas. Dir-se-ia que a situação é susceptível de enquadramento nas alíneas d) e e). Contudo, neste último caso, terá de tratar-se de acto relacionado, de acordo com o preceituado no artigo 1/1, alínea b) parte final, da Convenção sobre a Limitação da Responsabilidade dos Proprietários de Navios de Alto Mar, com "...*o carregamento, transporte ou descarregamento da sua carga, ou ao embarque, transporte ou desembarque dos passageiros*". Mas, na situação aqui em estudo, os danos não são causados nestas indicadas circunstâncias. De facto, neste caso, os danos cuja indemnização é assegurada são os que decorrem do derramamento no mar de hidrocarbonetos que, por sua vez, causem contaminação. Dada a limitação dos procedimentos judiciais previstos neste diploma ao tipo de danos que, restritamente, indica, concluo ser o processo previsto no Decreto-lei n.° 49029 inaplicável à constituição do fundo de limitação da CLC/92.

(b) O Decreto-Lei n.° 202/98, nos seus artigos 12.° e seguintes, ocupa-se de normas sobre a constituição de *fundos de limitação de responsabilidade* no contexto da limitação da responsabilidade do proprietário do navio. Creio, contudo, que o Decreto-lei n.° 202/98, de 10 de Julho, não pretendeu criar um novo meio processual. De facto, procurou antes editar normas contendo uma consignação em depósito mais próxima das peculiaridades do *shipping*. Contudo, a limitação de responsabilidade a que este diploma alude tem a ver com o abandono de frete e do navio a que artigo 12.° do Decreto-Lei n.° 202/98 se reporta. Ora, os fundos de limitação referidos na CLC/92 não pressupõem qualquer forma de abandono, seja do frete seja do navio. Ou seja, ainda aqui não está em causa a indemnização por danos causados por contaminação a que o artigo 1/6 CLC/92 alude. Assim, fica excluída a possibilidade da solução do nosso problema ser equacionada a partir do Decreto-Lei n.° 202/98. Aliás, este último contém um regime de responsabilidade civil que, em mais do que um aspecto, se afasta do da CLC/92. E, por isso, o regime processual do Decreto-lei n.° 202/98 contém facetas, da qual a mais paradigmática é o facto do fundo só ser declarado constituído após a venda do navio, que nada têm a ver com o regime do fundo delineado na CLC/92. Neste último, para além de inexistir a previsão do abandono do navio ou da sua venda, o fundo é constituído por valores calculados aritmeticamente em função da tonelagem do navio, que podem, pois, ser até mais valiosos do que os do próprio navio e frete adicionados. Acresce, enfim, que o fundo previsto na CLC, imediatamente após a competente sentença judicial que o declara constituído, fica apto para as suas funções, não tendo de aguardar a venda ou o abandono do navio que pode mesmo não chegar a verificar-se.

(c) A inaplicabilidade dos regimes dos diplomas acima identificados à situação dos danos causados por poluição, não deve surpreender. De facto, exclusivamente pensados para as situações a que, respectivamente, são aplicáveis, o seu regime jurídico-processual tem marcada uma indissociável ligação aos aspectos materiais para cuja concretização foram editados. Ora, a CLC/92 não previu nem editou qualquer espécie de regime processual próprio para a constituição do fundo de limitação previsto no seu articulado.

Ou seja, em conclusão, por um lado, no quadro da CLC/92 não foi previsto qualquer regulamentação processual que se ocupe da forma de criação do fundo de limitação aí previsto. Por outro lado, nenhum dos restantes diplomas em princípio aplicáveis potencialmente, por conterem normas processuais sobre a constituição de fundos de limitação em matéria de direito marítimo, têm um âmbito de aplicação coincidente com o da Convenção de Londres de 1992. Por outro lado, enfim, a disciplina processual existente nesses vários diplomas para disciplinar a constituição dos fundos de limitação neles previstos, é insusceptível de adaptação tanto ao mecanismo como aos imperativos normativos prosseguidos pela CLC/92. Ter-se-á, consequentemente, de concluir que uma sua eventual aplicação, no quadro dessa convenção, pode dizer-se, dificilmente seria praticável. Logo, o intérprete acaba por ser remetido para o regime-regra, isto é o previsto no CPC. De facto, entendesse a CLC criar um regime processual próprio, certamente que, tal como sucedeu nos outros diplomas acima passados em revista, não deixaria de, expressamente, o prever e regulamentar. Se, por outro lado, considerasse dever remeter para qualquer outra convenção internacional, a exemplo do que por vezes sucede, não deixaria de o fazer expressamente. Assim, em face do silêncio que, a este respeito, a CLC, guardou, outra solução não resta – repete-se – que não seja a da aplicação do regime jurídico-processual interno de cada Estado membro. De resto, como imediatamente a seguir haverá ocasião de observar, só haverá

160 *Poluição Marítima por Hidrocarbonetos e Responsabilidade Civil*

vantagens na escolha de tal regime jurídico. Na verdade, v.g., no caso português pelo menos, a constituição dos *fundos de limitação* previstos na CLC/92, articula-se, sem qualquer dificuldade, com a disciplina contida no CPC.

35. Várias são as questões jurídicas suscitadas pelos *fundos de limitação* previstos na CLC. Começarei pela da determinação de qual a sua natureza jurídica. Neste ponto, duas visões apresentam-se como aptas ao papel de chave explicativa. De facto (a), pode entender-se ser o mesmo uma mera garantia e, neste caso, ser-lhe-ão aplicáveis as disposições legais pertinentes ao tipo de garantia a que as suas características se ajustarem ou (b), diferentemente, considerar antes, encontrar-se aqui mais uma forma de manifestação da figura, tradicional e própria do direito marítimo, do *abandono liberatório do navio*[397-398]. Pela exposição da temática própria do abandono liberatório começar-se-á, procedendo-se à apresentação dos aspectos mais relevantes no que concerne a sua potencial aplicabilidade ao *fundo de limitação* da CLC/92. (i) Um primeiro aspecto surge através da tomada em atenção de que o montante dos danos, calculado de forma previamente definida na lei, tem em conta tão só a realidade de uma das características técnicas do navio poluidor – a sua tonelagem – não tendo a dimensão do incidente em causa, mesmo que avaliada através de critérios fixos, ou dos danos que causou qualquer relevância ou, ao menos, alguma, mesmo que menor, influência na fixação do montante que deve revestir o *fundo* a constituir. De facto, nota-se na doutrina, como já se assinalou, ser o valor do *abandono* calculado de acordo com o valor do navio fonte dos hidrocarbonetos derramados. A indemnização é, pois, o perfeito sucedâneo do navio, substituído pelo seu equivalente em valor. Há aqui uma como que espécie de subrogação, na forma de subrogação real porquanto, embora seja a partir do valor do navio que o valor do *fundo* é calculado, a lei não prevê a entrega real e efectiva do navio-tanque, substituído este pela quantia que, à face dos critérios legais, representa o seu valor.

---

[397] É a posição expressa por MARTINE REMOND-GOUILLOUD, *Droit Maritime*, Paris, 1998, que, pág. 172, observa que, durante o século XX, sob influência britânica, ao abandono do próprio navio em si mesmo tomado, substituiu-se, progressivamente, «...o abandono de um fundo em dinheiro, calculado segundo o valor do navio».

[398] AZEVEDO MATOS, *Princípios de Direito Marítimo*, I, Lisboa, 1955, pág. 137 e pág. 139.

(ii) Uma segunda perspectiva é a de que aqui o intérprete se encontra perante uma garantia legal[399] de natureza obrigacional, sendo um seu eventual enquadramento na categoria das garantias reais excluído pela tipicidade dos direitos reais que não comportam qualquer garantia real que seja um fundo de limitação, enquanto fundo afecto, exclusivamente, ao pagamento de dados prejuízos.

Tomar posição nesta matéria significa notar que, uma vez convertido o abandono do navio, de abandono em espécie em abandono em valor, as características do abandono do navio, tal como classicamente construídas, perdem a sua razão de ser, constatação que indicia a via a seguir nesta temática. De facto, ao pensar o abandono do navio em espécie, previamente, surge a dúvida de saber em que é que, juridicamente, consiste o abandono do navio. Ora, a esta respeito, a doutrina portuguesa dividiu-se. Para Frederico Martins «O abandono tem os efeitos duma alienação»[400]. Diversamente, já Azevedo Matos havia considerado não ser o abandono uma transferência de propriedade[401]. Em todo o caso, para além deste dissídio de construção jurídica, havendo uma quase unanimidade da doutrina nacional no que toca ao entendimento de que se está perante uma universalidade[402]. Independentemente dessa uniformidade se atenuar quando se trata de saber se se está perante uma universalidade de direito ou em face de uma universalidade de facto, a verdade é que a realidade jurídica não se adequa aos dados da realidade empírica tais como na prática se manifestam. De facto, a análise precedente torna-se inadequada, no caso de se tra-

---

[399] Garantia legal porquanto, com excepção do tipo de garantia, todas as características da garantia em causa deverão respeitar estritamente as indicações legais, sendo, a partir da sua constituição, administrada pelo Tribunal que, de resto, fiscalizará, antes da própria constituição do «Fundo...», a presença dos vários requisitos legais para a dita garantia ser considerada, tendo presente a necessidade de satisfazer os critérios da CLC/92, idónea.

[400] FREDERICO MARTINS, *Direito Comercial Marítimo*, Lisboa, 1935, pág. 108.

[401] AZEVEDO MATOS, *Princípios de Direito Marítimo*, I, Lisboa, 1955, pág. 141.

[402] Para um quadro peral do problema AZEVEDO MATOS, *Princípios de Direito Marítimo, cit.*, I, págs. 44 e segts., *passim* e MÁRIO RAPOSO, *Sobre o contrato de transporte de mercadorias por mar*, BMJ, 376 (1988), páginas 21/2, que, às teorias que vêm aqui uma universalidade, acrescenta a teoria que considera dever-se, no plano normativo, o navio como uma pessoa jurídica, posição na qual inclui Victor Nunes. Considerando a posição que sobre as hipotecas toma, acrescentaria, como perfilhando a ideia de que se está perante uma universalidade de facto, VIEGAS CALÇADA, *Das Cauções Marítimas*, Lisboa, 1932, páginas 239 e segts., *passim*.

162   *Poluição Marítima por Hidrocarbonetos e Responsabilidade Civil*

tar de um *fundo de limitação* constituído através de uma dada garantia. De facto, será muito difícil dizer que um contrato de seguro ou uma garantia bancária é ou integra uma universalidade de facto ou de direito. Na verdade, se fosse dessa forma, quando, v.g., estivesse em causa o pagamento parcial de uma fiança bancária, não teria qualquer sentido dizer que a *universalidade fiança bancária* é composta de várias fianças bancárias parciais que, todas elas juntas, dariam origem a uma universalidade que seria a dita fiança bancária, globalmente considerada. Nesse caso, ao efectuar um pagamento parcial, o devedor estaria a dispor de uma *parte* dessa universalidade que seria, neste exemplo, a mencionada garantia ou fiança bancária. Parece manifesto o irrealismo de uma tal eventual construção jurídica.

A evolução legislativa desde então ocorrida alterou a situação, pelo menos parcialmente, em sentido adverso à ideia de se estar perante uma universalidade de facto. Na verdade, o artigo 28/2 do Decreto-lei n.° 352/86, de 21 de Outubro, vem dispor que, para efeitos do disposto no número 1 desse mesmo preceito (impossibilidade de identificar o transportador marítimo) «...é atribuída ao navio personalidade judiciária». E, na mesma ordem de ideias, desenvolvendo essa mesma concepção, o artigo 7.° do Decreto-lei n.° 201/98, preceitua que *Os navios têm personalidade e capacidade judiciárias nos casos e para os efeitos previstos na lei*. Menezes Cordeiro fala, a este respeito, de *pessoas colectivas rudimentares*[403]. Ora, esta concessão de personalidade judiciária ao navio, mesmo que em termos limitados, aliás postos em relevo pelo texto legal, ao usar a expressão *nos casos e para os efeitos previstos na lei*, vem mostrar que a unificação dos elementos que compõem o navio é feita pela lei. De resto, isso mesmo, de resto de forma inequívoca, o mostra o artigo 1/2 do Decreto-lei n.° 201/98, reforçando, acrescente-se, essa ideia de apertada e estrita limitação, sem a mais pequena ressalva ou restrição, relativamente a essa exclusiva afectação. Assim, ao que penso, fica excluída a hipótese de o considerar uma universalidade de direito. Resulta do precedentemente exposto que, uma vez verificado o abandono do navio, se tratou da sua

---

[403] *Tratado de Direito Civil Português, I, Parte Geral, Tomo III, Pessoas,* Coimbra, 2004, págs. 521 e segts., *passim,* referindo (página 526) o navio, como uma das situações de personalidade judiciária. Texto do Decreto-Lei n.° 201796, de 10 de Julho em Manuel Januário da Costa Gomes, *Leis Marítimas, cit.,* págs, 445 e segts.

verdadeira e efectiva alienação em garantia[404]. Consequentemente, idêntica doutrina deve vigorar para os *fundos de limitação* previstos na CLC. Resultam daqui relevantes consequências a, mais adiante, explicitar, no que respeita a saber a quem pertence o que resta do fundo quando, pagos os prejuízos para cuja satisfação foi constituído, algo remanesce. Isto, em suma, leva-me a considerar que, juridicamente, o *fundo de limitação*, mais não é do que uma garantia constituída em exclusivo benefício de certos credores do proprietário do navio-tanque, a saber os credores por danos de poluição, indicados na CLC/92, de forma restrita e limitada. Isso, de resto, é o que lhes confere preferência legal relativamente a quaisquer outros credores, criando-se, assim, sobre as realidades integradoras do fundo de limitação, não apenas uma preferência em seu benefício, mas antes, exclusividade relativamente a todos os outros credores, quaisquer que estes últimos possam ser.

36. Só os credores do proprietário do navio por créditos emergentes ou derivados de danos por poluição podem concorrer ao *fundo de limitação* criado pelas CLC. A CLC/69 distinguia dois tipos de despesas a serem tomadas em conta. A redacção da CLC/92 criou um terceiro. Em primeiro lugar, de acordo com o segundo considerando, as pessoas que sofram ***prejuízos derivados do facto de poluição***. Depois, ao abrigo do artigo V/8, desde que razoáveis, as ***despesas realizadas e os sacrifícios consentidos voluntariamente*** pelo proprietário de bens atingidos pela poluição, com o objectivo de evitar ou reduzir uma poluição. Por último, as entidades que

---

[404] Deve, em todo o caso, ter-se em atenção que, sendo o abandono um acto unilateral, o seu efeito translativo deve ligar-se ao acto de aceitação dos credores que irão ser pagos pelo mencionado fundo, tal como reconhecidos pela sentença que o julga constituído. Tratar-se-á, em suma, de ter em atenção que só pode falar-se de alienação quando os credores do fundo, porventura através de um administrador do fundo, o aceitaram, iniciando-se, assim, a sua liquidação. Note-se que a constituição do fundo de limitação a que no texto se alude, não impede que o proprietário proceda ao abandono real, não apenas em equivalência, do seu navio. Sobre a temática da natureza jurídica do abandono do navio-tanque no contexto da poluição por hidrocarbonetos MARCOS A. LOPEZ SUÁREZ, *El Abandono y la renúncia al derecho de propriedade en relación com la carga hundida como consequência de un naufragio*, in "Estúdios sobre el Regimen Jurídico de los Vertidos de Buques en el Medio Marino", Navarra, 2006, págs. 479 e segts., *passim*. Para esta mesma temática, embora fora do contexto do CLC/92, A. DONATI, "Enciclopedia del Diritto", *Assicurazione marittime e aeronautiche*, Vol. III, págs 740 e segts., *passim*.

164 *Poluição Marítima por Hidrocarbonetos e Responsabilidade Civil*

tiveram de fazer **despesas para evitar a poluição ou** que sofreram **danos com tais despesas**. Uma vez constituído, preceitua o texto convencional, o fundo será distribuído *proporcionalmente aos montantes dos créditos admitidos*. Afigura-se que o reconhecimento do direito invocado deve ser assegurado por sentença proferida na sequência de acção proposta por quem se arroga direitos contra o *fundo de limitação*, enquanto património autónomo dotado de personalidade jurídica. Na verdade, de acordo com o preceituado no artigo 6/2, alínea a) do CPCivil, têm personalidade judiciária: «a) (...) os *patrimónios autónomos semelhantes cujo titular não estiver determinado;*». A CLC/92, é certo, é discreta sobre este ponto. Contudo, a regulamentação que confere ao fundo leva a essa conclusão. De facto, segundo dispõe o artigo VI/1, alínea a) CLC/92, quando, após o evento, o proprietário do navio tiver constituído um fundo ao abrigo do artigo V da CLC e tiver o direito de limitar a sua responsabilidade a) *Nenhum direito à indemnização, por prejuízos devidos à poluição resultante do evento, poderá ser exercido sobre outros bens do proprietário*.

O preceito transcrito permite a constatação de que a constituição do *fundo de limitação* tem um duplo efeito, o segundo dos quais consequencial do primeiro. Por um lado, recorta nos bens de que é titular o proprietário do navio uma dada massa de bens que, *opus legi*, ficam, *exclusivamente* afectos ao pagamento de certas e determinadas dívidas já judicialmente reconhecidas. Isto decorre do artigo V/4 da CLC/92, segundo o qual a distribuição do fundo pelos credores será efectuada proporcionalmente aos montantes dos "créditos admitidos"[405]. Ora, por credores, para efeitos deste preceito, terão de, exclusivamente, entender-se os credores por danos sofridos por poluição. De facto, por um lado, o segundo considerando, ao delimitar o âmbito da convenção, afirma a convicção dos Estados membros de haver necessidade da garantir uma indemnização às pessoas que sofreram danos por poluição. Por outro lado, e como consequência, a mencionada constituição liberta todo o restante património do proprietário do navio de qualquer responsabilização. De notar que o património *(latu sensu)* que integra o *fundo de limitação* é insusceptível de ser atingido por credores que não sejam os indicados na CLC. O que precede, acaba por vir a ser reforçado pelo facto do citado artigo V/4 dispor que o

---

[405] A tradução portuguesa seguiu o texto francês, que fala em *créances admises*. A versão inglesa descreve a situação com mais propriedade, ao mencionar *their established claims*.

fundo de limitação deve ser distribuído entre todos os credores proporcionalmente aos montantes dos créditos admitidos. Significando, no contexto da CLC/92, *prejuízos*, necessariamente *prejuízos devidos a poluição*[406], deverá, pois, concluir-se não responder o *fundo de limitação* se não por dívidas causadas ou por qualquer outra forma conexionadas – pense-se, v.g., caso dos custos das medidas de prevenção – com a poluição. Delicada é a questão de saber, se requerida a penhora de valores do *fundo de limitação*, para garantir dívidas não resultantes de poluição, mesmo que os valores a que se reportam só possam ser entregues aos credores requerentes dessa penhora após a total e plena satisfação dos credores integradores da categoria de lesados por danos devidos a poluição, tal penhora é possível. Deste problema, no entanto, ocupar-me-ei, mais adiante, quando for examinada a questão de determinar a quem pertencem os valores, porventura, não utilizados, por desnecessários, pelos lesados por poluição – afinal de contas, os credores para a tutela dos quais o fundo foi constituído e para quem, afinal de contas, esses valores se destinam.

Recusei mais acima ser o *fundo de limitação* uma espécie de abandono liberatório do navio. E, na sequência da tentativa de determinar a natureza jurídica deste fundo, considerei ainda tratar-se de uma alienação em garantia em benefício de determinados credores taxativa e limitadamente indicados. Isto levou-me a considerar constituir o fundo de limitação uma garantia especial dessa categoria de credores. Uma tal visão das coisas, em todo o caso, já foi posta em causa. Na verdade, embora num contexto apesar de tudo algo diferente daquele que agora examino, afirmou-se[407], neste caso – para além do abandono do navio ter sido estabelecido em favor do proprietário do navio – os credores do proprietário do navio tão só dispõem desse bem, pelo que, segundo a subscritora desse ponto de vista, os credores beneficiários do abandono liberatório do navio

---

[406] No texto inglês fala-se em *claim for compensation* (artigo III/4), referindo-se ainda que «the fund shall be distributed among the *claimants* in proportion to the amounts of their established *claims*». Enfim, o artigo VI/1, alínea a), adverte que «no person having a *claim* for pollution damage...». Esta permanente utilização dos mesmos termos isto é *claim* ou *claimant* torna o que no texto é dito ainda mais inequívoco.

[407] Sofia Ferreira Enriquez, *Abandono Liberatório de Navio: Garantia Especial das Obrigações?*, Relatório de Mestrado, Faculdade de Direito da Universidade de Lisboa, 2002, págs. 56 e segts., *passim*.

166 *Poluição Marítima por Hidrocarbonetos e Responsabilidade Civil*

não podem considerar-se como especialmente garantidos. A isto acresce ainda o entendimento da referida autora, de acordo com o qual «...a separação de patrimónios que se traduza em relações sobre bens de determinadas universalidades que determinem a irresponsabilidade dos bens do devedor que não entram no património autónomo pelas obrigações que sobre estes recaiam, muito dificilmente, em nossa opinião, poderá configurar uma garantia especial das obrigações»[408]. As posições descritas terão de ser afastadas. Antes de mais, arrancam da consideração de uma realidade jurídica que não é a que aqui temos em vista. Além disso, têm presentes dadas posições em tema da garantias de obrigações que são tudo menos pacíficas. Como quer que seja, tais pressupostos no caso dos fundos de limitação da CLC/92, não têm razão de ser. Sendo, é certo, também aqui exacto que os fundos de limitação têm como objectivo principal beneficiar o proprietário do navio, nesse ponto cessam as similitudes. Na verdade, para além destes fundos estarem sujeitos, no que respeita à sua constituição, a fiscalização judicial, tanto quanto à existência e natureza do evento cuja existência lhes dá origem como da sua composição, certo é que, para além do *fundo de limitação* previsto na CLC, o IOPCFund concede aos lesados outras indemnizações, isto sem falar do *Suplementary Fund* de que, ainda, me ocuparei. Acresce que, além do proprietário do navio-tanque, outras entidades podem ser chamadas pelos lesados a concorrer à indemnização dos danos que a poluição tenha causado. Independentemente de tudo isto, restam por explicar quais os motivos pelos quais a constituição de um fundo de afectação não pode constituir uma garantia especial das obrigações. Ao que creio, a posição da doutrina portuguesa a este respeito é a de considerar que se está perante uma garantia especial quando «...um dos credores se encontre, em comparação com os outros, numa posição de benefício, assim se quebrando a normal igualdade entre credores (*par condicio creditorum*)»[409]. Nesta medida, ao que penso, a criação de um *fundo autónomo* a, no contexto deste trabalho, poder ser designado como *fundo de afectação*, deve ser considerado como uma garantia especial dos credores ou, mais correctamente, de uma dada cate-

---

[408] Sofia Ferreira Enriquez, *Abandono Liberatório de Navio: Garantia Especial das Obrigações?, cit.* pág. 58

[409] Luís Menezes Leitão, *Direito das Obrigações,* Vol. II, 2.ª edição, Coimbra, 2003, págs. 303 e 304.

A Indemnização dos Danos 167

goria de credores individualizada em função de características definidas na lei[410]. Assim, pelo menos, no caso do *fundo de limitação* a que alude o artigo V/3, no quadro da CLC/92, penso tratar-se de uma garantia especial a beneficiar certos credores, a integrar na categoria da alienação em garantia.

37. Determinado quem pode ser beneficiário do *fundo de limitação*, resta saber de que forma pode um seu beneficiário ser indemnizado. Coloca-se, então, com toda a sua delicadeza, a dúvida de saber se os beneficiários do *fundo de limitação* usufruem da "acção directa". O artigo VII/8 da CLC dispõe que *Qualquer pedido de reparação de prejuízos devidos à poluição poderá ser* **directamente formulado** *contra o segurador ou a pessoa de que emanar a garantia financeira destinada a cobrir a responsabilidade do proprietário pelos prejuízos causados pela poluição* (sublinhados meus), acrescentando a segunda parte do preceito que, neste caso, «...o réu, poderá, por outro lado, prevalecer-se dos meios de defesa que o proprietário poderia ele próprio invocar, excepto dos relativos à falência ou à liquidação do património do liquidatário». Tal como se encontra formulada, a passagem transcrita deste artigo parece consagrar a favor do lesado a acção directa. Contudo, dever-se-á confirmar se é realmente assim e, se a resposta for afirmativa, de que forma e com que limites.

A primeira dúvida resulta do facto de os preceitos não estarem incluídos na regulamentação dos fundos. Na verdade, as disposições que na CLC se ocupam das garantias a serem prestadas pelo proprietário do navio – artigo VII/1, 2 e 5 – têm como principal escopo regular a obrigação de provar que o navio tanque de que se trata satisfaz requisitos de solvabilidade financeira em caso de acidentes causados pela poluição por hidrocarbonetos. Contudo, dizendo a parte final do artigo VII/1 que o montante desse seguro é determinado «...pela aplicação dos limites de responsabilidade previstos no artigo V, parágrafo 1, para cobrir a sua responsabilidade por prejuízos causados por poluição, em conformidade com as disposições da presente Convenção», parece-me que, indirectamente, é na constituição do *fundo de limitação* indicada no artigo V/3 e sua capacidade de ressarcir que

---

[410] Nota a este respeito Luís Menezes Leitão que a «...a garantia geral pode nem sequer passar pela atribuição de um direito subjectivo como sucede com a *separação de patrimónios* e os privilégios gerais» (itálicos meus), *Direito das Obrigações, cit.*, pág. 303.

168 Poluição Marítima por Hidrocarbonetos e Responsabilidade Civil

o legislador internacional pensa quando no artigo VII, 1, 2 e 5 estipula as obrigações financeiras a que os proprietários dos petroleiros estão sujeitos. Nessas disposições, designadamente no artigo VII/5, refere-se que «Um seguro ou outra garantia financeira não preencherá as exigências do presente artigo se os seus efeitos puderem cessar, por outra razão que não o termo do prazo de validade...». É manifesto, embora de uma forma não inteiramente clara, que o preceito está a exigir que a garantia financeira prestada para efeitos da CLC/92 só será válida se na mesma, as excepções porventura oponíveis ao segurado pela seguradora ou pelo garante – pense-se, v.g, numa garantia autónoma – não o forem relativamente ao beneficiário do seguro ou da garantia financeira prestada ou seja o lesado pelos danos por poluição marítima por hidrocarbonetos. Dado o que precede, parece-me haver pois total conexão entre a matéria do artigo V/3 (fundo de limitação) e a do artigo VII/8 (acção directa).

Note-se, desde já, não se tratar de uma hipótese de substituição processual. Com efeito, ao ocupar-se desta figura, nota um autor não estar em causa conceder «...ao lesado legitimação especial para exercer um direito que pertença ao segurado antes procurando a lei a realização do interesse, pondo-o a cargo do segurador, ainda que no interior dos limites estabelecidos na apólice»[411]. Mais especificamente no que respeita à acção directa no âmbito ambiental, Von Bar observa que a *action directe*[412], a partir de um ponto de vista funcional, «...confere a mesma posição à vítima e ao beneficiário do seguro», acrescentando, numa outra, mas muito expressiva, formulação, que «...a parte que sofreu o dano também é incluída na comunidade dos segurados *(community of the insured)*[413-414].

A pedra de toque para determinar se foi concedida ao lesado uma *acção directa* contra o segurador reside na medida da possibilidade que o segurador ou, em termos mais gerais, de quem quer que seja réu duma acção directa (caso, v.g., duma instituição que tenha prestado uma garan-

---

[411] Luis Díez-Picazo, *Derecho de Danos*, Madrid, 1999, pág. 201.

[412] Em francês no texto.

[413] Von Bar, *Environmental Damage in Private International Law, cit,* "Recueil des Cours" *cit.*, pág. 400.

[414] Ter-se-á uma ideia da importância deste aspecto se nos recordarmos que, como afirma Chao Wu, «Hoje, todo o problema da poluição reconhece-se ser no fundo um problema de seguro», *La Pollution du Fait du Transport Maritime des Hydrocarbures, cit.,* pág. 336. O que, porém, pode não estar livre de equívocas é a referida expressão "community of the insured".

A Indemnização dos Danos 169

tia autónoma), tem de opor ao autor nessa acção – regra geral o segurado – as excepções invocáveis contra o respectivo segurado. Raciocinando a partir da Lei de Seguros espanhola, Díez-Picazo nota que, sendo possível ao segurador excepcionar a cessação de vigência do contrato ou o limite da responsabilização constante da apólice, já não lhe será admissível opor «...a acção de nulidade do contrato, derivada das suas relações pessoais com o segurado e, tampouco, a excepção de incumprimento contratual decorrente do facto do segurado não ter pago os prémios nem a sua faculdade de resolver o contrato que tiver nascido com tal motivo, se não for exercida com anterioridade»[415]. Regresse-se, agora, à questão da acção directa no quadro da CLC/92. Logo após a passagem acima transcrita, o mesmo preceito acima já, parcialmente, transcrito (artigo VII/8) prossegue, prescrevendo que *O réu* [a entidade garante] *poderá, por outro lado, prevalecer-se dos meios de defesa que o proprietário poderia ele próprio invocar, excepto dos relativos à falência ou à liquidação do património do proprietário. O réu poderá além disso prevalecer-se do facto de os prejuízos por poluição terem resultado de uma falta intencional do próprio proprietário, mas* **não pode prevalecer-se de qualquer dos outros meios de defesa que poderia invocar numa acção intentada pelo proprietário** *contra ele. O réu poderá, em todos os casos, obrigar o proprietário a sujeitar-se também à demanda.* A redacção do preceito confirma a existência da acção directa. De facto, na parte final, proíbe-se que o garante venha a prevalecer-se «...de qualquer dos outros meios de defesa que poderia invocar numa acção intentada pelo proprietário contra ele...», expressão a aproximar da do artigo VII/5, de acordo com a qual a garantia não será válida «...se os seus efeitos puderem cessar, por outra razão que não o termo do prazo de validade...». Com efeito, a disposição em causa veda, de forma extensa, a possibilidade do segurador/demandado opor ao lesado as excepções que poderia opor ao proprietário, designadamente as de natureza pessoal, que se reportam a factos ocorridos tão só no âmbito do relacionamento entre o segurador e o segurado [lesante]. É o que, v.g., sucede com o eventual não pagamento de prémios devidos pelo segurado[416], situação insusceptível de ser validamente invocável pelos

---

[415] Luis Díez-Picazo, *Derecho de Danos, cit.* págs. 201 e 202.

[416] Mas já não é seguro se as coisas se passariam assim se estivesse em causa o não pagamento a um Banco garante das comissões devidas pela prestação de uma garantia bancária. Não vejo, em todo o caso, motivos para as coisas se passarem de forma diferente.

170 *Poluição Marítima por Hidrocarbonetos e Responsabilidade Civil*

seguradores ou pelos garantes[417], como fundamento para a seguradora se exonerar do seu dever de indemnizar os lesados que demandarem o *fundo de limitação*. Mas isto, igualmente, significa que a regra da *canalização* se correlaciona com a possibilidade de demandar, em acção directa, o *fundo de limitação* constituído, encontrando-se, pois, assegurada em geral, ao lesado a possibilidade de procurar a indemnização dos danos sofridos directamente na entidade garante.

Escrevi *em geral*. Preciso o sentido da reserva que na mencionada expressão vai contida. Ao tomar posição a este respeito, a doutrina italiana afirmou ser de «...excluir do núcleo da acção directa também a acção contra o segurador do proprietário do navio por derramamento no mar de hidrocarbonetos, tendo em atenção a taxativa enumeração, contida no art. VII, par. 8, C.L.C. 1969, das excepções oponíveis pelo segurador ao lesado que actue contra ele»[418]. É exacto que o artigo VII/8 da CLC/69, que tem o mesmo teor do artigo VII/8 da CLC/92, contém uma enumeração de excepções susceptíveis de, num plano abstracto, poderem ser opostas pelo segurador ao beneficiário. Contudo, nenhuma delas atinge o aspecto fulcral da acção directa o que, aliás, os mecanismos da CLC/92 sempre impediriam. De facto, o preceito considera como eventualmente invocáveis dois tipos de excepções: (a) as que o proprietário do navio pode opor ao lesado e (b) as que o garante pode opor ao seu segurado. Nesta contrapo-

---

[417] O artigo VII cria um delicado problema de solução algo incerta. O artigo V, ao indicar quais as realidades que podem ser o substrato do fundo de limitação menciona expressamente as seguintes (sigo a ordem do artigo V/3): depósito em dinheiro, garantia bancária e qualquer outra garantia aceitável pela legislação do Estado contratante no território do qual o fundo foi constituído e julgada satisfatória pelos seus tribunais. Ora, ao ocupar-se da acção directa, os vários números do artigo VII aludem exclusivamente a seguro e a garantia financeira. Ou seja, será fácil reconhecer que não há qualquer menção ao depósito em dinheiro que pode servir como meio de constituir o fundo de limitação. Assim a conclusão a retirar é que no caso de um fundo de limitação constituído por um depósito, não pode o lesado dispor de acção directa. Sobre a temática relativa à Constituição de garantias sobre depósitos em dinheiro, cfr. MANUEL JANUÁRIO DA COSTA GOMES, *Assunção Fidejussória de Dívida*, Coimbra, 2000, págs. 48 e segts, e MENEZES LEITÃO, *Garantias das Obrigações*, Coimbra, 2006, pág. 289. Assim, ao menos em direito português, não haverá acção directa nos casos em que o fundo de limitação tenha sido constituído por depósito em dinheiro.

[418] MICHELE COMENALE PINTO, *La Responsabilità per inquinamento da Idrocarburi Nel Sistema Della C.L.C.*, *cit.*, 1993, págs. 28 e segts., nota n.° 34.

sição, a CLC aceita que o garante invoque a primeira classe de excepções. Ora, sendo assim, o núcleo fundamental da acção directa não está atingido. De facto, as primeiras excepções não pertencem ao contrato de seguro ou de fiança bancária, no âmbito da qual a acção directa nasce e se desenvolve. Antes têm a ver com posições jurídicas gerais de que é titular qualquer sujeito de direito que, por tal razão não podem ser limitadas. São os casos, v.g., de quem contesta a sua legitimidade para ser demandado, enquanto sujeito da obrigação de indemnizar, ou de quem considera ser incompetente o Tribunal onde foi judicialmente accionado. De resto, sempre o artigo VII/2, primeira parte, da CLC/92, acima transcrito, paralisaria qualquer tentativa de esvaziar de conteúdo a acção directa cuja existência é, neste contexto cardinal. Na verdade, dispondo esse preceito que a única invalidade invocável da garantia prestada seria «...o termo do prazo de validade...», qualquer outra nulidade seria insusceptível de servir de fundamento à exoneração do garante. Logo, declarada validamente constituída a garantia, caso, posteriormente a essa constituição, venha a surgir qualquer outra causa de nulidade, esta última repercutir-se-á tão só no âmbito das relações do garante com o ordenador da garantia. Confirmativo de assim ser, encontra-se, enfim, no que se verifica na situação dos P&I Clubs *(Protection & Indemnity Clubs)*[419], matéria de que me irei agora passar a ocupar.

38. A realidade empresarial/associativa que esta designação refere, consiste numa associação cujo principal objectivo é o de «...assumir em bases mutualistas a cobertura de certos riscos não cobertos pelas apólices tipo de seguro marítimo»[420]. Muito em especial, têm em vista a cobertura dos seguros da responsabilidade civil dos armadores[421], sendo que se trata, em matéria de poluição por hidrocarbonetos, de um risco habitualmente coberto pelos P&I Clubs. Não se trata, em todo o caso, tanto de uma mútua de seguros, antes de uma entidade societária, constituída para repar-

---

[419] Para a história e progressivo desenvolvimento dos P & I Clubs, RENÉ RODIÈRE, *Assurances Maritimes,* in "Traité de Droit Maritime", dirigido por RENÉ RODIÈRE; Paris, 1983, págs. 420 e seguintes.

[420] RENÉ RODIÈRE, *Assurances Maritimes, in* "Traité de Droit Maritime", *cit.,* pág. 421.

[421] Sobre os P&I Clubs, Sergio Ferrarini, *Le Assicurazioni marittime,* Milão, 1981, págs. 34 e segts., *passim.*

172 *Poluição Marítima por Hidrocarbonetos e Responsabilidade Civil*

tir riscos numa base mutualista, a funcionar em regime de *pool*. Constituí-das à face do direito inglês, podem ser consideradas como «Sociedades limitadas por garantia, nas quais nenhum dos associados subscreve qual-quer capital social nem participa em qualquer distribuição de lucros»[422]. No momento da entrada, o associado vincula-se a contribuir, até à concor-rência de certa soma, para o pagamento de débitos da sociedade. Para tal, paga uma quota inicial *(advanced call)* e, posteriormente, se isso for necessário, poderá ser chamado a pagar a chamada *supplementary call*. Não obstante a personalidade jurídica dos sócios ser distinta da socie-dade, «...entre os sócios do Club a responsabilidade de cada um pela quota devida nos danos dos outros não tem, por via de regra, limites de somas»[423]. De acordo com os estatutos, a relação jurídica do contrato de seguro estabelece-se «...directamente entre os associados, cada um dos quais é, simultaneamente, segurado de todos os outros associados e segu-rador destes»[424]. Na prática, nota o autor que tenho vindo a acompanhar, «...a relação desenvolve-se, não entre os sócios mas entre o sócio indivi-dual e o Clube, relativamente ao qual o sócio é devedor das suas contri-buições e credor das indemnizações de tal forma que o Clube aparece como segurador e não os seus membros»[425].

Ora, deverá ter-se em consideração a circunstância do *International Group of P&I Clubs* segurar a responsabilidade civil de mais de 95 % da marinha mercante mundial[426]. Sendo assim, vêm-se as implicações que, no contexto da actividade seguradora, a temática da acção directa tem. Mas não é esta a prática seguradora habitual dos P&I Clubs. Com efeito, neste campo é necessário recordar que a política dos P&I Clubs é a de esti-pular a cláusula *pay to be paid rule, first pay rule ou indemnity rule*[427], o

---

[422] Carbalo Callero, Torres Perez, *Aseguramiento de la responsabilidade civil por contaminación marina: la intervencion de los clubs de P & I*, in "Estudios sobre el Regimen Juridico de los vertidos de buques en el Medio Marino", supra, nota 404, *cit.,* pág. 512.

[423] Sergio Ferrarini, *Le Assicurazioni marittime, cit.,* pág. 35.

[424] Sergio Ferrarini, *Le Assicurazioni marittime, cit.,* pág. 36.

[425] Sergio Ferrarini, *Le Assicurazione marittimi, cit.* págs. 36 e 37.

[426] Informação constante de Chao Wu, *La Pollution du Fait du Transport mari-time des Hydrocarbures, cit.,* pág. 336.

[427] A cláusula estabelece, como resulta do seu sentido literal só haver obrigação do P&I Club de pagar após, previamente, ter, por sua vez, sido pago. Sendo assim, esta cláusula

que parece ir ao encontro da ideia do não reconhecimento da acção directa do lesado contra os P&I Clubs. É certo ter-se já observado passarem-se as coisas de forma diferente no contexto dos sinistros ocorridos no contexto da CLC[428] pois, nesse âmbito, afirmou-se, os P&I Clubs emitem certificados de responsabilidade financeira. Este documento de atestação da capacidade financeira, nota-se na doutrina, «...é uma garantia antecipatória da responsabilidade do armador porquanto, nessa perspectiva das coisas, um pedido de indemnização pode vir a ser apresentado directamente à pessoa que constituiu a garantia»[429]. A ser assim, ter-se-á, em suma, que, não sendo esse o recorte habitual da actuação das garantias dos P&I Clubs, no contexto do sistema ressarcitório da CLC as coisas passam-se como se, igualmente, existisse uma acção directa contra os P&I Clubs[430].

Não obstante, no plano jurídico, a consideração desta matéria suscita não poucas e delicadas interrogações. Com efeito, ter-se-á, antes de mais, de saber se os certificados emitidos pelos P&I Clubs podem servir para constituir o Fundo de limitação. De facto, não constituindo os P&I Clubs instituições de crédito, mas tão só associações de natureza mutualista, tais certificados só podem ser aceites ao abrigo do disposto no artigo V/3 se essa «...garantia for julgada aceitável pela legislação do Estado Contratante no território do qual o fundo foi constituído e julgada satisfatória pelo tribunal...». Logo, mesmo que a entidade supervisora da actividade seguradora do Estado contratante a considere satisfatória, a verdade é que também será necessário ser essa opinião partilhada pelo tribunal no qual se pretende constituir o *fundo de limitação*. Assim, como mais acima se deixou dito, os P&I Clubs emitem certificados de capaci-

---

legitima que o P & I Club, se não tiver sido pago, oponha tal excepção ao lesado, resultando aqui, em consequência, a inexistência de uma acção directa contra o garante por parte do lesado; ainda CARBALO CALLERO, TORRES PEREZ, *Aseguramiento de la responsabilidad civil por contaminación marina: la intervención de los clubs de P&I, cit.*, pág. 515, nota 62.

[428] CHAO WU, *La Pollution du Fait du Transport maritime des Hydrocarbures, cit.*, pág. 336.

[429] CHAO WU, *La Pollution du Fait du Transport maritime des Hydrocarbures, cit.*, págs. 336 e 337.

[430] De facto, o direito português não conhece uma acção directa geral contra o terceiro responsável civilmente. Por isso, a análise da sua eventual presença tem de ser feita causuisticamente.

dade financeira. Ora, bem vistas as coisas, consideradas as coisas no estrito plano jurídico, um tal documento, ainda que emitido na sequência de um sinistro marítimo com finalidades seguradoras, não integra uma verdadeira obrigação de ressarcir por força de determinados eventos marítimos. Neste caso, poderá ver-se nesse acto ou uma declaração unilateral de dívida – cujo montante e momento do pagamento ficam subordinados ao funcionamento da *pay to be paid rule* – ou uma *carta de intenção*[431]. No que toca a esta última eventual solução, sem agora discutir a natureza mais ou menos cogente de tal documento, a verdade é que o mesmo, *carta de intenção*, nunca poderá originar uma acção directa contra o *fundo de limitação*. Na verdade, com base nesse documento, a ser proposta uma qualquer acção contra os P&I Clubs, nunca seria a acção a ser instaurada contra o proprietário do navio, antes uma acção que, como causa de pedir tivesse o facto das informações constantes de um certificado de capacidade financeira emitido pelo P&I Club em causa (a dita carta de intenção) serem inexactas, se porventura, os credores – lesados pela poluição – não conseguissem a reparação dos seus danos. Relativamente à primeira das possíveis construções acima apresentadas – que, parece-me, é que melhor permite explicar a situação presente – o que poderá dizer-se é que, considerando na mesma a necessidade do funcionamento da *pay to be paid rule* – a mesma também exclui, pelas exigências que da sua própria existência decorrem, a possibilidade de existência de acção directa.

Em direito espanhol, sustentou-se ser possível, nos casos de responsabilidade civil por poluição por hidrocarbonetos, a acção directa, dado o preceituado no artigo VII/8 da CLC/92. Segundo os ilustres autores defensores desta visão das coisas, o mencionado preceito «prevê expressamente o recurso à acção directa, ao estabelecer que *poderá ser directamente formulado contra o segurador ou contra o segurador ou a pessoa de que emanar a garantia financeira* destinada a cobrir a responsabilidade do proprietário pelos prejuízos causados pela poluição»[432] (itálicos dos auto-

---

[431] Sobre a temática das cartas de intenção no direito português, por último, CARNEIRO DA FRADA, *Teoria da Confiança e Responsabilidade Civil*, Coimbra, 2004, pág. 543, nota 568.

[432] CARBALO CALLERO, TORRES PEREZ, *Aseguramiento de la responsabilidad civil por contaminación marina: la intervencion de los clubs de P&I, cit.*, pág. 516.

res citados). O problema, em todo o caso, assim me quer parecer, não é tanto o de saber se é possível ou não a referida acção directa nestes casos, único problema – de pura índole processual, que tem a ver com legitimidade do autor da acção, por não ser parte na garantia financeira invocada, sem dúvida respondido em sentido afirmativo – a que a disposição em causa pretende dar resposta. A questão é, sobretudo a de saber se essa acção directa estará *sempre*, necessariamente, assegurada ao lesado. E, no que toca a esse aspecto, a resposta terá de ser negativa.

De facto, já não falando na circunstância de, literalmente, a lei, ao utilizar o termo *poderá*, afastar essa conclusão[433], algo mais decisivo deve ser recordado. A possibilidade dos beneficiários de uma dada garantia demandarem directamente o garante é uma faculdade que terá de ser expressamente pactuada no contrato regulador da constituição dessa garantia isto é, pertence ao estatuto contratual. Só assim não é nos casos em que a lei, expressamente, concedeu essa faculdade ao lesado. Ora, sem embargo dos imperativos de natureza pública aqui presentes, o certo é que isso não sucedeu neste caso. Assim, ter-se-á de, caso a caso, averiguar o conteúdo de cada garantia celebrada, seja contrato de seguro, seja contrato de fiança, seja contrato de garantia autónoma, etc., de forma a ver o que resulta dos documentos contratuais presentes. A verdade é que não se vê motivo para criar, à margem da lei, uma espécie de presunção da inevitável presença da acção directa, convertida assim, na protecção por excelência dos lesados nestes casos. Sem embargo da protecção da vítima dar importância ao estatuto delitual, as exigências normativas do estatuto contratual também não podem ser esquecidas. De facto, num plano estritamente técnico, como aliás, é ensinado na doutrina espanhola, «...o seguro de P&I caracteriza-se por ser um seguro de responsabilidade complementar. Com efeito, trata-se de um seguro de responsabilidade, pois a sua finalidade não é a de cobrir determinados bens expostos aos perigos da navegação, mas

---

[433] Vale a pena, a este respeito, transcrever o artigo 29/1, do Decreto-lei n.° 522/85, de 31 de Dezembro, para observar o que sucede quando a lei entende consagrar, obrigatoriamente, a acção directa. Dispõe este preceito: "As acções destinadas à efectivação da responsabilidade decorrente de acidente de viação (...) *devem ser* deduzidas obrigatoriamente: só contra a seguradora, quando o pedido formulado se contiver dentro dos limites fixados para o seguro obrigatório» (itálicos do autor). O contraste entre o *poderá ser* do artigo VII/8 da CLC e o *devem ser* do Decreto-lei invocado fala por si, quanto ao carácter cogente ou não do artigo VII/8 da CLC/92.

176   *Poluição Marítima por Hidrocarbonetos e Responsabilidade Civil*

sim a de cobrir o património do segurado perante eventuais reclamações de terceiros que surjam como consequência da sua actividade marítima. Por outro lado, o seguro de P&I é um seguro complementar na medida em que garante ou cobre as responsabilidades não cobertas pelo seguro ordinário»[434]. Ora, salvo sempre a expressa indicação das lei, as duas características apontadas excluem o aparecimento da acção directa. Se, de facto, o seguro é complementar, quer isto dizer que só quando as quantias inicialmente pagas, por força do seguro inicial, não bastarem, haverá que pedir a prestação do seguro P&I. Se de facto este fosse pago logo inicialmente, assistir-se-ia a algo que se não harmoniza com a característica de complementariedade. Acresce que, sendo um seguro que cobre, tão só, os riscos de navegação, é eminentemente apto para constituir o fundo de limitação, no qual todos os credores poderão reclamar os respectivos créditos. Em suma, concluindo: ao menos à face do ordenamento jurídico português, no caso da constiuição do fundo de limitação por apólices P&I Clubs, não foi colocada, neste caso, à disposição dos lesados qualquer acção directa[435-436].

---

[434] Carbalo Callero, Torres Perez, *Aseguramiento de la responsabilidad civil por contaminación marina: la intervencion de los clubs de P&I, cit.,* pág. 514.

[435] Sem embargo de não poder esquecer-se a gravidade das situações pessoais, sociais, económicas que decorrem dos derramamentos de hidrocarbonetos – como entre tantas que, infelizmente, poderiam ser citadas, o mais recente caso do *Prestige* o mostra – não penso ser vantajoso conferir aos lesados a acção directa contra o segurador. Na verdade, os danos que tais sinistros causam são tão elevados que as quantias seguras poderão ser insuficientes para fazer face à multiplicidade de pedidos que não deixarão de ser pedidos. Perante tal insuficiência, rapidamente a seguradora em causa, se o proprietário do navio não o tiver já feito, poderá requerer a constituição do *fundo de limitação*, ao abrigo do artigo V/11 da CLC. Mas, sendo neste caso a constituição do fundo de limitação regida por princípios diferentes – é dispensada a inexistência de culpa do proprietário do navio – a mesma poderá dar lugar a dificuldades de ordem variável desde questões de litispendência – nada impede o proprietário de, ignorando que o segurador já requereu a constituição, o requeira por sua vez – a questões que na primeira acção não cabem, como sucede com a determinação da responsabilidade do proprietário. A inexistência da acção directa forçará a concentrar todos os pedidos sobre o proprietário do navio. Dito isto, deverá acrescentar-se que a CLC admite a possibilidade de pagamentos adiantados (artigo V/5), prevendo mecanismos de subrogação do segurador nos direitos do credor a quem pagou.

[436] Entre nós, o Bastonário Mário Raposo sustentou haver acção directa contra os P&I Clubs (*Seguros Responsabilidade civil dos I&P Clubs,* Colectânea de Jurisprudência, 1984, II, págs. 24 e 25 e *Os P&I Clubs e O problema da acção directa,* "Estudos sobre o Novo Direito Marítimo", Lisboa, 1999, págs. 121 e segts.). Independentemente de notar-se, a este respeito, uma evolução do pensamento do ilustre maritimista, entre 1984 e

39. Resta saber a quem pertencem os bens integradores do *fundo de limitação*. Na verdade, podendo haver, após o pagamento das indemnizações devidas, quantia remanescente excedentária, tanto pode sustentar-se pertencer essa soma aos credores como a quem a constituiu. Alguma doutrina entende pertencerem as mesmas à entidade que constituiu o *Fundo*, não sendo o tribunal se não o seu detentor[437]. Outra, de sentido não substancialmente diferente, sustenta pertencer a cada *fundo* de limitação definir «...livremente debaixo de que condições e a quem efectua os pagamentos»[438]. Esta última visão das coisas pode ser aceite, caso a totalidade dos pagamentos dos danos a cujo pagamento o *fundo* está afecto e que justificaram a sua constituição estiverem, na sua totalidade, efectuados[439]. De facto, dir-se-á, como os bens do fundo, de resto sempre unitariamente considerados, só respondem por certas e determinadas dívidas, a partir do momento em que a totalidade destas últimas esteja satisfeita, a disposição de tais bens é livre[440]. Contudo, uma consideração correcta das coisas deverá encará-las de forma diferente. Com efeito, pagas as indemnizações a que está destinado, o fundo de limitação deverá ser, judicialmente, considerado extinto. Ora, nesse momento, não pode falar-se em bens do

---

1999, traduzida nas palavras, algo melancólicas, onde refere ter-se rarefeito «...com a passagem dos anos e a sucessão das experiências, a afoiteza revelada em 1984 no nosso aludido *Parecer*» (pág. 133), a verdade é que as posições aqui expostas, divergentes das do mencionado autor, encontram a sua génese em dado sector do direito marítimo, bem delimitado, não pretendendo, portanto, constituir uma tomada geral de posição a respeito deste problema nesse contexto geral, que por isso mesmo, se deixa em aberto.

[437] Neste sentido, PIERRE CATALA, *La Nature Juridique des Fonds de Limitation, cit.*, pág. 169, que afirma «... as somas pertencem aquele que não transferiu senão a detenção e que nunca perdeu a sua propriedade. Isto é a quem constituiu o fundo».

[438] Não conduz a resultados substancialmente diferentes o entendimento (VON BAR, *Environmental Damage in Private International Law, cit.*, "Recueil des Cours", *cit.*, pág. 401) segundo o qual pertence a cada fundo definir «...livremente debaixo de que condições e a quem efectua os pagamentos». De facto, a ser assim, nada impede que o fundo de limitação a que alude o artigo V da CLC/92, ao constituir-se, desde logo considere que as somas que o compõem sejam consideradas como pertença de quem constituiu o fundo.

[439] O fundo, note-se, tem a finalidade tão só de pagar os danos reclamados e não os danos ocorridos que, naturalmente, podem ser superiores aos pedidos.

[440] Isto quer dizer que, bem vistas as coisas, ao transmitir os bens para o *fundo de limitação*, o proprietário do navio como que procedeu a uma espécie de cessão de bens em garantia. É claro que esta imagem não pode ser levada muito longe porquanto, na constituição do fundo de garantia não se encontra um contrato e os bens que para ele são transmitidos o deverão ser sob vigilância e fiscalização judiciais.

178 *Poluição Marítima por Hidrocarbonetos e Responsabilidade Civil*

fundo, antes em bens que compuseram o fundo. Daqui resulta que nunca os bens do fundo poderão ser repartidos senão pelos seus credores. A questão que se coloca é, pois, a de saber a quem devolver os bens que remanescem feitos os pagamentos a que está afecto. Esta dúvida surgiu de uma forma curiosa, num dos vários arestos que o incidente com o *Amoco Cadiz* originou[441]. Já mais acima houve ocasião de assinalar que o caso do «Amoco Cadiz» foi julgado num tribunal norte-americano[442], no qual foram fixadas as indemnizações que o Tribunal considerou dever atribuir aos lesados. Esta acção foi proposta por lesados franceses que, desta forma procuravam evitar os baixos tectos ressarcitórios da CLC/69, em função dos pedidos por eles formulados. Só que, de forma a limitar a sua própria responsabilidade, a *Amoco Transport Company,* proprietária do *Amoco Cadiz,* constituíra, entretanto, junto do Tribunal de Comércio de Brest, um fundo de limitação nos termos acima examinados. E foi neste Tribunal que outro dos lesados, o Governo do Reino Unido, veio pedir a indemnização dos danos que sofrera em virtude desse mesmo acidente. O órgão encarregado pelo tribunal de administrar o fundo – constituído pela soma de F.F. 77 371 875 – depositou-a, pelo que, com os juros entretanto capitalizados, esse Fundo acabou por atingir o montante, aproximadamente, de F.F. 240.000.000. Efectuada a liquidação dos danos reclamados pelo Governo do Reino Unido, concluiu-se que os mesmos eram inferiores à soma contida no fundo constituído pela *Amoco Transport Company.* De facto, isso resultara da circunstância de parte das indemnizações que o Fundo, em princípio, teria de suportar, devido à actuação processual dos lesados franceses, ter sido satisfeita fora do contexto ressarcitório da CLC/69. Em face desta circunstância, o autor – o Governo do Reino Unido – considerou que tinha direito aos juros de mora. Essa pretensão foi recusada pela Cour de Rennes, que, contudo, na base da ideia de que, pela constituição do Fundo, fora transferida a propriedade das quantias integradoras do capital, entendeu serem devidos juros remuneratórios. A *Cour de Cassation*, todavia, opinou em sentido diferente. De facto, considerou, a constituição do fundo tinha efeito liberatório. Assim, uma vez o mesmo constituído, nada mais poderia ser exigido ao proprietário do navio, designadamente juros de mora. Segundo a *Cour de Cassation,* as disposições da CLC/69 (então em

---

[441] Sobre estes dois processos judiciais e respectivas ligações, PIERRE CATALA, *La Nature Juridique des Fonds de Limitation, cit.,* pág. 159.   .

[442] Cfr. supra capítulo I, nota n.º 6.

vigor) que prevêem «...a constituição pelo proprietário do navio de um fundo de limitação de responsabilidade não implica, para além do pagamento do montante dos danos sofridos, a concessão dos frutos desse fundo aos credores»[443]. Quando muito, terão estes últimos direito a juros de mora, se, naturalmente, o condicionalismo que os origina estiver presente. Logo, uma vez o «*fundo...*» constituído, o autor da sua constituição – proprietário do navio ou seguradora – perde imediatamente qualquer forma de disponibilidade sobre os respectivos elementos constitutivos, designadamente sobre os seus frutos.

40. Esta solução, contudo, deve ser precisada, tendo em atenção o problema acima acenado, e então deixado em suspenso[444], de saber se outros credores, para além das vítimas da poluição, podem pagar-se pelos elementos integradores do *Fundo*. De facto, pela sua constituição, o proprietário, embora perdendo a disponibilidade dos elementos que o integram, não renuncia à sua propriedade. Na verdade, como afirma Pierre Catala, «...os fundos de limitação constituídos em dinheiro não são senão o depósito feito a terceiros de uma soma de dinheiro, exclusivamente afecta a um grupo de credores, soma cuja constituição aliena a sua detenção material *sem transferir a sua propriedade*»[445]. Com a ressalva de que o depósito é feito em benefício de terceiros e não a terceiros, que portanto não têm a sua administração, esta visão das coisas pode ser aceite em direito português. Assim, dogmaticamente, a situação configura-se como uma espécie de alienação fiduciária em garantia. Na doutrina portuguesa esta figura foi definida como a «...utilização de um tipo contratual de alienação (...) como tipo de referência, para um fim indirecto de garantia. Mais especificamente estamos perante um contrato construído através da adjunção ao negócio de alienação de um *pactum fiduciae...*»[446]. Esta ideia não é afastada pelo facto da quantia representativa do «fundo ...» não ser entregue aos credores, antes constituída junto do Tribunal. Não penso proceder uma possível objecção a partir dessa ideia. Na verdade, o tribunal, para

---

[443] A citação do aresto em causa foi retirada do estudo citado de PIERRE CATALA, *La Nature Juridique des Fonds de Limitation, cit.* pág. 159.

[444] Cfr. supra, n.º 36, pág. 165.

[445] PIERRE CATALA, *La Nature Juridique des Fonds de Limitation, cit.* pág. 169.

[446] MANUEL JANUÁRIO DA COSTA GOMES, *Assunção Fidejussória de Dívida, cit.*, págs. 86/7.

180   *Poluição Marítima por Hidrocarbonetos e Responsabilidade Civil*

além de lhe estar cometido o encargo de reconhecer se houve ou não culpa do proprietário do navio, tem ainda de apurar quem é credor e qual o montante de cada crédito respectivo. Mas isso não afecta o enquadramento dogmático encontrado. E, por isso, assegurada a realização dos interesses dos credores – isto é preenchido o fim de garantia – a quantia porventura remanescente é devolvida ao seu proprietário. Assim, caso o pagamento aos credores que devem responder em primeiro lugar – os lesados por poluição – não esgote os recursos do fundo, não só nada impede a devolução do saldo remanescente não utilizado por esses credores, como, pelo contrário, deixam de ter os credores título para reivindicar a continuação da respectiva retenção, seja qual for a razão.

Mas, ao proceder a tal devolução, os credores não procedem à devolução do que poderia denominar-se de *remanescente* do «*fundo...*». De facto, o que poderá dizer-se é que, efectuados os pagamentos das dívidas a cuja satisfação o fundo se destinava, as realidades que foram juridicamente unificadas no seio de uma universalidade de valores perderam a especial afectação que, no momento da sua constituição, a sua integração na dita universalidade lhes conferiu. Dir-se-á, porventura com mais propriedade, que pagas essas indemnizações, o *fundo de limitação*, que apenas tem personalidade judiciária, como que, *ope legis*, se dissolveu. Justamente por ser assim, também a acção de consignação em depósito chegará ao seu termo, uma vez pagos os credores a cuja satisfação o fundo estava vinculado. Assim, é duvidoso que possam ser pagos no processo de consignação quaisquer outros credores. Na verdade, esse processo foi instaurado com a única finalidade de distribuir pelos lesados os valores constitutivos do fundo de limitação. Nada tem a ver, pois, com outras eventuais dívidas a cujo pagamento a lei nada especialmente consigna. Assim, podendo, embora, os credores utilizar tais bens – nunca o remanescente – para deles se fazerem pagar, não será no processo para os credores por dívida por poluição realizarem os seus direitos que os restantes o poderão fazer. Na verdade, os direitos que sobre os mesmos, porventura, venham a deter não nascem da sua qualidade de beneficiários dos *fundos de limitação* da CLC, diferentemente, antes emergindo do facto de terem nascido através de actos praticados à margem dos factos originadores da poluição.

A construção que para cima fica, permite, antes de mais, dar substância à ideia de afectação ou de limitação que acompanha a definição do fundo a que alude o artigo V/3 da CLC. De facto, a não dizer-se qual a realidade normativa que dá base à afectação e qual o conteúdo dessa situação, estar-se-ia em face de uma mera tautologia. Em tal caso, dir-se-ia que o fundo é de afectação porque ... está afecto a dada finalidade. Em segundo lugar, a mesma permite evitar uma qualquer construção que perspective o «*Fundo...*» sob diferente ângulo de visão como, v.g., seria o caso dos privilégios creditórios. Poderia, igualmente, surgir a tentação de recorrer a uma tal figura para procurar explicar o especial comportamento dos bens do fundo, enquanto devolvidos à entidade constituidora do fundo e titular dos bens que o compõem. A verdade é que, a ver-se aqui uma situação de privilégio creditório, poderia explicar-se a razão de ser do pagamento dos créditos de dada classe de credores – os lesados pela poluição – serem pagos em primeiro lugar. Mas sempre, em todo o caso, ficaria por explicar a razão de ser, tanto de mais nenhum crédito ser graduado, como do facto de, pagos esses credores, ser devolvido o que remanescer, ao seu titular, com a concomitante cessação do regime de indisponibilidade que acompanhara a sua constituição. Finalmente, dada a característica da tipicidade dos direitos reais, sempre restaria por explicar qual o fundamento de um tal hipotético privilégio creditório. De facto, não se encontra na CLC/92 qualquer alusão a uma eventual criação pela mesma de uma garantia desse tipo[447], no que toca aos créditos dos lesados pela poluição, pelo regime do «*fundo...*», enquanto realidade, destinada a pagar, exclusivamente, os créditos de dados credores, a saber os dos lesados por danos por poluição, nas condições indicadas na CLC.

41. A expressão *fundo de limitação*, no contexto do sistema ressarcitório conjunto criado pela CLC e pela pelo IOPCF/92[448], designa duas realidades jurídicas que, embora tenham a finalidade comum de ressarcir os lesados por danos por poluição, são distintas entre si, nenhum laço entre as mesmas subsistindo. Em primeiro lugar, a expressão designa o *fundo de*

---

[447] De notar, em todo o caso, que sempre haveria que distinguir entre o «Fundo...», enquanto garantia, e a realidade que o compõe, que pode ser uma garantia.

[448] Iniciais de *International Oil Polution Compensation Fund 1992*, aprovada pelo Decreto do Governo n.º 13/85, de 21 de Junho; O texto inicial foi alterado sendo as alterações aprovadas pelo Decreto n.º 38/2001, de 25 de Setembro. Estas alterações deram lugar ao chamado Fundo/1992, que substituiu o Fundo/1971. Textos do Decreto do Governo n.º 13/85, de 21 de Junho, do Decreto n.º 38/2001, de 25 de Setembro e, bem assim, do texto actual do Fundo/1992, em MANUEL JANUÁRIO DA COSTA GOMES, *Leis Marítimas*, Coimbra, 2004, respectivamente a págs. 853 e segts., *passim*, 879 e segts., *passim* e 879 e segts., *passim*.

limitação a que o artigo V/2 e 3 da CLC/93 alude. Este último, desprovido de personalidade jurídica, pouco mais é do que uma universalidade de direito constituída por bens afectos a uma finalidade de satisfazer as indemnizações de dada classe de credores, como tal devendo ser encarado. Por isso mesmo, doutrinariamente, também lhe é atribuída a designação de *fundo de afectação*[449]. Por outro lado, designa também a realidade jurídica – organização internacional dotada de personalidade jurídica nacional e internacional – que é o IOPCF/92 – ao qual também é conferida a designação de *Fundo*. Neste caso, está-se perante uma figura com características muito diferentes. Recente definição diz tratar-se de uma «...instituição de carácter público, privado ou misto, cuja missão fundamental é a de proporcionar às vitimas de um dano ao meio ambiente um direito à reparação por parte do próprio fundo»[450]. Ver-se-á na sequência da subsequente exposição que, sem prejuízo do contributo indemnizatório proporcionado pelo *fundo de limitação* a que o artigo V/3 da CLC/92 alude, na realidade, no sistema conjunto CLC/92, IOCPF/92, o esforço financeiro mais importante e, afinal de contas, o decisivo, para assegurar aos lesados o ressarcimento por danos causados por poluição por hidrocarbonetos recai neste tipo de instituições – organizações internacionais dotadas de personalidade jurídica[451] – no qual o IOCPF/92 se integra[452] e não apenas em massas de bens a que tão só é conferida a personalidade judiciária. Diga-se, em todo o caso, que sem, de forma alguma, estar em causa, o utilíssimo, porventura mesmo indispensável papel que o IOPCFund desempenha, a sua pre-

---

[449] PIERRE CATALA, *La Nature Juridique des Fonds de Limitation, cit.*, página 162. Embora esta designação convenha com facilidade ao direito francês que, na lei de 1967, alude aos fundos afectos ao pagamento de indemnizações, a mesma não é, inteiramente, deslocada no direito português, pelo que tem de sugestivo relativamente ao seu objectivo. Em todo o caso, em direito português, melhor convém a expressão *fundos de limitação*. Por um lado, é a que se ajusta à terminologia da CLC que utiliza essa expressão e, por outro lado, é, igualmente a que mais se adequa à natureza jurídica destes fundos, tal como acima deixámos a questão equacionada.

[450] CARLOS DE MIGUEL PERALES, *La Responsabilidad Civil por daños al medio ambiente*, 2.ª edição, Madrid, 1997, pág. 260.

[451] Artigo 2/2 do IOCPF/71, artigo 2/2 do IOCPF/92 e artigo 2/2 do "Suplementary Fund"; para uma ampla enunciação de organismos deste tipo, CARLOS DE MIGUEL PERALES, *La Responsabilidad Civil por daños al medio ambiente, cit.*, pág. 266.

[452] Neste sentido, CARLOS DE MIGUEL PERALES, *La Responsabilidad Civil por daños al medio ambiente, cit.*, pág. 266.

sença, ao menos em tese geral, não pode deixar de ser problematizada. De facto, como já foi sustentado, o Fundo «em certo sentido é uma espécie de seguro obrigatório...»[453] e, como tal, os seus recursos financeiros têm, *nolens volens*, limites. Não deve, é certo, ignorar-se, no que precede, que, mesmo que assim não fosse e, portanto, ainda que o «Fundo...» previsto na CLC/92 e a convenção do Fundo complementar do sistema de ressarcimento em causa pretendessem indemnizar toda e qualquer espécie de danos ocorridos, sempre depararam com o facto da inevitável escassez de recursos destinados a tal finalidade. E, não menos importante, previamente, sempre se depararia com o difícil problema de determinar à luz da CLC, quais os danos ressarcíveis. A verdade é que indemnizar todos os prejuízos decorrentes de um dado incidente com um navio tanque, como acima se configurou hipoteticamente, é tarefa praticamente impossível. Assim, a actividade seguradora terá de limitar, em primeiro lugar, o tipo de danos que irá ressarcir e depois reconhecer que, mesmo esses prejuízos, poderão não ser susceptíveis de serem indemnizados na totalidade da sua dimensão financeira.

Que assim não fosse, as precedentes constatações, por não serem apenas de ordem factual, nem por isso esgotariam a nossa temática. Ao contrário, a premência desta última manter-se-ia mesmo que qualquer dessas possibilidades se inscrevesse num horizonte de indiscutíveis possibilidades. De facto, ainda em tal caso, seria profundamente problemático que devesse ser transposta para o plano normativo na sua integralidade. Num texto publicado no Boletim da Faculdade de Direito de Coimbra, ao lançar um olhar retroactivo sobre a visão do instituto da responsabilidade civil de Guilherme Moreira no início do século XX, Castanheira Neves interrogava-se sobre se não poderia dizer-se ser hoje a ética uma ética de resultado e, aferindo-se a mesma pelos seus frutos, não se deveria concluir ser a mesma função dos efeitos e ter *nestes o seu critério*. E, continuando a acompanhar a mencionada interrogação, formulava a pergunta sobre se não poderia entender-se ser «...esta a ética do Estado-de-Direito social chamado a elevar com a sua teleologia interventora e conformadora, as condições de vida a pretensão de direito ou, como diz expressivamente

---

[453] Neste sentido, CARLOS DE MIGUEL PERALES, *La Responsabilidad Civil por daños al medio ambiente, cit.*, pág. 260.

F. Werner, a impor ao Direito e ao Estado o dever de indemnizar cada um pelos golpes do destino – "o destino como prejuízo juridicamente accionável», o destino como «problema jurídico e não mais só problema teológico, filosófico e histórico?»[454]. E, prosseguindo nesta mesma linha interrogativa, deixava a pergunta sobre se «...um sistema social de indemnização de danos segundo apenas o princípio final não está exactamente nesta linha?»[455]. Ora, o autor em causa, na sequência da análise então por si mesmo levada a efeito, reconhecia que o «...Estado-de-Direito Social, porque indefectivelmente também Estado-de-Direito, não pode transformar-se numa gigantesca empresa de seguros ou dispensador amoral de benefícios de uma gratuidade sem dor, sem deveres nem responsabilidade»[456]. A posição do autor cujo pensamento tenho vindo a acompanhar é sustentada a partir de considerações normativas de génese e de natureza internas. Não obstante, pelo menos parcialmente, penso serem as mesmas susceptíveis de, também no plano do nosso problema, serem equacio-nadas.

De facto, entre as desvantagens imputadas a este tipo de *fundo*, enquanto manifestação da figura dos fundos de limitação, encontra-se o facto de, para utilizar palavras do mesmo autor, embora proferidas noutro – mesmo que, bem vistas as coisas, não muito longe do presente – contexto «...conduzir a uma socialização do risco indesejável que tem, além do mais, como consequência a perda da finalidade preventiva»[457]. Mas o tom reservado que perpassa nestas palavras, a respeito de um sistema que procura acautelar e ressarcir danos, como com o IOPCFund sucede, pouca aplicação aqui deverá ter. É que, sem embargo da posição crítica exposta sobre as ideias que, afinal de contas, subjazem e justificam os *fundos de indemnização*, figura em que o IOPCFund é susceptível de, ao menos parcialmente, ser integrado, tal transposição só parcialmente será possível.

---

[454] "Boletim da Faculdade de Direito", Vol. LIII, Coimbra, 1977, pág. 386, posteriormente republicado em "Digesta" – Volume 1.º, Coimbra, 1995, págs. 480 e 481, neste último caso sob o título «Nótula a propósito do estudo sobre a responsabilidade civil de Guilherme Moreira».

[455] "Digesta" – Volume 1.º, Coimbra, 1995, págs. 481.

[456] CASTANHEIRA NEVES, "Boletim da Faculdade de Direito", *cit.*, pág. 389, posteriormente republicado em "Digesta" – Volume 1.º, *cit.*, pág. 481.

[457] Neste sentido, CARLOS DE MIGUEL PERALES, *La Responsabilidad Civil por daños al medio ambiente, cit.*, pág. 281.

A Indemnização dos Danos 185

Apenas, parcialmente, esclareça-se em todo o caso, porquanto, desresponsabilizar a posição do lesado, não podem esquecer-se as várias e, convenhamos, gravosas limitações à sua posição, enquanto titular do direito de indemnização, constantes das convenções assinaladas. Limitações quanto ao tipo de danos que tenha sofrido, limitações quanto ao montante máximo – que pode deixar de fora da indemnização importantes quantitativos – e, enfim, limitações quanto aos próprios lesados indemnizáveis. Como, também, não perder-se de vista decorrerem as mesmas de um documento no qual as preocupações jurídico-marítimas – não as de índole jurídico-ambiental – têm lugar de primazia, razão pela qual às actuações humanas ficam asseguradas largos espaços de actuações reconhecidas como exoneratórias.

42. Como quer que seja, a verdade é que a indemnização proporcionada pelo *fundo de limitação*, constituído nos termos do artigo V/3 da CLC/92, pode ser insuficiente – com frequência assim sucede – para suportar os múltiplos prejuízos que os lesados reclamam. Para fazer face a tal eventualidade, o IOPCF/92 proporciona complementos de indemnização. O seu artigo 2/1, alínea a) dispõe ser estabelecido um Fundo, para *Assegurar uma compensação pelos prejuízos devidos à poluição na medida em que seja insuficiente a compensação concedida pela Convenção de 1992 sobre a Responsabilidade.* Mas a intervenção do IOPCF não é apenas complementar das indemnizações pagas ao abrigo da CLC. De facto, o artigo 2/2 acrescenta que o Fundo tem o objectivo de «Atingir os objectivos conexos previstos na presente Convenção». E, na sequência do aqui estabelecido, as várias alíneas do artigo 4/1 contemplam a intervenção do Fundo nas seguintes três situações: (i) a CLC/92 não prevê para os danos ocorridos responsabilização, (ii) há incapacidade financeira do proprietário responsável pelos danos ou do seguro previsto no artigo VII da CLC/92 e (iii) os prejuízos verificados excedem a responsabilidade do proprietário conforme previsto no artigo V/1 da CLC/92. Esta convenção, em suma, resolve o mais grave dos problemas que a adopção de esquemas de indemnização baseados nos princípios tradicionais da responsabilidade civil objectiva, caso da limitação da indemnização a limites fixados imperativamente, suscita. Quero-me referir aos baixos limites, salvo culpa do proprietário do navio, sempre de muito difícil prova, previstos na CLC/92. Questão a solucionar, contudo, é a de saber qual o tipo de danos que o IOCPF/92 irá ressarcir. O papel de complemento que a IOCPF/92 tem,

186   *Poluição Marítima por Hidrocarbonetos e Responsabilidade Civil*

relativamente às indemnizações proporcionadas pela CLC/92, consoante o artigo 2/1, alínea a) da IOCPFund/92 mostra, determina, desde logo, uma resposta no sentido de entender que, como Organização com a finalidade de suprir eventuais insuficiências ressarcitórias da CLC/92, a IOCPF/92 dever limitar-se a seguir o conceito de dano da CLC/92. E, não há dúvida que, na verdade, o artigo 1/2 do IOCPF/92 remete para a definição de dano por poluição contida no artigo 1/6 da CLC/92, mantendo-se pois uma perfeita continuidade normativa entre as duas convenções em causa. Assim, não se trata tanto de indemnizar danos como de complementar essa indemnização.

Em todo o caso o artigo 4/1, 2.ª parte da alínea c) considerou dever dar uma definição de prejuízo por poluição de forma a contemplar a situação do proprietário do navio[458], preceituando que: *Para os fins do presente artigo serão considerados prejuízos por poluição as despesas ou os sacrifícios voluntários, razoavelmente efectuados pelo proprietário, para evitar ou reduzir prejuízos por poluição.* Nesta definição, para além de se estar perante uma definição com algo de circular, pois foi introduzido como elemento da definição o objecto a definir, ao dizer-se que são prejuízos por poluição as despesas efectuadas para evitar ou reduzir ... **os** prejuízos por poluição, prevê-se que as despesas ou sacrifícios voluntários efectuados pelo proprietário do navio também são danos por poluição e portanto ressarcíveis. Esta ampliação do conceito de dano ressarcível por poluição, ao dano sofrido pelo proprietário da embarcação, é potenciada pelo facto das medidas em causa não estarem sujeitas à restrição que o artigo 1/7 da CLC prevê no que respeita as medidas de salvaguarda isto é, fazer depender a sua ressarcibilidade da sua *razoabilidade*. O que, porém, deve ser entendido por razoabilidade é algo que só a prática dos tribunais poderá vir a concretizar.

Ao falar-se de complemento de indemnização, em primeiro lugar, tem-se em vista o aumento da quantia que, a título de indemnização pelos danos causados, irá ser paga ao lesado. Mas significa ainda, em segundo lugar, incluir entre os lesados cujos danos são ressarcíveis, os donos da mercadoria, cujo derramamento provoca os danos. Assim, como que reins-

---

[458] Sobre toda esta questão M'GONIGLE, ZACHER, *Pollution, Politics, and International Law, cit.* págs. 187 e segts., *passim.*

taura, nos particulares termos que já imediatamente a seguir irão ser expostos, a ideia de comunidade marítima ou, noutros termos, porventura de forma mais exacta, uma certa ideia de comunidade marítima. Nas várias alíneas do artigo 4/1 da IOPCF/92 indica-se em que condições serão atribuídos aos lesados indemnizações por danos por poluição. Ora, ao contrário do que sucede na CLC/92, na qual as lesões causadas são suportadas pelo proprietário do navio, na IOPCF/92 estas indemnizações são suportadas por fundos resultantes das contribuições dos donos das cargas transportadas. Esta ideia é expressa logo no 6.º considerando do protocolo de 1992 à convenção internacional para a constituição de um fundo internacional para compensação pelos prejuízos devidos à poluição por hidrocarbonetos, 1971, no qual se diz que as partes estão convencidas de que «...as consequências económicas dos prejuízos por poluição resultantes do transporte de hidrocarbonetos a granel por mar deverão continuar a ser partilhados pela indústria dos transportes marítimos e pelos importadores de hidrocarbonetos».

O que consta do citado considerando foi consagrado no respectivo articulado do IOPCF/92. Assim, o seu artigo 10/1 dispõe que as contribuições que lhe são devidas resultam do pagamento por qualquer pessoa que, no ano civil anterior, «...tenha recebido quantidades que, no total, sejam superiores a 150.000t». Ter-se-á assim que o sistema ressarcitório repousa na base de indemnizações pagas pelo proprietário do navio bem como pelo dono da carga, se bem que em momentos diferentes e em diversos contextos jurídicos. No primeiro caso, as indemnizações são pagas *directa e imediatamente* pelo autor da lesão, tanto por a isso ter sido condenado como por ter constituído o fundo de limitação. Quanto ao dono da carga, paga de uma forma *indirecta e mediata*, colocando à disposição de uma organização internacional – o IOPCFund – meios que proporcionam a esta última o pagamento dos danos causados. Assim, como acima referi, de certa forma, reaparece uma certa ideia de comunidade marítima, mesmo que restrita a este tipo de danos. Com efeito, todos os intervenientes no transporte deste tipo de mercadorias, sejam os transportadores, sejam os carregadores, são convocados para dar a sua contribuição à indemnização dos danos ocorridos. Assim, os lesados acabam, bem vistas as coisas, por serem ressarcidos tanto pelo navio como pela carga. Acresce que o próprio proprietário do navio, ele mesmo, pode ser considerado como lesado e, como tal, ser indemnizado pelos danos que tenha sofrido.

188   *Poluição Marítima por Hidrocarbonetos e Responsabilidade Civil*

Para além do que precede, em que, rigorosamente não pode falar-se de alargamento da possibilidade de indemnização a outras realidades que não as já contempladas na CLC/92, a verdade é que o Protocolo de Londres, de alteração à Convenção Internacional para a Constituição de um Fundo Internacional para a Convenção pelos Prejuízos Devidos à Poluição por Hidrocarbonetos, manteve a noção inicial de dano por poluição que já resultava da CLC/69. Da mesma forma, deixou inalterado o esquema de responsabilidade civil traçado na mesma CLC/69, no que toca agora às situações que entende não deverem serem ressarcidas. Quer isto dizer que o alargamento das indemnizações proporcionado pelo IOCPFund não tem a ver com o aparecimento de situações, porventura não contempladas nas CLC/92, mas aceites no quadro do IOCPFund. De facto, o aumento de recursos destinados a indemnizações destina-se ao completo ressarcimento de situações que, previstas na CLC/92, seriam insuficientemente ressarcidas com os recursos proporcionados pela CLC/92. A isso e apenas a isso se destina o aumento dos meios colocados à disposição do IOPCFund/92[459]. De resto, observa um autor[460], o IOPCF/92 adoptou uma orientação restritiva, recusando-se, como, de resto, já anteriormente sucedera com o IOPCF/71, a assumir o papel de uma espécie de seguradora geral para todas as situações de necessidade de ressarcimento de danos por poluição causada pelos derramamentos no mar, provenientes de navios, de hidrocarbonetos em que é chamada a intervir. Porventura na base de tal orientação, que inclui o entendimento da irressarcibilidade do dano ambiental, encontra-se o facto de inexistirem critérios susceptíveis de, duma forma objectiva e segura, proporcionarem a medida do custo de tal dano[461]. De resto, como já mais acima houve ocasião de mostrar, esse tipo de dificuldades começa com as próprias definições, no plano normativo, tanto de *meio-ambiente* como de *dano ambiental*.

---

[459] Pode, em todo o caso, a actividade jurisdicional, cujos critérios não coincidem, necessariamente, com os do IOCPF, condenar o IOCPF a satisfazer indemnizações que esta, em função da sua própria interpretação da convenção, não contemplaria. Nesta medida, poderá haver alargamento das situações indemnizáveis.

[460] RÜDIGER WOLFRUM, *Means of Ensuring Compliance with and enforcement of International Environment Law, cit.,* pág. 94.

[461] Aspecto referido por RÜDIGER WOLFRUM, in *Means of Ensuring Compliance with and enforcement of International Environment Law, cit.,* pág. 94.

A Indemnização dos Danos   189

43. No que a este respeito se refere, vale a pena determo-nos um pouco no caso da poluição por hidrocarbonetos causada por navios cuja identificação não foi possível (*unidentified ships*). Tem tanto maior interesse contemplar este tipo de situações quanto as mesmas, em boa medida, encontram-se na génese tanto do instituto dos *Fundos de Indemnização*, mesmo no plano puramente interno, quanto dos primeiros documentos jurídicos internacionais sobre a poluição marítima por hidrocarbonetos provocada por navios[462]. Ora, nesta matéria, a orientação que aparece afirmada é restritiva. Neste caso, não bastará dizer-se ter havido danos por poluição, sendo ainda indispensável ligar tal situação a um dado navio, mesmo que o mesmo não tenha sido identificado. O que precede tem relevante interesse no que toca à poluição decorrente da lavagem dos tanques de navios ou derrames ocasionais no alto mar, mas, em todo o caso ainda na zona económica exclusiva de dado Estado, já que a CLC, nesse espaço territorial ainda é aplicável. É que em tais situações, sendo indispensável ligar a poluição a dado navio, sendo a identificação do navio, de acordo com a orientação do IOPCFund, impossível[463], o ressarcimento do dano por poluição não ocorrerá. Ou seja o IOPCFund não garante a indemnização dos prejuízos por poluição provinda de navios não identificados[464]. Nesta questão, em todo o caso, tal como o preceito relevante – artigo 4/2, alínea b) da convenção do IOPCFund – se encontra redigido, não é seguro ser tal interpretação correcta. Na verdade, o preceito dispõe que o Fundo ficará desobrigado da obrigação de indemnizar *Se o reclamante não puder provar que o prejuízo é devido a um incidente envolvendo um ou mais navios*. Ou seja, não se vê que o IOPCFund imponha a identificação do navio poluidor[465].

---

[462] Neste sentido, M'GONIGLE, ZACHER, *Pollution, Politics, and International Law, cit.* págs. 186. Sobre tal documento – Projecto de Convenção de Washington de 1926 – GILBERT GIDEL, *Le droit International de la Mer*, Tomo I, Paris, 1981 (reimpressão) págs. 480 e segts., *passim*, ainda O'CONNELL, *The International Law of the Sea, cit.*, Volume II, págs. 999 e 1000.

[463] Introduzindo importantes precisões a esta regra em todo o caso, Chao Wu, *La Pollution du Fait du Transport Maritime des Hydrocarbures, cit.*, págs. 105 e segts., *passim*.

[464] CHAO WU, *La Pollution du Fait du Transport Maritime des Hydrocarbures, cit.*, pág. 233, nota n.º 251, na qual são apresentadas as razões dessa posição do IOCPF.

[465] Significativa a este respeito a decisão tomada na sessão do Comité Executivo de 7 de Maio de 2004, no caso do sinistro ocorrido em Março de 2003 no Bahreïn. Neste

190 *Poluição Marítima por Hidrocarbonetos e Responsabilidade Civil*

O que, realmente, a disposição em causa sanciona é a falta de prova de que se trata de um incidente marítimo e que a poluição ocorrida resulta do mesmo. Pelo que se for feita a prova de que a poluição ocorrida, embora de fonte desconhecida, provém, inequivocamente, de um navio, os danos são reparados. Pode, porventura, notar-se que, ao impor o ónus da prova ao lesado, o IOPCF afasta qualquer ideia de tratar-se de responsabilidade objectiva ou sequer de responsabilidade pelo exercício de uma actividade perigosa. Na verdade, em tais casos, seria ao IOPCFund que pertenceria o ónus da prova de não se tratar de incidente marítimo ou que, sendo-o, em todo caso, não se integrava na categoria daqueles que ao IOPCF pertencia ressarcir.

44. Em Londres, a 16 de Maio de 2003, entretanto, foi aprovada a constituição de uma outra organização internacional, abreviadamente designada por *Supplementary Fund*[466] (artigo 2/2), destinada a gerir um fundo que possa fazer face a situações em que os danos atingem tão elevadas proporções que os recursos do IOCPF/92 são insuficientes, de acordo com o constante do 4.° Considerando da Convenção do *Supplementary Fund*, para os ressarcir adequadamente em certas circunstâncias[467]. Trata-se de uma organização internacional à qual, *mutatis mutandis*, são aplicáveis as palavras que, mais acima, foram utilizadas para caracterizar o IOPCFund[468].

---

caso, as costas do país tinham sido poluídas por fonte desconhecida. As análises dos exemplares do hidrocarboneto em causa indicaram que as suas "impressões digitais" químicas correspondiam estreitamente a petróleo bruto do Iraque (Bassora). Segundo imagens de satélite e as análises das trajectórias da napa do petróleo, o derramamento teve, provavelmente lugar a 8 de Março de 2003, ou, aproximadamente, nesta data, na proximidade do terminal d'Al Ju'aymah, ao largo da costa da Arábia Saudita, mas as autoridades não conseguiram identificar o navio. Em todo o caso, apurado que a fonte do derramamento provinha de "navio", o Comité Executivo ordenou o pagamento – informação contida na informação de 23 de Março de 2005, relativa às sessões dos órgãos directores realizadas em Março de 2005; cfr., http://wwwispcfund-docs.org.

[466] Expressão abreviada de «The International Oil Pollution Compensation Supplementary Fund, 2003». Texto em Manuel Januário Gomes da Costa, *Leis Marítimas, cit.*, págs. 913 e segts; Portugal é aderente a esta convenção.

[467] O IOCPF tinha perante si os casos do «Erika» e do «Prestige» que, pelas suas proporções, não podia com os meios de que dispunha indemnizar devidamente.

[468] Cfr. supra nota 451 e nota 452.

De acordo com o artigo 4/1 do *Supplementary Fund*, este «...pagará compensações a quem quer que sofrer danos por poluição se essa pessoa não puder obter plena e adequada compensação para um dado pedido ocasionado por tal dano ao abrigo da Convenção do Fundo/92, por o dano total exceder ou estiver em risco de exceder o limite de compensação estabelecido no artigo 4, parágrafo 4 da Convenção do Fundo a respeito de um só incidente". Entretanto, por um lado, mantém-se a remissão para a definição de dano de poluição (7.° considerando da Convenção instituidora do *Supplementary Fund*). Por outro lado, mais importante ainda, a redacção do artigo 4/1 mostra que a concessão de uma indemnização ao abrigo do "Supplementary Fund" tem como pressuposto a concessão, pela IOCPF/92, de uma indemnização insuficiente, tal como reconhecida ao abrigo dos critérios do IOCPF/92, salvo decisão judicial já transitada em julgado[469].

Assim, a fixação de indemnizações mantém-se no quadro, já acima analisado, do IOCPF/92, ex artigo 1/8 do *Supplementary Fund*. De resto, o artigo 4/2, alínea a), sempre do *Supplementary Fund*, não deixa de limitar o montante global, decorrente da soma da indemnização paga ao lesado ao abrigo do IOCPF/92 e do *Supplementary Fund*, de forma a que esse montante total não exceda a quantia mencionada de 750 milhões de unidades de conta. O fundo criado por esta convenção pretende garantir a possibilidade de todos os danos decorrentes de incidentes decorrentes da poluição marítima por hidrocarbonetos. De facto, segundo o seu sexto considerando, o fundo em causa procura garantir que as vítimas são totalmente indemnizadas pelas perdas e danos sofridos. Isto, em todo o caso não significa que os chamados danos ecológicos sejam ressarcíveis. De facto, o *Supplementary Fund* cria os meios que – não falando já nos do fundo de limitação constituído pelo proprietário do navio – adicionados aos já constantes do IOCPFund, lhe permitam fazer face a todos *(in full)* os pedidos de ressarcimento de danos que lhe sejam apresentados. Além disso, já anteriormente o quarto considerando aceitara que os meios proporcionados pelo IOPCFund podem ser insuficiente em certos casos (...insuficient to meet compensation needs in *certain circumstances*...). Mas, aumentando embora os seus recursos financeiros, não alarga o con-

---

[469] «...decision of a competent court binding upon de 1992 Fund not subject to ordinary forms of review...».

192 *Poluição Marítima por Hidrocarbonetos e Responsabilidade Civil*

ceito de *dano de poluição* que, por explícita indicação da convenção do *Supplementary Fund,* continua a não prever a possibilidade de ressarcir o chamado dano ecológico. Dir-se-á, de resto que, mesmo com este aumento de recursos não é seguro se será possível indemnizar em caso de sinistro todos os danos ocorridos[470]. Ora, em boa medida, o que pode explicar o aumento quantitativo dos pedidos apresentados à IOPCFund, é a convicção de que o dano ecológico deve ser, ele igualmente, susceptível de reparação. Assim, direi por fim, agora em conclusão, o paradigma do que denominarei o sistema CLC/IOCPFund continua ser o jurídico-marítimo, não sendo certas expressões do preâmbulo, de resto, não constantes do articulado, susceptíveis de lhe conferir, mesmo que minimamente, uma qualquer dimensão jurídico-ambiental.

---

[470] Igualmente cépticos sobre tal possibilidade, CARBALO CALLERO, TORRES PEREZ, *Aseguramiento de la responsabilidade civil por contaminación marina: la intervencion de los clubs de P & I,* in "Estudios sobre el Régimen Jurídico de los Vertidos de Buques en el Medio Marino", Navarra, 2006, pág. 504, nota 62.

CAPÍTULO V
Aspectos de Direito Internacional Privado

45. A leitura das disposições da CLC mostra não ter sido esquecida na mesma a necessidade de regular os aspectos relativos à sua aplicação no espaço. Com efeito, dispersos ao longo do articulado da convenção, o intérprete encontra preceitos que se ocupam dessa faceta do fenómeno da poluição marítima, designadamente da causada por hidrocarbonetos, tanto no que respeita à determinação da lei aplicável como no que concerne ao apuramento do tribunal competente. A disciplina uniforme não é, contudo, completa – para além das próprias opções no que toca ao âmbito de vigência espacial da convenção, em termos porventura deficientemente disciplinados, por si só, poderem dar lugar a situações de delimitação algo difíceis. A jurisprudência, na qual avulta a do *Amoco Cadiz,* não sendo numerosa, não é arrimo seguro para o seu exame. Em suma, a regulamentação vigente pode ser fonte de não poucas dificuldades. Objectivo do presente estudo é, tendo sempre presente os estudos já existentes nesta matéria, proceder ao seu exame, constituindo, em suma, um contributo para a sua abordagem.

Há dez anos, aproximadamente, um autor, ocupando-se da temática jurídico-ambiental, observava que, no plano do direito internacional privado, seria oportuna uma intervenção do legislador internacional, sendo que a mesma «...preencheria um vazio jurídico pouco mais ou menos total»[471]. Quando muito, notava um outro escritor, poderia citar-se o caso do artigo 138.° da *Lei Suíça de Direito Internacional Privado*[472]. Não se

---

[471] PIERRE BOUREL, *Un Nouveau Champ d'Exploration Pour le Droit International Privé Conventionnel: Les Dommages Causés à L'Environement,* in "L'Internationalisation du Droit, Mélanges en l'honneur de Yvon Loussouarn", Paris, 1994, págs. 93 e segts., e em especial para a citação, pág. 97.

[472] CHRISTIAN VON BAR, *Environmental Damage in Private International Law,* Vol. 268, pág. 361.

194 Poluição Marítima por Hidrocarbonetos e Responsabilidade Civil

diria algo de diferente se, porventura, colocada a questão em sede de direito internacional privado português. Não obstante, esta temática, não desconhecida pela jurisprudência portuguesa[473], tem sido ultimamente objecto do interesse da doutrina. Em Janeiro de 2004, António Marques dos Santos ocupou-se do caso *Amoco Cadiz*[474], na perspectiva dos conflitos de jurisdição, e, num estudo publicado no ano seguinte, Rute Saraiva, voltou a dedicar à jurisprudência emergente desse caso a sua atenção. Compreende-se a atracção que ao internacionalista, designadamente o de direito privado, a sua temática em geral desperta e, nesta medida, o interesse que, no caso do *Amoco Cadiz*, suscitam os aspectos jurídicos aí presentes pertinentes ao âmbito do direito internacional privado. Os mesmos respeitam ao apuramento da responsabilidade civil e consequências inerentes de um factualismo de poluição marítima causada por hidrocarbonetos ocorrido nas águas territoriais francesas, apresentado e decidido nos tribunais norte americanos. Por tal motivo, o tribunal, duma ou doutra forma, forçosamente, teve ante si temática conexa com questões atinentes tanto a conflitos de leis como a conflitos de jurisdição. De facto, assim veio a suceder pelo que, também para o internacionalista, as sentenças proferidas neste caso oferecem manifesto interesse. No seu trabalho, na parte que do mesmo se ocupa, Rute Saraiva sustentou ter o tribunal, nesse caso, aplicado «...a lex fori com base na dificuldade de prova do Direito estrangeiro aplicável (direito francês a título de lex *loci delicti comissi*) e no carácter facultativo *(fakultatives/dispositives internationales Privatrecht)* da norma de conflitos referente à responsabilidade extra contratual». Esta atitude é considerada pela mencionada autora como constituindo «...discriminação habitual do direito estrangeiro apesar do juiz reconhecer que a

---

mente, igualmente, SHYNIA MURASE, *Perspectives from International Law on Transnational Environment Law,* "Recueil des Cours", Vol. 253, pág. 304, nota de rodapé n.º 19, havia posto em destaque a importância do mencionado artigo 138.º da mencionada Lei Suíça.

[473] Esta problemática, foi também, embora de forma não central, objecto do interesse do Acórdão da Relação de Lisboa, já mais acima objecto da nossa atenção em mais do que uma oportunidade.

[474] ANTÓNIO MARQUES DOS SANTOS, *Breves notas sobre o Direito Internacional Privado do Ambiente,* in "Estudos em Homenagem ao Professor Doutor Jorge Ribeiro de Faria", Coimbra, 2003, págs. 167 e segts., republicado em "Estudos de Direito Internacional Privado e de Direito Público", Coimbra, 2004, págs. 131 e segts; para o caso *Amoco Cadiz,* respectivamente, págs. 184 e 185 e 148/149.

lei dos Estados Unidos não pode ser considerada como a *proper law of the tort*»[475]. Tanto neste último trabalho, de resto, de propósitos mais vastos, como, aliás, no citado estudo de Marques dos Santos, cuja influência nas ideias de Rute Saraiva me parece, de resto, visível, o respectivo proscénio não é ocupado pela consideração da jurisprudência *Amoco Cadiz* em toda sua extensão, mas apenas pela decisão proferida pelo Tribunal de Chicago. Esta, contudo, por importante que seja, está longe de esgotar toda a temática internacional privatística emergente dos factos ocorridos com o navio--tanque *Amoco Cadiz*[476]. Não obstante, essa sentença – pelas muito especiais circunstâncias factuais que rodearam os factos de que se ocupou, pelo contexto jurídico em que estes se desenvolveram, designadamente, pela atenção dada pelos *media* a situações deste tipo, pelas numerosas e difíceis questões jurídicas que suscitaram e, enfim, pela sua novidade – acabou por tornar-se um marco inevitável para o cultor tanto do direito do meio ambiente como para o do direito internacional privado marítimo, constituindo, em suma, para qualquer das ditas disciplinas, um verdadeiro *leading case*[477]. Tanto por esse motivo, como pelo facto da respectiva factualidade emergir dum incidente de derramamento no mar de hidrocarbonetos, justifica-se uma consideração pormenorizada da problemática de direito internacional privado em geral como, igualmente, da respeitante a esta temática, presente na jurisprudência *Amoco Cadiz.*

A verdade é que, em boa medida, este caso é dos que mais aspectos de direito internacional privado, no campo da poluição marítima, suscita. Isto é de tal forma assim que essas várias decisões são centrais na proble-

---

[475] RUTE SARAIVA, *Direito Internacional Privado, Responsabilidade e Ambiente*, "Estudos em Memória do Professor Doutor António Marques dos Santos", Coimbra, 2005, Volume I, pág. 668.

[476] Nada, v.g., é dito sobre a acção proposta pela Amoco Cadiz contra os estaleiros espanhóis Astilleros, na qual essa entidade procurava que o Tribunal se considerasse incompetente por força da figura do *forum non conveniens*. Manifestamente, como de resto, SHYNIA MURASE, *Perspectives from International Law on Transnational Environment Law, cit.*, pág. 378, nota, «Era evidente que o Tribunal estava decidido a juntar todos os processos emergentes deste complexo contencioso num foro, considerando que não havia nenhum simples foro alternativo que se mostrasse mais apropriado que qualquer outro».

[477] Sobre o conceito de *leading case*, LARENZ, *Metodologia da Ciência do Direito*, tradução portuguesa da 2.ª edição alemã, Lisboa, Edição da Fundação Calouste Gulbenkian, Lisboa, 1978, pág. 484.

mática do que poderá, porventura, ser denominado direito internacional privado da poluição marítima por derramamento de hidrocarbonetos no mar. Compreende-se, pois, que na realização do desiderato objecto do presente capítulo, as subsequentes observações tenham como ponto de partida e de observação privilegiado desta temática a apreciação deste caso[478], relativamente ao qual, em todo o caso se justifica, duas advertências. Antes de mais, a jurisprudência *Amoco Cadiz* não se reconduz apenas à decisão do Tribunal Distrital da Chicago de 11 de Janeiro de 1988[479]. Na verdade, também, deverá ser tida em consideração a posição do Tribunal de Apelação dos Estados Unidos, de 24 de Janeiro de 1992[480], que precisa e, em certos aspectos, esclarece as soluções do Tribunal de 1.ª Instância de Chicago. Em seguida, observo ainda, será a partir do ponto em que os trabalhos acima assinalados deixaram a análise do presente tema, que o mesmo será aqui retomado com a atenção que, simultaneamente, carece e merece. As considerações subsequentes ocupar-se-ão, respectivamente, dos conflitos de leis e dos conflitos de jurisdição.

46. No que respeita à disciplina relativa aos conflitos de leis, terá de ter-se em atenção o papel, respectivamente, da *lex loci delicti comissi*, da *lex causae* e enfim, da *lei da bandeira*. Começarei pela primeira. As relações jurídicas emergentes dos danos causados pela poluição decorrente do derramamento no mar de hidrocarbonetos não decorrem de relações de natureza jurídico-contratual. Assim, dir-se-á, a aplicação a este tipo de situações da regra clássica da *lex loci delicti*, parece impor-se por si mesma. Quanto à CLC, qualquer que seja a versão que se tome em consideração, embora omissa a esse respeito, ao criar como critério de atribuição de competência internacional directa um foro delitual (*forum delicti*

---

[478] Assinale-se, entre as mais interessantes análises a partir desta perspectiva, as judiciosas considerações feitas por ANDREAS LOWENFELD no seu curso geral de Direito Internacional Privado proferido na Academia de Direito Internacional de Haia, "Recueil des Cours", intitulado *International Litigation and the Quest for Reasonableness,* 1994, Vol. 245, págs. 129 e segts.

[479] United States District Court, Northern District Court of Illinois, Eastern Division, de 11 de Janeiro de 1988: In re oil spil by the «Amoco Cadiz» off the coast of France, on March, 16, 1978. Sentença publicada in "Il Diritto Marittimo", Anno XCI, págs. 876 e segts.

[480] United States Court of Appeals, Seventh Circuit, 24 de Janeiro de 1992. In re oil spil by the «Amoco Cadiz» off the coast of France, March, 16, 1978. Texto publicado em "Il Diritto Marittimo", Ano XCV, págs. 1160 e segts.

comissi), parece possível sustentar-se ter-se a mesma orientado nesse sentido. Como quer seja, a verdade é que nada se opõe a uma construção que sujeite um caso como o presente à aplicação da dita regra. A única dúvida que se suscita é a de saber o que deveria ser entendido como *lugar da conduta*. A separação do lugar da conduta do dos efeitos da conduta lesiva é tema recorrente na temática do direito internacional privado, dando lugar a numerosas tentativas para a determinação das duas e, bem assim, para a determinação do lugar de prática do acto ilícito[481]. Contudo, ocorrendo a prática do acto ilícito em sede de ilícito ambiental, as coisas podem adquirir outras configurações. Importante posição doutrinária, após relembrar que «A determinação do lugar da conduta nem sempre é fácil», acrescenta que «...no campo da responsabilidade ambiental pode muito bem tratar-se de uma omissão de medidas de protecção ou da falta de previsão da possibilidade de concretização de um perigo, criado por conduta legal, e dos danos a serem subsequentemente ressarcidos com o auxílio de responsabilidade por *strict liability*. Em todos estes casos, essa é que é a verdade, não há, verdadeiramente, lugar da conduta»[482]. Acontecimentos com os do petroleiro *Amoco Cadiz* ilustram situações como as configuradas por Christian von Bar. Na verdade, não fossem as várias tergiversações ocorridas – e as mesmas verificaram-se na sede, em Chicago, da Standard Oil – talvez, porventura, tivesse sido possível evitar o sinistro ou, ao menos, reduzir as suas consequências e respectiva expressão quantitativa. Precise-se, em todo o caso, o que está em causa. Ao falar-se, como o faz Von Bar, em *omissão,* não se quer tão só aludir a um evento naturalístico, *não normativamente* considerado que, omitido embora, devesse ter sido praticado. A ser assim, um preceito como, v.g., o do artigo 45.°/1, 2.ª parte CC, ao dizer que «...*em caso de responsabilidade por omissão, é aplicável a lei do lugar onde o responsável deveria ter agido»*, solucionaria a questão. De facto, porventura ocorrido em águas marítimas portuguesas um acidente marítimo como v.g. o do *Amoco Cadiz*, o direito internacional privado português remeteria para a lei do lugar da omissão, seguindo-se, assim, a solução doutrinária semelhante à afirmada pelo Tribunal de Chicago. A ver-

---

[481] Luigi Ferrari Bravo, *Il Luoco di Commissione dell'Illecito nel Diritto Internazionale Privato,* "Rivista di Diritto Civile", 1961, pág. 85, nota não se encontrar mesmo em codificações recentes a definição de «lugar de prática do ilícito».

[482] Von Bar, *Environmental Damage in Private International Law, cit.,* "Recueil des Cours", *cit.,* pág. 365.

dade é que uma disposição como a do 45.°/ 1, 2.ª parte, CC, tem em consideração que dado facto, já tão previsível como exigível em concreto, vê a sua ilicitude depender do local onde foi praticado[483]. Mas já não pretende pronunciar-se quanto a saber a que lei deve ser sujeita a criação de uma situação de perigo que, admita-se, só de forma abstracta existe, ou seja, em caso da possibilidade de criação de um perigo potencial. Isto é, está em causa a determinação do direito que irá reger a questão da determinação da perigosidade de dada conduta.

Num caso destes, a doutrina adverte para o facto do «...ponto de partida *(the starting point)* da responsabilização ser, não a conduta de um dado responsável, antes a percepção do insuficiente controlo de um processo potencial perigoso. O primeiro lugar possível de conexão, consequentemente, é aquele em que o perigo potencial, em termos abstractos, relativamente ao qual surge a responsabilização, começa a cristalizar-se, relativamente aos bens danificadas»[484]. No caso de danos causados por derramamentos de hidrocarbonetos como o ocorrido com o navio tanque *Amoco Cadiz*, é possível sustentar que a percepção da possibilidade de um acidente e dos respectivos danos começa quando se tem, ou deve ter, a consciência da própria inavegabilidade do petroleiro em causa[485]. Ora, a percepção de uma tal situação não surge apenas quando ocorre dado aci-

---

[483] Para uma consideração da norma do artigo 45/2 CC, no âmbito jurídico ambiental, KATIA FACHIA GÓMEZ, *La Contaminacion Transfronteriza en Derecho Internacional Privado*, Barcelona, 2002, páginas 166 e segts., *passim*.

[484] CHRISTIAN VON BAR, *Environmental Damage in Private International Law, cit.*, "Recueil des Cours", *cit.*, pág. 366. Em sentido semelhante, HANS STOLL afirma que em dados casos «...o perigo causador de dano começou já por se materializar no estado do local da sede da actividade», pelo que «...o ponto de ligação não é um determinado comportamento do responsável, mas sim o início da materialização do perigo, ou seja, um resultado primário que não pode ser separado de forma razoável do sucesso eventual da infracção ao interesse protegido pela lei», *Zweispurige Anknüpfung von Verschuldens-und Gefährdungs im internationales Deliktesrecht?, Konflikt und Ordnung,* "Festschrift für Murad Ferid", München, 1978, pág. 397 e segts. e, em particular págs. 403 e segts.

[485] Na decisão United States Court of Appeals, Seventh Circuit, de 24 de Janeiro de 1992 (supra nota 10), o Tribunal escreveu que «A condição de inavegabilidade do navio resultou da omissão em exercer cuidado razoável na manutenção e operação do navio», isto após reproduzir, em sentido aprovativo, a afirmação do Tribunal de Chicago, segundo a qual «A negligência da AIOC na execução em termos razoáveis da sua obrigação de manter e reparar o sistema de lemes do navio foi a causa próxima da avaria no sistema no dia 16 de Março de 1978, encalhe do navio e poluição daí resultante».

dente mas, de certo modo, logo no momento do início da viagem. Este critério tem em vista o caso de transporte de mercadorias em trânsito, susceptíveis de causar graves danos no meio ambiente[486]. No caso do *Amoco Cadiz,* todas estas características estavam presentes, pois trata-se de mercadoria habitualmente em trânsito, é conhecida a sua importância e, enfim, os hidrocarbonetos, pela sua composição e efeitos em caso de entrada no meio marinho são produto poluente por excelência, sendo o seu derramamento, normal e invariavelmente, fonte de elevados danos. Por último acrescente-se, o proprietário do *Amoco Cadiz,* não obstante saber que o petroleiro se encontrava à deriva em mar tempestuoso, nada fez para apressar a celebração de um contrato de assistência e salvação de forma a evitar o acidente e as respectivas consequências.

Ora, a meu ver, a compreensão da *lex loci delicto comissi* do modo que acaba de ver-se, permitirá abarcar situações em que o dano por poluição tem presença, tanto na vertente da descoberta do causador dos prejuízos – o que abarca, igualmente, o apuramento do seu grau de responsabilidade na sua produção – como na da determinação da sua respectiva expressão, quer se trate da dimensão quantitativa quer esteja em causa a qualitativa.

47. Afirmou-se, em todo o caso, que neste caso, «...imperou a *lex favor laesi* em contraposição com do declínio da *lex loci delicti comissi*»[487]. Não é seguro que assim tenha sido. Nesta afirmação não vai ignorado que o direito, quando confrontado com conflitos de leis «...não funciona realmente independentemente de juízos de valor e, de facto, nem mesmo luta contra essa tendência. O direito internacional privado numa variedade de regras explicitamente toma posição a favor de certos resultados jurídicos e expressa a sua posição através da ligação com sistemas jurídicos alternativos»[488]. Com estas palavras, Christian von Bar, invocando Kegel[489], parece aceitar uma visão da solução do caso *Amoco*

---

[486] Von Bar, *Environmental Damage in Private International Law,* "Recueil des Cours" *cit.,* pág. 376.

[487] Rute Saraiva, D*ireito Internacional Privado, Responsabilidade e Ambiente, cit.,* pág. 669.

[488] Von Bar, *Environmental Damage in Private International Law,* "Recueil des Cours", *cit.,* pág. 372.

[489] Von Bar, *Environmental Damage in Private International Law,* "Recueil des Cours", *cit.,* pág. 372, nota n.° 243.

200 *Poluição Marítima por Hidrocarbonetos e Responsabilidade Civil*

Cadiz, como resultando de uma eventual eficácia normativa do princípio do *favor laesi*[490-491]. Como quer que seja, no entanto, é duvidoso que, na sentença do Tribunal de Chicago, essa tendência possa ser detectada. Lê-se, é certo, na mesma que «As exigências da vida civilizada e as leis da vida civilizada e da razão e da lógica comuns a todas as nações, incluindo a França e os Estados Unidos, resultam no *favorecimento* **da vítima** que tem direito à indemnização após ter invertido o ónus da prova da causalidade directa» (itálicos meus). Mas não creio que esta passagem permita .levar à conclusão que uma ideia de *favor laesi* transpareça aí. Na verdade, o tribunal não identifica – menos ainda de forma normativa – um qualquer *favor laesi*, para além dos termos tradicionais dos quais resulta ter qualquer lesado direito a ser ressarcido dos danos por si sofridos, sem culpa sua. Isto, e é tão só isto o que o tribunal norte-americano afirma, é insuficiente para encontrar aqui a influência – e, menos ainda em termos normativamente vinculativos – do mencionado princípio.

De facto, o *favorecimento da vítima*, – utilizando a expressão da decisão do tribunal de Chicago – só funciona, após o lesado ter feito a prova dos danos e da culpa do autor da lesão, solução esta tradicional, nada de novo acrescentando à forma como o instituto da responsabilidade civil extra--contratual procura tutelar a posição do lesado. Assim, com a expressão *favoring the victim*, o tribunal norte americano não está a afirmar um qualquer princípio juridicamente aplicável e autónomo, relativamente a outro, que impusesse ou, ao menos, que permitisse soluções ou resultados próprios, com supremacia relativamente aos que já decorrem do funcionamento normal dos elementos constitutivos da responsabilidade civil extra--contratual tornada aplicável por força dos elementos de conexão normalmente aplicáveis.

Muito mais simplesmente e de forma limitada, afirma a regra tradicional no que respeita à repartição do ónus da prova em sede de responsabilidade civil extra-contratual[492]. De facto, a este respeito, o que a

---

[490] É, entre nós, o caso de RUTE SARAIVA que afirma: Ou seja, imperou a *lex favor laesi* em contraposição com o declínio da *lex loci delicti*, *Direito Internacional Privado, Responsabilidade e Ambiente, cit.*, pág. 669.

[491] Escreveu-se "parece" porque, mais adiante, VON BAR nota que temos de nos voltar para os interesses do réu e de nos interrogarmos se o ónus da prova do autor da lesão,combinado com o *favor laesi*, pode justificar-se», CHRISTIAN VON BAR, *Environmental Damage in Private International Law*, "Recueil des Cours" *cit.*, pág. 372.

[492] Para o direito português, artigo 487/1 CC.

sentença faz, não é mais do que dizer que «As exigências da vida civilizada e a razão e a lógica comum a todos os homens ditam que o direito de todas as nações incluído a França e os Estados Unidos, levam ao favorecimento da vítima que tem o direito de ser indemnizada, desde que proceda à prova do dano que sofreu»[493]. Mas, acrescentarei em sentido contrário, a leitura do texto da sentença de 11 de Janeiro de 1988 mostra que certos danos que, eventualmente, um outro tribunal, competente em face da CLC/69[494] ou a outro título, atribuiria, não foram reconhecidos como ressarcíveis no Tribunal de Chicago. É o caso do chamado *dano ecológico,* relativamente ao qual a sentença em causa nota que «...este reclamado dano está sujeito ao princípio da *res nulius* e não é ressarcível por falta de legitimidade de qualquer pessoa ou entidade para o reclamar»[495]. A meu ver, a actuação do tribunal, ao atribuir indemnizações superiores às que decorreriam da aplicação da CLC/69, ficou a dever-se a duas ordens de razões. Em primeiro lugar, ao facto do tribunal ter procedido ao chamado *piercing the corporate veil* ou à construção que vê na sociedade dominante o verdadeiro autor dos danos *(owner or operator)*[496], o que acaba por torná-lo responsável pelos danos, naturalmente, acabando por atrair toda a situação para o direito norte-americano. Em segundo lugar, porque, entre as vicissitudes ocorridas neste acidente, encontra-se uma tentativa de salvação, levada a cabo na sequência de um acordo de assistência e salvação fracassado, facto, que, também ele, deslocou este litígio da esfera da CLC. Mais adiante voltarei a este aspecto do nosso assunto. Por agora fique, tão só, a ideia, ainda a justificar[497], da

---

[493] É o seguinte o texto inglês da passagem citada: «the exigencies of civilized life and reason and logic common to all men dictate that the laws of all nations, including France and the United States, result in an favouring the victim, who is entitled to indemnification only upon meeting his or her burden of proof of proximate causation», sentença cit., págs. 880 e 881.

[494] Igualmente vigente em Portugal através da sua ratificação pelo Decreto-lei n.° 694/76, de 21 de Setembro. Texto em MANUEL JANUÁRIO DA COSTA GOMES, *Leis Marítimas,* Coimbra, 2004, págs 813 e segts.

[495] Cfr. passagem a este respeito, da sentença em causa, in "Il Diritto Marittimo", citado supra nota n.° 479, pág. 890.

[496] Para uma visão muito crítica da possibilidade de «percer le voile du pavillon», PIERRE BONASSIES, *La Loi du Pavillon et Les Conflits de Droit Maritime,* "Recueil des Cours", Vol. 128, págs. 522 e segts., *passim.*

[497] Cfr. infra n.° 49, b).

202   *Poluição Marítima por Hidrocarbonetos e Responsabilidade Civil*

natureza contratual deste tipo de acordos. Pelas razões expostas, a obrigação de indemnizar não pode ser ligada tão só ao acidente marítimo ocorrido, mas, igualmente, a factos e a uma prática que, sendo fontes da obrigação de indemnizar, também levam à concessão de elevadas indemnizações. Mas, de qualquer das maneiras, nenhuma dessas realidades tem a ver com uma ideia de *favor laesi*. A ser assim, como entendo, concluo ter o estatuto delitual sido atraído pelo estatuto contratual, particularmente no direito dos Estados Unidos[498], fenómeno há muito conhecido e examinado pela doutrina do direito internacional privado[499].

Neste contexto, é no facto do tribunal norte-americano ter sujeitado a situação em apreciação ao direito norte-americano – não obstante, como o reconhece, não ser esse direito o integrador da *proper law of the tort* – que terá de ser procurada e encontrada a explicação para o raciocínio do Tribunal de Chicago. Nesta medida, uma eventual vontade de afirmar um qualquer *favor laesi* ou uma qualquer intenção de, por esse motivo, não tomar em consideração a *lex loci delicti*, não poderá deixar de ser rejeitada[500].

48. Tanto António Marques dos Santos[501] como Rute Saraiva[502], entendem, nos acima citados estudos, ter o tribunal norte americano aplicado, neste caso, a lei do foro, falando-se, a este respeito, do carácter facultativo da norma de conflitos relativa à responsabilidade civil extra-contratual. Creio que, com tais palavras, consideram ter o tribunal tido em

---

[498] Nota LUIGI FERRARI BRAVO, *Les rapports entre contrats et obligations délictuelles en droit international privé*, "Recueil des Cours", Vol. 146, págs. 341 e segts., que «...a reacção contra o domínio da *lex loci delicti*, manifestou-se, sobretudo no plano da jurisprudência dos Estados Unidos», pág. 357.

[499] Nesta matéria, a importância do seguro de responsabilidade civil é bem conhecida. Ora, a submissão do acto ilícito à lei da sociedade dominante, considerada, esta também, como autora, leva a que o acto ilícito veja a sua estrutura ser influenciada pelo estatuto societário existente, sujeito este à lei do foro. Sobre a problemática das relações, em direito internacional privado, entre as obrigações contratuais e obrigações extra-contratuais, LUIGI FERRARI BRAVO, *Les rapports entre contrats et obligations délictuelles en droit international privè*, "Recueil des Cours", Vol. 146, cit., págs. 374 e segts., *passim*.

[500] FRIEDERICH JÜNGER parece ligar o comportamento dos autores neste processo a considerações ligadas à prática do *forum shoping*. Neste sentido, *Environmental Damage, in Transnational Tort Litigation,* Edited by Campbell McMachlan and Peter North, Oxford, 1996, páginas 201 e segts e, em particular, página 205, nota n.° 23.

[501] Cfr., supra nota n.° 474.

[502] Cfr., supra nota n.° 475.

conta a teoria das normas de conflito facultativas. Note-se, contudo, que nada nas sentenças proferidas, nomeadamente na do Tribunal de Chicago, permite essa conclusão[503]. Na verdade, a sua leitura mostra o trabalho de pesquisa da disciplina e do sentido da regulamentação do direito francês, confrontando-o e completando-o constantemente com a jurisprudência francesa tida por relevante. Coerente com esta posição, em seguida, o tribunal, de forma individualizada, examina questões de natureza processual relativas à legitimidade de organizações, tais como associações, nomeadamente se as mesmas têm legitimidade para vir a juízo reclamar os danos dos seus associados, após o que procede a uma análise casuística da ressarcibilidade dos múltiplos danos pedidos, emergentes do encalhe e naufrágio do *Amoco Cadiz*. Ora, em qualquer dos casos, o tribunal vai percorrendo as várias categorias de danos reclamados, e, permanentemente, evocando o estado do problema à luz do direito francês, tendo em conta o estado tanto da doutrina como da jurisprudência a, respectivamente, ter em consideração, sendo em função dos mesmos que são considerados ou não ressarcíveis os danos reclamados[504]. E, no que ao tribunal de recursos concerne, não foi diferente a sua forma de actuar[505]. Assim, a concessão

---

[503] Sobre tal tipo de normas, MARQUES DOS SANTOS, *As normas de aplicação imediata no Direito Internacional Privado*, Coimbra, 1991, págs. 60 e segts.

[504] A regra do serviço público, tempo e despesas dos funcionários públicos, despesas de eleitos locais, custos de viagens efectuadas, despesas com voluntários, ofertas a voluntários, custos de materiais e equipamento, custos da utilização de imóveis afectos a fins públicos, reposição da costa e dos portos, perda do desfrute, efeitos do adiamento da efectivação de investimentos, perda de imagem, reclamação da UDAF (Union des Associations de Famille du Finisterre) e dano ecológico.

[505] Dá-se um exemplo do que acaba de dizer-se. Colocado perante a questão da indemnização a conceder às forças armadas francesas, o «United States Court of Appeals, Seventh Circuit», diz o seguinte: A nossa questão, mais uma vez pertence ao direito francês ao abrigo do artigo 1382 do Código Civil. Permite este preceito que a vítima de um ilícito seja indemnizada dos custos dos salários das pessoas ocupadas na limpeza e outras despesas que a vítima sempre suportaria ("commited costs")?. Não há dúvida de que se a França tivesse contratado a Armada inglesa para limpar a costa, receberia de Amoco os pagamentos feitos ao Reino Unido». E, mais adiante, o Tribunal nota: «Dois casos interpretam o Código Civil de forma a conceder ao Estado Francês meios de recuperar os custos dos salários pagos aos empregados que reparam os danos causados por uma pessoa negligente». E, em seguida, o Tribunal norte americano cita e analisa criticamente esses dois casos, partindo de tal análise para a sua aplicação ao caso em exame (caso Amoco Cadiz); "Il Diritto Marittimo", ano XCV, pág. 1171.

204 Poluição Marítima por Hidrocarbonetos e Responsabilidade Civil

ou não da indemnização pedida ficou dependente da disciplina jurídica francesa a este respeito vigente à data do sinistro, disciplina essa que as jurisdições norte americanas, escrupulosamente, seguiram. Do que precede, não pode retirar-se que, a este respeito, os tribunais norte--americanos recusaram a regra da *lex loci delicti*. Haverá ocasião de ver que[506], quando muito, não a tiveram em conta totalmente. De facto, é possível distinguir, entre, por um lado, regras respeitantes ao comportamento das partes – as *conduct-regulation rules* – e, por outro lado, as relativas à reparação dos danos – as *conduct-destribution rules*. Ora, o tribunal, seguindo esta regra, ao aplicar as disposições legais do direito norte--americano relativas ao ressarcimento dos danos, procurou articulá-las com as disposições francesas tanto civis como administrativas. Assim, veio a aceitar – mesmo que, *ex post factum* – que a vontade das partes, enquanto elemento de conexão, também no domínio da ilícito extra--contratual, é susceptível de desempenhar papel de relevo[507]. Contudo, considerando a ordem pública norte-americana, certos danos que, porventura, seriam ressarcíveis face ao direito francês – caso, v.g., dos danos ecológicos – não foram tidos em conta. Assim, ao que penso, como quer que as coisas sejam perspectivadas, dizer que, ao abrigo da vontade as partes, se procedeu a uma escolha do direito norte-americano do que resultou a aplicação do direito norte-americano não abarca a totalidade da situação ocorrida. A meu ver, ainda que esta construção não tenha sido assumida dogmaticamente pelo tribunal, este último recorreu ao instituto da adaptação. A este respeito, ao que penso, fez a adaptação «...incidir directamente sobre normas materiais (...) do foro», para utilizar a dicotomia proposta na

---

[506] Cfr., infra a análise levada a efeito infra, em 49, *in excursus*.

[507] Esta mesma ideia pode ser afirmada em o direito português. A este respeito, LIMA PINHEIRO nota: «Uma vez que se trata de relações disponíveis, entendo que deveria ser amplamente admitida a escolha pelas partes do Direito aplicável às relações não voluntárias. Não vejo razão suficiente para limitar esta escolha quanto às ordens jurídicas estaduais que podem ser objecto de designação. Mas a escolha tem de ser posterior à ocorrência dos factos constitutivos e não pode prejudicar os direitos de terceiros». LUÍS DE LIMA PINHEIRO, *Direito Internacional Privado, Volume II, Direito de Conflitos, Parte Especial*, 2.ª edição, Coimbra, 2002, pág. 252. Repare-se que, neste caso, a doutrina considera que a escolha foi efectuada posteriormente à ocorrência do acidente. ANDREAS LOWENFELD, *International Litigation and the Quest for Reasonableness, cit.*, fala, a este respeito de «...a kind of *post hoc* part autonomy...», pág. 133; cfr. ainda notas 518 e 519.

doutrina portuguesa por Marques dos Santos[508]. Na verdade, a aplicação do direito norte americano à situação em apreciação, ocorreu em domínio factual, apesar de tudo, em boa parte circunscrito a aspectos norte-americanos, para cuja disciplina, bem vistas as coisas, o direito francês não tinha suficientes títulos que exigissem ou, ao menos, justificassem a sua inequívoca necessária aplicação com a, não menos imperativa, recusa do chamamento do direito norte-americano. Ora, como Marques dos Santos teve oportunidade de ensinar, neste método, a aplicação da lei estrangeira designada fica «...dependente do requerimento (*Antrag*) de qualquer dos interessados no pleito judicial ou, de um modo mais genérico, no diferendo submetido a qualquer órgão de aplicação do direito»[509].

De facto, os lesados franceses, autores na acção proposta, invocando a regra jurisprudencial norte-americana afirmada no caso Babcok v. Jackson, notaram que o lugar da ocorrência do acidente havia sido puramente acidental[510]. A isto acrescentaram o entendimento de acordo com o qual devia ser tomado em atenção o facto de parte das regras de comportamento a que, afirmavam, o acidente devia ser atribuído, terem sido elaboradas na sede da ré AIOC. Assim, o princípio, de acordo com o qual as regras de conduta a ter em atenção são as vigentes no local da ocorrência do facto gerador da responsabilidade civil foi complementado com o de que, igualmente, deviam ser tidas em atenção as regras elaboradas no lugar da sede da administração efectiva da sociedade lesante, qualquer que fosse a forma como essa administração se processasse, incluindo a de subordinação a interesses de grupo jurídico-económico. Daqui pode ser retirada a conclusão das partes terem, desde o início, invocado como aplicável o direito norte-americano, afirmação não aceite, em todo o caso, em toda a sua plenitude pelo tribunal. Nem a afirmação, constante da sentença do Tribunal de Chicago, segundo a qual «...o tribunal observa desde já, que o direito

---

[508] MARQUES DOS SANTOS, *Breves Considerações sobre a Adaptação em Direito Internacional Privado*, Separata dos "Estudos em Memória do Prof. Doutor Paulo Cunha", Lisboa, 1988, pág. 60.

[509] MARQUES DOS SANTOS, *As normas de aplicação imediata no Direito Internacional Privado, cit.*, pág. 61.

[510] Segundo ANDREAS LOWENFELD, *International Litigation and the Quest for Reasonableness, cit.*, pág. 132, «...os litigantes franceses, incluindo a própria República, defenderam a aplicação do direito norte-americano, sustentando que a França era meramente o lugar da ocorrência puramente fortuito...».

206 Poluição Marítima por Hidrocarbonetos e Responsabilidade Civil

relativo aos danos em França é substancialmente idêntico ao dos Estados Unidos...», altera este ponto de vista. Na verdade, ao enunciá-la, o tribunal mais não faz do que afirmar uma regra do *common law*[511], segundo a qual presume-se ser o direito estrangeiro idêntico ao do foro. Segundo Cheschire & North afirmam, «A não ser que o direito estrangeiro com o qual o caso está conectado for alegado pela parte que o invoca, então presume-se que é o mesmo que o direito inglês»[512]. O facto desta regra do *common law*, em todo o caso não seguida nos Estados Unidos, leva um autor a considerar que, de certa maneira, tal regra, aqui «...teve o efeito de uma espécie de autonomia das partes *post hoc*»[513]. A afirmar-se que as partes escolheram, ao abrigo da ideia da autonomia das partes, a lei aplicável à situação em causa, não se perde de vista um importante aspecto. A aplicação do direito norte-americano não tem para o tribunal norte-americano qualquer especial realce. De facto, por um lado, está a aplicar a sua própria norma de conduta e, por outro lado, pode aceitar-se terem as partes, tacitamente, pactuado o direito aplicável.

Ao afirmar que a lei escolhida pelas partes teve em atenção a vontade das mesmas de aplicar as chamadas regras de conduta ou, pelo menos, de conformarem-se com as mesmas, a doutrina acrescenta ter havido, neste caso, uma como que autonomia das partes *post hoc*. E, em consonância com tal forma de equacionar a situação, sugere mesmo a eventual possibilidade de bilateralizar tal regra de comportamento. De facto, após aceitar a decisão proferida pelo juiz de Chicago, afirmando que «...I believe this decision was correct...»[514], nota Lowenfeld esperar que «...o mesmo resultado fosse atingido se o petroleiro tivesse sido possuído, controlado e operado pelo Grupo Total/Compagnie Française des Pétroles e o acidente tivesse ocorrido nas costas do Maine, ou por aplicação do direito dos Estados Unidos ou por aplicação do direito francês»[515]. Isto, afinal de

---

[511] Segundo ANDREAS LOWENFELD, *International Litigation and the Quest for Reasonableness, cit.*, pág. 135 e, ainda, nota 297, esta regra é própria do direito inglês mais antigo, no entanto infra notas 512 e 513.

[512] CHESCHIRE & NORTH, PRIVATE INTERNATIONAL LAW, London, 1987, pág. 106.

[513] ANDREAS LOWENFELD, *International Litigation and the Quest for Reasonableness, cit.*, pág. 135, supra nota 3.

[514] ANDREAS LOWENFELD, *International Litigation and the Quest for Reasonableness, cit.*, pág. 134.

[515] ANDREAS LOWENFELD, *International Litigation and the Quest for Reasonableness, cit.*, págs. 134 e 135.

contas, significa o reconhecimento doutrinário de ter havido na solução do caso a preocupação do recurso a um mecanismo conflitual longe do das normas de conflito facultativas.

Resta, contudo, saber se uma tal bilateralização é aceitável. O exame desta questão é tanto mais indispensável quanto, ao justificar a solução dada, o juiz do Tribunal de Chicago limita-se a notar que os dois direitos (norte-americano e francês) são muito semelhantes, passando adiante sem mais. Como quer que seja, penso dever a resposta ser afirmativa. Num estudo sobre a responsabilidade por facto ilícito em direito internacional privado, Wengler teve ocasião de proceder à contraposição «...entre a *individualização da norma que atribui a responsabilidade* pelo dano e a *individualização da norma de valoração da conduta que fundamenta a antijuridicidade*[516] (itálicos de Wengler). Ora, a este respeito, nota o autor não coincidir a disciplina jurídica de cada uma das duas realidades individualizadas, necessariamente, podendo ser submetidas a diferentes direitos. Ora, acrescenta o ilustre internacionalista, desta distinção, entre outros, decorre o problema de apurar em que casos, para determinar a aplicação das normas de conduta, se deve «...recorrer ao direito estrangeiro»[517]. De facto, embora esse âmbito normalmente coincida, isso nem sempre sucede. No nosso caso, aplicando essa distinção, ter-se-ia que, embora a norma que atribui a responsabilidade pelos danos seja a norma norte-americana, a norma de valoração de conduta é a norma francesa. Em sentido semelhante, em estudo mais recente, na sequência da lição da doutrina norte-americana, Erik James, contrapondo as regras relativas ao comportamento e as regras concernentes à reparação dos danos – *conduct-regulation rules* e *loss-distribution rules*, respectivamente – veio considerar como sujeitas à *lex loci delicti*, tão somente as primeiras[518]. Assim, não admira que o tribunal, tendo aceite a lei francesa como contendo as ditas *conduct-regulation rules,* tenha, em seguida, entregue ao direito norte-americano a quantificação e, consequente pagamento aos lesados das indemnizações fixadas, confiadas, em

---

[516] *A responsabilidade por facto ilícito em direito internacional privado, Tentativa de uma nova construção,* Coimbra, 1977, pág. 18.

[517] WILHELM WENGLER, *A responsabilidade por facto ilícito em direito internacional privado, cit.,* 1977, pág. 19.

[518] ERIK JAYME, *Identité Culturelle et Integration: le Droit International Privé Postmoderne,* "Recueil des Cours", Vol. 251, pág. 213.

suma, às respectivas *loss-distribution rules* do direito norte-americano. Tudo isto, de qualquer forma, sem deixar de notar que só considera ressarcíveis certos danos. De facto, não obstante a afirmação de que os direitos norte-americano e francês são muito semelhantes, a verdade é que o tribunal aplica o direito francês considerando as valorações norte--americanas. Esta visão das coisas permite o enquadramento dogmático para o facto do tribunal do foro desta forma estar a colaborar com a aplicação de normas de conduta não nacionais, mormente de direito público. Com efeito, como um autor – Wengler – teve oportunidade de notar, «O princípio de que o Estado não deve cooperar indirectamente na aplicação coactiva de normas de conduta estrangeiras de direito público, satisfazendo, no caso da violação de tais normas, pedidos de indemnização de danos, não se opõe de modo algum a que o direito subjectivo à reparação dos danos, previsto numa lei estrangeira, também seja concretizado na ordem interna mesmo que a norma de conduta violada só adquira relevância nos quadros do direito privado estrangeiro»[519]. Mas esta justificação não é única. De facto, um autor já acima referido, Andreas Lowenfeld, prefere apontar para a existência de um princípio – *princípio de razoabilidade*[520] – que, segundo opina, enquanto elemento unificador das várias e múltiplas exigências normativas ou não que confluem neste tipo de questões, deve constituir a base dogmática para as soluções das questões jurídicas de natureza privada internacional. Este princípio – um verdadeiro princípio normativo – contudo não consiste apenas numa mera regra jurídico-normativa. Na verdade, Lowenfeld adverte que não se está perante o que poderia denominar-se uma *rule of reason*, tal como o direito *anti-trust* norte americano conhece[521]. Antes, se trata, no princípio da razoabilidade, de uma realidade que convida a pensar «...sobre se uma sociedade multinacional pode exonerar-se a si

---

[519] WILHELM WENGLER, *A responsabilidade por facto ilícito em direito internacional privado, cit.*, pág. 54.

[520] A ideia de razoabilidade, em termos normativamente vinculativos, aparece formulada em Asahi Metal Indus. Co. V Superior Court of Califórnia, decidido pelo United States Supreme Court em 1987. Sobre este caso, ANDREAS LOWENFELD, *International Litigation and the Quest for Reasonableness, cit.*, págs. 116 a 120 e HAROLD KOH, *International Business Transactions in United States Courts*, "Recueil des Cours", Vol. 261, págs. 139 e segts., *passim.*

[521] ANDREAS LOWENFELD, *International Litigation and the Quest for Reasonableness, cit.*, pág. 292.

mesma da responsabilidade operando através duma rede de subsidiárias e não pede uma resposta de sim ou não nesta matéria»[522]. Não será fácil definir o que, nesta forma de perspectivar as coisas, está em causa. Nota Lowenfeld que a realidade que pretende mencionar, refere-se «...a uma perspectiva partilhada do direito internacional – direito internacional privado, como aqui o definimos – expectativas razoáveis, laços genuínos, dever de avaliar e de ponderar, a distinção entre extensão da disciplina e conflito directo e entre conflito potencial e conflito efectivo»[523]. Se o critério proposto tem uma natureza indiscutivelmente jurídica, o certo é que a sua imprecisão harmoniza-se com alguma dificuldade com as exigências de uma norma de conflitos. E harmoniza-se tanto menos, quanto pretende prosseguir finalidades de bilateralização, de forma a permitir tratar a mesma situação, sempre da mesma forma. Trata-se, afinal de contas, de uma espécie de apelo à prossecução de um propósito de harmonia jurídica internacional, o que se justifica em função de «um propósito partilhado entre os que têm tradições jurídicas largamente comparáveis»[524]. Deve notar-se que o texto da sentença potencia tanto mais este especial modo de equacionar as questões em apreciação com passagens como a, já mais acima transcrita, relativa às exigências que, de acordo com a sentença, devem estar presentes no espírito do julgador neste tipo de preocupações normativas[525]. A verdade é que, se aplicados tais critérios, os mesmos permitiriam uma solução justificativa de, em situações como a do *Amoco Cadiz*, tribunais não norte-americanos aceitarem a responsabilização das sociedades multinacionais em termos iguais aos levados a efeito pelas jurisdições norte-americanas. Este, de resto, parece ser o objectivo em vista, como parece ressaltar da observação de acordo com a qual «Desejaria que o mesmo resultado fosse conseguido se o petroleiro fosse possuído, controlado e operado pelo grupo Total/Compagnie Française des Pétroles e o acidente tivesse ocorrido nas costas do Maine, seja por aplicação do direito dos Estados Unidos, seja por aplicação do direito

---

[522] ANDREAS LOWENFELD, *International Litigation and the Quest for Reasonableness, cit.*, pág. 293.

[523] ANDREAS LOWENFELD, *International Litigation and the Quest for Reasonableness, cit.*, pág. 294.

[524] ANDREAS LOWENFELD, *International Litigation and the Quest for Reasonableness, cit.*, pág. 295.

[525] Cfr., supra nota n.° 493.

francês»[526]. No contexto normativo vigente, porém, é difícil assegurar que assim possa ocorrer. Porventura, por não ignorar se assim, o autor em causa adverte que «Não é possível refugiarmo-nos numa regra universal tal como uma regra que visaria sempre a lei aplicável no lugar da actividade questionada ou a que visaria sempre a lei aplicável no lugar da constituição da sociedade em relação de grupo»[527].

Ora, da consideração conjunta destes dois princípios, isto é da ideia de possibilidade de concretização do direito à reparação dos danos mesmo num ordenamento estrangeiro e de um princípio geral de razoabilidade como ideia que domina o direito internacional privado e entendida nos termos propugnados por Lowenfeld, pode retirar-se a conclusão de que, em termos gerais, é possível proceder uma eventual bilateralização de uma norma como a criada no caso Amoco Cadiz. Mas, para uma resposta definitiva, será sempre necessário ter presente o quadro normativo em que, em cada caso, uma questão como a presente é susceptível de aparecer, pois a resposta terá necessariamente, de ter em conta esse dado quadro jurídico. Isto, naturalmente, sem esquecer os circunstancialismos concretos da situação que estiver presente.

49. A verdade é que o tribunal não teve em atenção a *lex loci delicti*, antes preferindo equacionar a questão a partir de outras ordens de considerações. Algumas têm a ver com as reservas que, a partir da decisão *Babcock* v. *Jackson*, passaram a acompanhar o referido elemento de conexão. Outras decorrem da forma como, neste caso, se procedeu à coordenação entre foro e *jus*. Por agora, contudo, terei em atenção, somente, as que se conexionam com a forma como se articulam as normas relativas, por um lado, à responsabilidade civil obrigacional e, por outro lado, à responsabilidade civil extra-contratual. De facto, numa averiguação levada a cabo sobre essas relações, afirmou-se que «...a regra em matéria de obrigações não contratuais aparece, pois, como uma regra residual destinada a operar em situações que não têm uma base sócio-económica que as conexione a outras regras de con-

---

[526] ANDREAS LOWENFELD, *International Litigation and the Quest for Reasonableness, cit.*, págs. 134 e 135.

[527] ANDREAS LOWENFELD, *International Litigation and the Quest for Reasonableness, cit.*, págs. 152.

flito»[528]. A ser assim, no nosso campo, ter-se-ia que o funcionamento da regra que sujeita o ilícito decorrente à regra da *lex loci delicti comissi*, só teria razão de ser, em caso de inexistência de regra de conflitos – ou regras – que conecte este tipo de situações, a dada situação jurídica ou a dada base económico-social, já pré-existentes. A aplicação da regra referida, apenas em tal caso se justificaria Assim, ter-se-á de, previamente, apurar se, no campo da nossa averiguação, igualmente, é assim. Para a sua aferição, considerarei algumas situações respeitantes à nossa temática, de forma a ver se a confirmar se, efectivamente, é assim. Ter-se-á, assim, em conta a determinação do direito aplicável aos conflitos de leis no âmbito dos grupos de sociedades (a), à salvação e assistência (b) à sub-rogação legal (c) e, enfim, à acção directa (d).

(a) Ao formular o seu pedido, os autores basearam-no no facto de, apesar do proprietário registado do navio ser a *Amoco Oil Transport Company,* o proprietário real ser a *Standard Oil Company,* através duma complexa rede de participações sociais[529]. Os autores, nesta colocação do problema, consideraram como aplicável o direito norte-americano, tendo o tribunal norte-americano vindo a dar-lhes razão. Na verdade, determinada a sua própria competência internacional directa[530], a primeira questão que o tribunal deveria ter em consideração era a da determinação de qual a lei que regeria a situação em causa. E, de facto, na sentença de 11 de Janeiro de 1988, o Tribunal de Chicago (Northern District Eastern Division) nota que: *Ao aplicar, como deve, o direito francês à questão dos danos, o tribunal observa desde logo que o direito dos danos em França é substancialmente idêntico ao direito dos Estados Unido»[531].* Já mais acima foi recordada esta passagem da sentença em causa. Mas justifica-se voltar a evocá-la no contexto, aqui em causa, da determinação da lei aplicável aos conflitos de leis relativos a sociedades e a grupos de sociedades. De facto, a observação acima transcrita não tem em vista senão a determinação de

---

[528] LUIGI FERRARI BRAVO, *Les rapports entre contrats et obligations délictuelles en droit international privé,* "Recueil des Cours", Vol. 146, *cit.,* pág. 365.

[529] Para a complexa rede de relações existentes entre as várias sociedades em causa neste caso, TITO BALLARINO, *Questions de Droit International Privé et dommages Catastrophiques, cit.,* "Recueil des Cours", *cit.,* págs. 342 e segts.

[530] Cfr., infra, neste capítulo n.º 51.

[531] Sentença citada, supra nota 45.

212   *Poluição Marítima por Hidrocarbonetos e Responsabilidade Civil*

quais os danos ressarcíveis. Não contempla o problema da determinação de quem é o responsável pelos mesmos. Ora, afinal de contas, o *direito dos danos em França* também inclui tanto a determinação de quem é o responsável como de quem são os lesados. Ora, no que concerne a qualquer destas duas dimensões, bem vistas as coisas, o tribunal não aplica o direito francês integralmente ou, porventura mais correctamente, aplica-o à luz dos seus próprios critérios. De facto, se assim tivesse sucedido, no que respeita ao responsável, teria sido convocada a CLC/69 e, como sua directa consequência, seria tão só responsabilizado – e de forma exclusiva – o proprietário do navio e, agora no que tem a ver com os lesados, teria, v.g., indemnizado o dano ecológico ou teria, na sua integralidade, ressarcido a "Union Departemental des Associations de Famille du Finisterre" (UDAF) o que, no entanto, se recusou a fazer[532]. Mas, considerando as razões que determinaram a aplicação do direito norte-americano, a aplicação do direito francês não era inequívoca, mesmo tendo o proprietário do *Amoco Cadiz* chegado a requerer a constituição do *fundo de limitação* no tribunal competente segundo a CLC/69 e tendo o tribunal deferido esse pedido.

Não obstante, não foi isso o que veio a suceder. Na verdade, a Standard Oil Company, actuando no quadro do direito norte americano, prosseguia a sua actividade social através de várias sociedades que, afinal de contas, todas dela dependiam em exclusivo[533], com sede em Chicago. Caso paradigmático é o da própria Amoco Oil Transport Company que, dispondo de um único activo – o navio-tanque sinistrado – de facto, pertencia, bem vistas as coisas, à Standard Oil Company, através da Amoco Transport Company. Aliás, a própria negociação do contrato de salvação e assistência do *Amoco Cadiz* foi levada a cabo na sede da Amoco Transport Company, em Chicago. Ora, foi tendo em consideração as consequências dessa vasta rede de participações sociais cruzadas entre as várias sociedades em causa, que o tribunal perspectivou a questão. Com efeito, conside-

---

[532] Sentença citada supra nota n.º 479, págs. 889/890.

[533] O petroleiro *Amoco Cadiz* pertencia à sociedade Amoco Transport Company; era explorada pela Amoco Oil Transport Company, ambas filiais da Standard Oil Company. De notar que o navio, construído sob a supervisão da Amoco Oil Transport Company, foi, em seguida, entregue à Amoco Tankers Company, que acabara por vender o navio tanque em causa à Amoco Oil Transport Company. Compreende-se, assim, que o tribunal aceitasse que, de facto, o navio pertencia à Standard Oil Company que, portanto, aceitasse ser a mesma demandada.

rou que a mesma, tal como desenhada pelas partes, centrava o *thema deci-dendi* da acção em apreciação em sede de responsabilidade civil de um grupo de sociedades e não apenas da responsabilidade civil da sociedade proprietária do petroleiro. E, consequentemente, entendeu que a responsa-bilidade civil em apreciação situava-se no campo da responsabilidade civil contratual, extravasando o âmbito delitual. Como tal, este aspecto acabou por vir a ser determinante na solução dada ao litígio.

Sobre esta faceta do problema, um autor notou o seguinte: «A ques-tão do direito aplicável ao problema da responsabilidade civil do grupo de sociedades não está livre de dúvidas. Nesta acção [a acção a pedir o ressarcimento pelos danos causados] com base na responsabilidade civil extra-contratual se o foro for o do Estado da sede da sociedade principal e o direito desse Estado responsabilizar civilmente a empresa, parece-me que o direito desse Estado deve ser aplicado, mesmo que o direito do local onde ocorreu o evento só responsabilize civilmente a subsidiária. Se, por outro lado, o direito do Estado onde ocorreu o prejuízo responsabilizar civilmente o grupo de sociedades, não creio que o direito do Estado da sua constituição ou do principal local da sua actividade comercial deva pro-porcionar um escudo»[534]. O resultado final alcançado será, assim, sempre o da responsabilização do grupo, quer se tenha em conta a proprietária do navio quer, por maioria de razão, o grupo de sociedades. É duvidoso que a CLC, ratificada pela França, e, portanto, como tal constituindo o direito francês aplicável, permitisse uma tão ampla possibilidade de demandar sociedades dominantes pelas dívidas das sociedades dominadas, ao menos pelos títulos referidos por Lowenfeld. De resto, ao posicionar-se a este res-peito, Lowenfeld nota que «Os leitores familiares com a literatura ameri-cana sobre conflitos de leis reconhecerão aqui a influência do Professor David Cavers»[535]. E, de facto, é visível na decisão em causa a pondera-ção, em função da mais adequada forma de responsabilizar civilmente o autor da lesão, dos vários direitos, potencialmente aplicáveis à situação em exame[536]. Ter-se-á assim, que a solução do direito norte-americano, para

---

[534] ANDREAS LOWENFELD, *International Litigation and the Quest for Reasonable-ness, cit.*, pág. 132.

[535] ANDREAS LOWENFELD, *International Litigation and the Quest for Reasonable-ness, cit.*, pág. 132, nota n.º 295.

[536] Sobre as ideias de David Cavers, MARQUES DOS SANTOS, *As norma de aplica-ção imediata no Direito Internacional Privado, cit.*, páginas 570 e segts., *passim*.

o problema da lei aplicável aos grupos de sociedades é, neste contexto, a *lex fori*. É claro que, ao abrigo do direito norte-americano, esta solução é tanto menos passível de críticas quanto os Estados Unidos não ratificaram a CLC não estando pois à mesma vinculados.

Equacionada a questão desta maneira e expostos os motivos que determinam a responsabilização da Amoco Internacional Oil Company (AIOC) e da Amoco Transport Company (Transport), surgem então em primeiro plano as razões para considerar-se haver responsabilidade civil da Standard Oil, relativamente aos danos verificados. De facto, a respeito desta sociedade, o tribunal, responsabilizando-a solidariamente com a AIOC e Transport, nota que «Como uma sociedade multinacional integrada (...) Standard é responsável pelos actos ilícitos pelas suas subsidiárias por ela totalmente participadas, AIOC e Transport. Standard exercia um tal controle sobre as suas subsidiárias AIOC e Transport que estas entidades terão de ser consideradas como meros instrumentos da Standard. Além disso, a própria Standard esteve inicialmente envolvida e controlou o design, construção, operação e administração do *Amoco Cadiz* e tratou esse navio como se fosse seu»[537]. Nesta medida, compreende-se que um autor – de forma, porventura mão inteiramente exacta – tenha afirmado que a «...lei francesa só foi tomada em consideração no que respeita à questão da legitimidade dos autores na acção de indemnização»[538] e que um outro tenha notado ter sido aplicado o direito norte-americano[539]. Dir-se-á, assim, em conclusão, que o afastamento da lei do lugar da ocorrência do facto gerador da responsabilidade civil, decorreu do facto do tribunal considerar que a mais correcta e a mais consistente ponderação dos factos em causa pressupor dever ser a situação em causa conectada à lei das sociedade da *lex fori*. Aliás, uma tal solução impunha-se, tanto mais quanto, nos termos já vistos a propósito da regra da canalização, é possível sustentar que o regime da CLC/69 tão só é aplicável ao proprietário do navio e não relativamente a outros eventuais responsáveis na eclosão

---

[537] Passagem extraída de ANDREAS LOWENFELD, *International Litigation and the Quest for Reasonableness, cit.*, pág. 134.

[538] ANTÓNIO MARQUES DOS SANTOS, *Breves notas sobre o Direito Internacional Privado do Ambiente, cit.*, "Estudos de Direito Internacional Privado e de Direito Público", *cit.*, 2004, pág. 149.

[539] TITO BALARINNO, *Questions de droit International Privé et Dormages Catastrophiques, cit.*, "Recueil des Cours", *cit.*, pág. 344.

Aspectos do Direito Internacional Privado 215

do evento lesivo. Ora, neste caso, haviam ocorrido outros factos que, ao menos em princípio, poderiam, eventualmente, fundamentar a responsabilidade civil desses outros intervenientes.

Excursus. O que precede deverá levar a ponderar que, ao menos no campo normativo em que o presente estudo se situa – o marítimo-ambiental – que, por certo, não se considerará dos menos irrelevantes no planos económico e social, dada a pressão quase inevitável de uma *public opinion*, cada vez mais sensível aos efeitos e custos *(externalities)* da temática ecológica, a consagração da *teoria da incorporação* não deixa os lesados desprovidos de uma protecção jurídica que, tenha-se em atenção, se encontra provida de uma indispensável dimensão patrimonial que lhe permite conferir relevância prática[540]. A aplicação da *teoria da incorporação*, em todo o caso, pode ter como inconveniente a entrega a essa lei da questão de saber quem deve ser considerado como titular de direitos indemnizáveis. A doutrina atribui essa competência à lei da sociedade dominada[541]. Esta solução, a meu ver, deve ser alargada também à determinação do conceito de dano indemnizável, dada a ligação entre estas duas realidades[542]. A jurisprudência *Amoco Cadiz*, como se viu, optou por entregar esse assunto à competência da lei da sociedade dominante, embora com o correctivo de procurar, de forma tendencial, ter em consideração a lei do Estado em que ocorreu o sinistro e ao qual, pelo menos tendencialmente, pertencem os vários lesados pelo mesmo.

Além disso, mostra, igualmente, que não podem considerar-se irremovíveis os obstáculos decorrentes da *dificultas praestandi* da sociedade-mãe. Nesta medida, pelo menos sempre neste sector, o mesmo, de resto, podendo dizer-se a respeito de qualquer das sociedades integradoras do grupo, a jurisprudência *Amoco-Cadiz*, mais acima examinada, é eloquente

---

[540] JOSÉ ENGRÁCIA ANTUNES, *Os Grupos de Sociedades Estrutura e Organização Jurídica da Empresa Plurisocietária*, 2.ª edição, Coimbra, 2002, pág. 246.

[541] Neste sentido, GIUSEPPE CASSONI, *Le droit international prive des groupes des societés. L'exemple italien pourrait devenir um modele?*, in "Revue critique de droit international prive", 1986, pág. 645.

[542] Ter-se-á uma ideia do problema e da importância prática que reveste se se tiver presente que, enquanto no caso do *Amoco Cadiz* os tribunais norte-americanos consideram não serem esse danos indemnizáveis, até porque, disseram, se estava em face de coisas *res nullius*, os tribunais italianos, no caso no caso do *Haven*, foram de opinião diferente já que entenderam ser esse ano ressarcível sendo seu titular o Estado Italiano.

no sentido de impedir escapatórias jurídicas – para além das que decorram dos factos ocorridos – que possibilitem que a sociedade-mãe, em casos como este, consiga a sua mais ou menos fácil desoneração da obrigação de indemnizar os lesados[543]. O que, porém, pode ser grave é o facto de, em normas jurídicas relativas ao regime internacional privatístico português de grupos de sociedades estar previsto um regime que, em casos como o presente, podem ser altamente nocivos em situações como a que aqui estudamos. Na verdade, como já foi advertido, o artigo 481/2, do CSC «faz depender a aplicação da lei portuguesa da circunstância de todos os intervenientes numa relação de coligação, e não apenas o sujeito passivo (sociedade participada, dependente, subordinada, ou totalmente dominada) possuírem a sua sede em território português (art. 481.°, n.° 2 CSC)[544].

Assim, se, porventura, ocorrido no território português um acidente marítimo como, v.g., o do *Amoco Cadiz*, uma disposição legal como a referida (o artigo 481/2, do CSC), destinada a impedir os efeitos da teoria da incorporação, afastaria a aplicação do regime constante do CSC em matéria de responsabilidade civil dos grupos de sociedades. Ora, esse regime jurídico permite que a sociedade dominante venha a ser solidariamente responsável com a sociedade dominada, pelas dívidas desta última. Assim, um eventual afastamento dessa disciplina, ao fim e ao cabo, acabaria por mostrar-se nociva para os lesados[545].

---

[543] Afastamo-nos, assim, do entendimento, em sentido diferente, a este respeito, de José Engrácia Antunes, *Os Grupos de Sociedades, cit.*, pág. 808, nota n.° 1580. De facto, a jurisprudência *Amoco Cadiz* teve como resultado evitar que os lesados apenas beneficiassem dos recursos do fundo de limitação – afinal de contas um "Ersatz" do navio – ampliando, pois, as possibilidades dos lesados verem os prejuízos por si sofridos, desde que judicialmente reconhecidos, devidamente ressarcidos.

[544] José Engrácia Antunes, *Os Grupos de Sociedades, cit.*, pág. 252.

[545] Compreende-se, pois, que um autor pondere: «...cumpre sublinhar que semelhante auto-limitação acaba por introduzir uma inevitável discriminação entre grupos nacionais e grupos estrangeiros (acabando por estabelecer para estes últimos um regime de favor em pleno território português) e das próprias filiais portuguesas entre si...», José Engrácia Antunes, *Os Grupos de Sociedades, cit.*, pág. 252. De facto, no nosso campo, enquanto uma sociedade portuguesa seria responsabilizada pelos danos causados por uma sua filial proprietária de um navio poluidor, o mesmo não aconteceria se se tratasse de um navio com bandeira de conveniência. Neste último caso, seria o próprio direito societário português que afastaria a jurisprudência *Amoco Cadiz* – favorável aos lesados – mesmo sendo estes últimos de nacionalidade portuguesa.

Aspectos do Direito Internacional Privado 217

(b) Ligada à temática da poluição marítima encontra-se, não poucas vezes, a da salvação e assistência. Essa, em termos genéricos, sempre possível eventualidade, esteve presente no caso do *Amoco Cadiz*. À mesma, a que o Tribunal de Chicago deu o devido relevo, irei agora referir-me. Também aqui, refiro liminarmente, o tribunal afastou a aplicação da *lex loci delicti*, preferindo a opção da *lex causae* que, neste caso, coincidia com a *lex fori*. Evoco, rapidamente, os factos relevantes a este respeito[546]. Após o comandante do *Amoco Cadiz* ter constatado a impossibilidade da sua tripulação, pelos próprios meios, proceder à reparação da avaria sofrida pelo navio no seu sistema de lemes, lançou um pedido de ajuda para a obtenção de assistência ao seu navio, então em perigo. Em resposta a esse pedido de auxílio do *Amoco Cadiz*, dois rebocadores pertencentes à sociedade alemã, Bugsier, dirigiram-se para o local onde se encontrava o *Amoco Cadiz*, de forma a tentar salvá-lo o que, contudo, não conseguiram. A primeira tentativa feita pelo rebocador da *Bugsier* consistira no lançamento de um cabo, na parte dianteira do *Amoco Cadiz*. No entanto, iniciada a manobra de rebocagem, o cabo partiu-se. Por isso, novo cabo foi lançado, desta vez pela popa. Entretanto, a parte da frente do navio encalhou, quebrando-se, em seguida, um segundo cabo também lançado. Assim, frustrou-se qualquer possibilidade de salvação do navio. Ora, a verdade é que, entre as tentativas feitas, tinham decorrido mais de sete horas. Podia, pois, ser equacionada, como de resto foi, a questão de saber se a perda do navio, em última análise não residiria no incumprimento ou pelo menos no defeituoso cumprimento do contrato de assistência e salvação. De facto, sempre seria susceptível de eventual indagação saber se, tivesse a manobra de aproximação e de lançamento de cabos de reboque entre rebocadores e petroleiro, sido levada a efeito de forma diferente, não teria sido possível salvar o *Amoco Cadiz*. Ora, para levar a cabo tal tarefa, o Tribunal tinha, antes do mais, de determinar que lei devia ser aplicada. No que a este aspecto concerne, haveria que ter presente dois factos. Por um lado, o contrato de assistência fora celebrado em Chicago. Por outro lado, as negociações para a celebração do acordo de assistência decorreram, directamente, também em Chicago, entre a *Bugsier* e *Amoco Cadiz*

---

[546] Para uma descrição mais completa, PIERRE BONASSIES, *L'Affaire de L'Amoco Cadiz, décision finale sur la question des responsabilités*, "Espaces et ressources maritimes", 1986, n.º 1, Paris, 1986, págs. 183 e segts., *passim*.

*Oil Corporatio*n, ou seja, realce-se, com a sociedade dominante, não com a sociedade dominada e proprietária do navio. Colocada a questão desta forma, quer-me parecer estar esta relação contratual submetida à lei do lugar da celebração do contrato, ou seja, ao direito norte-americano[547]. Este último segue a regra de acordo com o qual o assistente, se actuou sem culpa grave ou inexcusável, é insusceptível de ser responsabilizado[548-549]. A solução constante da Convenção de Londres de 1989 sobre salvação e assistência, a que os E.U.A. aderiram, consoante, *a contrario*, resulta do seu artigo 8.°, embora já muito após os acontecimentos referidos, de resto, não é diversa. E, assim, o tribunal, aplicando a lei aplicável ao contrato, absolveu a Bugsier. No contexto deste acidente marítimo, os factos relatados oferecem manifesta importância. De facto, uma eventual tentativa de perspectivar os factos ocorridos à luz de incumprimento ou do defeituoso cumprimento do contrato de assistência e salvação, igualmente, levaria à a aplicação da *lex causae*, com exclusão da *lex loci delicti*. Mas, a ser assim, uma vez mais nos depararíamos com o fenómeno, mais acima já referenciado, da absorção da responsabilidade civil extra-contratual pela responsabilidade civil contratual. De facto, estando aqui em causa saber se na origem do sinistro houve incumprimento ou pelo menos defeituoso cumprimento do contrato de assistência e salvação, não há lugar a sustentar dever o condicionalismo fáctico ocorrido ser regido pela lei do estatuto extracontratual e no foro do contrato, com o concomitante apagamento da dimensão extra-contratual. Basta pois recordar o que acima ficou dito sobre as relações entre a responsabilidade civil contratual e a responsabilidade civil extra-contratual[550].

(c) A solução que nesta matéria é seguida, no contexto genérico da responsabilidade civil em direito internacional privado, é enunciada nestes

---

[547] Colocada a questão no direito português, não seria diferente a respectiva solução ou seja a aplicação da *lex loci celebrationis*.

[548] Neste sentido, WILLIAM TETLEY, *Maritime Law as a mixed legal system*, (1999) 23," Tulane Maritime Law Journal", 317, consultado em www.mcgill.ca.maritimelaw.

[549] Texto da convenção em MANUEL JANUÁRIO DA COSTA GOMES, *Leis Marítimas, cit.*, págs. 529 e segts. Na mesma, diz-se, artigo 8, alínea (b), que o salvador tem a obrigação, para com o dono do navio ou outra propriedade em perigo, de «Na execução da obrigação especificada na alínea b) impedir ou minimizar danos ao ambiente».

[550] Cfr., supra n.° 47 e notas 498 e 499.

Aspectos do Direito Internacional Privado 219

termos, v.g., por Günther Beitzke que nota ser o «...estatuto delitual que decide se o direito à reparação é susceptível de cessão»[551], embora dependa «...da lei que rege o contrato de seguro prever ou não a cessão legal»[552]. Esta solução não foi perfilhada pela Convenção de Bruxelas de 1969, nem na redacção do Protocolo de Londres de 1992. No seu domínio, deve considerar-se que a sub-rogação legal é regida pela lei do contrato da garantia prestada (seguro, garantia bancária, etc.). Na verdade, a convenção que, no artigo V/5, concede uma permissão genérica, sem pormenorizar particulares menções a esse respeito, ressalva no artigo V/6, pertencer a autorização para a subrogação à legislação nacional aplicável. Assim, subtrai à competência da lei do lugar do delito a disciplina desse aspecto. Esta solução, de resto, como imediatamente a seguir haverá ocasião de ver (alínea d), infra), compatibiliza-se com a sujeição da chamada acção directa à lei da garantia prestada que, em cada caso estiver presente. Esta solução, já o disse nem sempre é seguida no contexto genérico da responsabilidade civil em direito internacional privado. Günther Beitzke, v.g., nota que é o «...estatuto delitual que decide se o direito à reparação é cedível»[553], embora dependa «...da lei que rege o contrato de seguro prever ou não a cessão legal»[554].

(d) Evoque-se, preliminarmente, o contexto em que esta questão, no quadro do presente trabalho, encontra o respectivo posicionamento. As facetas dominantes da CLC/92 (mesmo não sendo as únicas) são, por um lado, a ressarcitória e, por outro lado, a da constituição das garantias que o devedor (proprietário do navio) deverá dar aos seus credores (vítimas da poluição). A constituição pelo proprietário de um petroleiro, de um *fundo de limitação*, verdadeiro *Ersatz* do abandono liberatório do navio, é o primeiro meio de obter esse desiderato. Esse *fundo*, admitia-o a CLC/69 e o mesmo hoje sucede com a CLC/92, pode ser constituído (artigo V/3) quer

---

[551] GÜNTHER BEITZKE, *Les Obligations Délictuelles en Droit International Privé*, "Recueil des Cours", Vol. 115, página 126.

[552] GÜNTHER BEITZKE, *Les Obligations Délictuelles en Droit International Privé*, "Recueil des Cours", *cit.*, pág. 126.

[553] GÜNTHER BEITZKE, *Les Obligations Délictuelles en Droit International Privé*, "Recueil des Cours", Vol. 115, página 126.

[554] GÜNTHER BEITZKE, *Les Obligations Délictuelles en Droit International Privé*, "Recueil des Cours", *cit.*, pág. 126.

pelo depósito da soma correspondente, quer pela apresentação de uma garantia bancária ou de qualquer outra garantia aceitável pela legislação do Estado Contratante no território do qual se situa o tribunal no qual o fundo foi constituído e julgado satisfatório, pelo tribunal ou qualquer outra autoridade competente. Acresce (artigo VII/1) ser o proprietário de um navio matriculado num Estado contratante «...obrigado a subscrever um seguro ou outra garantia financeira, tal como caução bancária ou certificado emitido por um fundo internacional de indemnização...». Em caso de falta de estipulação do direito aplicável à dita garantia bancária ou certificado financeiro, a mesma será regida pelo direito do país do estabelecimento do banco que emitiu a garantia[555]. Não é diferente a solução caso esteja em causa um contrato de seguro já que, nesse caso, também será a lei do estabelecimento da seguradora que regerá o contrato. Por último, acrescente-se, a garantia em causa, seja de natureza seguradora ou bancária, terá por garantia última o próprio Estado contratante, cuja nacionalidade o navio possui (artigo VII/2 e 12 da CLC/92). Ora, o artigo VII/8, 1.ª parte, dispõe que «Qualquer pedido de reparação por prejuízos devidos à poluição poderá ser directamente formulado contra o segurador ou a pessoa de que emanar a garantia financeira destinada a cobrir a responsabilidade do proprietário pelos prejuízos causados pela poluição». O que, no entanto, resta por solucionar é qual o direito que deverá reger a dita acção directa contra o *fundo de limitação*.

Doutrinariamente, são bem conhecidos os dados do problema. Resumamo-los seguindo, para isso, a exposição que, a este respeito, Günther Beitzke nos proporciona[556]. Por um lado, diz-se, «...parece ser lógico que a acção directa contra o segurador não possa depender senão da lei que rege o contrato de seguro». Por outro lado, nota-se que a «...acção directa fazia parte da reparação devida à parte segundo o estatuto delitual». Intervindo neste debate, observa Günther Beitzke que «...não decorre necessariamente do contrato de seguro que o segurador se submete a uma acção directa da vítima; pelo contrário, a acção directa é frequentemente excluída pelo contrato. Não vejo pois razão persuasiva para submeter a acção

---

[555] Neste sentido, OMAIA ELWAN, *La Loi Applicable à la Garantie Bancaire à Premiére Demande*, "Recueil des Cours", Vol. 175, pág. 143 e segts., *passim*. É a esta lei que está sujeita a interpretação e extensão do seu conteúdo.

[556] GÜNTHER BEITZKE, *Les Obligations Délictuelles en Droit International Privé*, "Recueil des Cours", *cit.*, pág. 128.

directa à lei do delito, salvo a ordem pública»[557]. Ao tomar posição a este respeito, no quadro das nossas preocupações, penso dever-se ter em conta as duas seguintes circunstâncias. Antes de mais, deve notar-se que, se esta controvérsia é bem conhecida no campo da actividade seguradora, porquanto foi aí que a acção directa nasceu, o mesmo não sucede no campo das garantias proporcionadas por instituições financeiras, em cujo âmbito, pode dizer-se, é desconhecida. De facto, no campo das garantias bancárias *(latu sensu),* em geral, recorre-se a outros mecanismos para proporcionar ao credor o recebimento da sua respectiva indemnização. Dito de outra forma, ao credor que procura atingir directamente uma dada garantia bancária, não é proporcionada uma acção directa para realizar o seu direito[558]. Em segundo lugar, tenha-se presente, com a acção directa, o seguro de responsabilidade como que adquire as «...características de um seguro de acidentes pessoais a favor de terceiros»[559]. De facto, como um autor já teve ocasião de notar: «De um ponto de vista funcional, é óbvio que a acção directa dá, virtualmente, a mesma posição à vítima e ao beneficiário do seguro: ou, formulado de uma maneira diferente, a parte que sofreu o dano também está incluída na *comunidade dos segurados*»[560] (itálico meu).

Uma terceira razão, enfim, vem reforçar essa mesma conclusão. Na verdade, o Estado da instituição prestadora da garantia (seguro, garantia bancária, etc.) *integradora do fundo de limitação*, em última análise, considerando o preceituado no artigo VII/7, 2.ª parte, acaba por poder vir a ser o garante último das vítimas da poluição. De facto, tais preceitos da CLC obrigam o Estado de matrícula do navio a certificar – perante terceiros, ex artigo VII/7, 2.ª parte – que a garantia prestada é idónea para os fins da

---

[557] GÜNTHER BEITZKE, *Les Obligations Délictuelles en Droit International Privé,* "Recueil des Cours", Vol. 115, pág. 128.

[558] A questão, no nosso contexto, não tem que ser abordada. Contudo, refira-se que a doutrina considera que, *ab initio,* o prestador da garantia é o devedor. Neste sentido, afirma-se «A independência face à relação principal determina claramente a responsabilização do garante nos termos da sua própria vinculação», MANUEL JANUÁRIO DA COSTA GOMES, *Assunção Fidejussória de Dívida, cit.,* pág. 121.

[559] VON BAR, *Environmental Damage in Private International Law, cit.,* "Recueil des Cours", *cit.,* pág. 400.

[560] VON BAR, *Environmental Damage in Private International Law, cit.,* "Recueil des Cours", *cit.,* pág. 400.

convenção. Assim, não pode ser posta de parte a possibilidade do Estado certificador ser ele mesmo, em tal situação, objecto de responsabilização, caso se venha, em concreto, a concluir que, na realidade, assim não sucedia, isto é que a garantia era inidónea para fazer face às finalidades para as quais fora constituída. Ora, em tal hipótese, pela razões que adiante em sede própria serão examinadas, a responsabilidade civil do Estado certificador é regida pelo direito do Estado em causa. Mas, sendo assim, a sujeitar-se a garantia à *lex loci delicti*, poderá vir a apreciar-se a mencionada falta de idoneidade da garantia que, concretamente, estiver em causa, à luz de critérios diferentes dos tidos em conta na ocasião da respectiva emissão. Justifica-se, assim, que a lei que apreciar a validade da garantia, do mesmo passo, tenha em atenção os critérios que se encontram na base da sua emissão, enquanto elementos seus constitutivos e, como tal, sujeitos, também eles, a fiscalização judicial. Ora, estes últimos dependem da lei da responsabilidade do Estado, a cuja fiscalização se encontram sujeitos.

Não se trata tanto, note-se, de conceber esta fiscalização como que integrando uma espécie de *garantia* da *garantia*. De resto, ainda que assim fosse, nem por isso – mesmo que da solução natural se tratasse – daí se seguiria a respectiva sujeição à mesma lei. De facto, essa solução tem a ver com uma outra realidade presente no texto da convenção sobre a responsabilidade civil, desde o texto de Bruxelas de 1969. Pretendo aludir ao papel que desde essa ocasião – e a situação desde então não sofreu qualquer alteração a este respeito – foi confiado à lei da bandeira, como de resto, imediatamente a seguir, haverá ocasião de ver.

A averiguação a que acaba de proceder-se fora ditada pela necessidade de apurar, se, de facto, o critério da *lex loci delicti* era geral, no sentido de se sobrepor a qualquer outro. Ora, os resultados obtidos vão no sentido, justamente inverso, antes confirmando a conclusão já antecipada. De facto, o que a averiguação levada a cabo mostra é a sua constante derrogação, seja pela *lex causae*, seja pela lei do foro, seja, enfim, pela lei a que a garantia em concreto constituída está sujeita. Assim, essa sua residualidade bem justifica a jurisprudência *Amoco Cadiz*, sem sequer se entrar em linha de conta com as especificidades do direito norte-americano, mesmo à margem de um qualquer e vago e incerto *favor laesi*. Visto já o papel da *lex delicti*, bem como o da *lex causae*, devo-me agora voltar para a lei da bandeira, examinando qual a sua função no contexto em apreciação.

50. Na verdade, também em certos aspectos deverá ser considerada a *lei da bandeira* como elemento de conexão. Irei ter em consideração dois casos, a saber, (a) a determinação do direito aplicável à responsabilidade do Estado certificador, (b) o apuramento da lei aplicável à constituição dos créditos a ressarcir e, enfim, qual a situação dos lesados nacionais de Estados não aderente ao sistema das convenções de Bruxelas (c).

a) É algo delicado saber qual a responsabilidade do Estado, enquanto entidade que emitiu ou que visou um certificado, quando os factos no mesmo indicados não correspondem aos requisitos constantes da convenção. Estes, por um lado, são os requisitos formais constantes do artigo VII/1[561] e, por outro lado, os requisitos de fundo mencionados na parte final do artigo VII/7 – idoneidade financeira da entidade que assumiu a garantia pedida pela CLC.

No decurso dos trabalhos preparatórios da CLC/69, dada a presença e a persistência do fenómeno das bandeiras de complacência, a competência da lei da bandeira poderia ter sido afastada. E, de facto, como refere um autor, «...após algumas hesitações, os redactores da convenção de 1969 fizeram incidir a responsabilidade emergente da poluição sobre os *proprietários* de navios petroleiros»[562]. Não obstante, o papel da lei da bandeira, mesmo que residual, não foi inteiramente posto de lado pela CLC/69, solução, em seguida, mantida na versão da CLC, de Londres de 1992. A sujeição ao direito do Estado no qual o navio em causa se encontra matriculado, da aludida matéria, releva pois do facto da CLC a ter confiado à lei da bandeira. Esta solução, bem vistas as coisas, não pode surpreender. De facto, na opção entre a lei da bandeira e qualquer outra lei, designadamente a relativa às obrigações extra-contratuais, a CLC, em qualquer das suas versões (Bruxelas 1969 e Londres 1992), nunca deixou de ter presente a necessidade de, igualmente, não perder de vista os interesses do Estado da bandeira do navio que estiver em causa, conformando-se, com a tradicional atribuição à mesma de competências nesta matéria, como, de resto, o constante do artigo VII aí o está a mostrar. Nesta ordem de ideias, existe um conjunto de obrigações a cargo do Estado de bandeira,

---

[561] Sobre esta questão, PIERRE BONASSIES, *La loi du pavillon et les conflits de droit maritime, cit.,* nota 29, págs. 624 e 625.

[562] PIERRE BONASSIES, *La loi du pavillon et les conflits de droit maritime, cit.,* pág. 623. O itálico supra no texto é de Pierre Bonassies.

224   *Poluição Marítima por Hidrocarbonetos e Responsabilidade Civil*

criadas pela CLC, a justificar a importância que, nesta matéria, lhe é conferida. Pierre Bonassies indica serem três as funções atribuídas ao Estado da bandeira: não autorizar um navio que bate a sua bandeira a navegar, no caso desse navio não estar munido do certificado de navegabilidade (artigo VII/10) (i), definir as condições de concessão desse certificado (ii) e proceder à sua emissão (iii)[563]. O facto de todas estas obrigações, embora centradas no proprietário do navio, se encontrarem estreitamente fiscalizadas pelo Estado da nacionalidade do navio, acabou por determinar a sua sujeição à lei da bandeira. Nota Pierre Bonassies que, desde há algum tempo, a competência da lei da bandeira tem vindo, cada vez mais, a crescer, designadamente no que concerne às questões de segurança do navio[564]. E uma tal tendência acabou por vir a determinar o papel que, acaba de ver-se, foi reconhecido à lei da bandeira. Já constante da *Oilpol Convention*, a mesma veio, igualmente, a surgir no campo das convenções relativas à responsabilidade civil do proprietário do navio. Ora, neste contexto, pertencendo a emissão dos certificados à matéria da segurança do navio, a CLC, seguindo a solução tradicional, não havia motivos para, no contexto da poluição por hidrocarbonetos, a afastar.

(b) Questão também a abordar é a de saber qual a lei que deve reger a constituição dos créditos reclamados pelos credores concorrentes ao pagamento dos danos que sofreram, através do *fundo de limitação* – os lesados pelos danos de poluição – para por ele serem indemnizados, caso esses danos tenham sido ocasionados por derramamento de hidrocarbonetos em espaços marítimos nacionais, situação esta, de resto, prevista na CLC/92. A questão surge a partir da constatação de que nem todas as questões encontram a sua solução no quadro da CLC, como o mostra a variedade de interpretações no que toca, v.g., à questão da definição do conceito de *dano de poluição* ou, dando outro exemplo, saber se pode falar-se da existência de um dano ecológico e, caso se responda positivamente a essa interrogação, quem é o lesado e titular desse direito. E, por ser assim, inexistindo uma interpretação uniforme desse conceito na mencionada convenção, pode uma dada jurisdição nacional considerar que, em dada

---

[563] Pierre Bonassies, *La Loi du Pavillon et Les Conflits de Droit Maritime, cit,* "Recueil des Cours", *cit.,* pág. 624.

[564] Pierre Bonassies, *La Loi du Pavillon et Les Conflits de Droit Maritime, cit.,* "Recueil des Cours", *cit.,* págs. 611 e segts., *passim.*

Aspectos do Direito Internacional Privado 225

situação concreta, um dano cujo pagamento foi reclamado ao *fundo de limitação* não integra o conceito de dano por poluição e uma outra ser de diferente entendimento a esse respeito. Creio que esta questão, isto é saber que direito deve reger a organização do passivo a ser suportado pelo dito fundo, deve ser resolvida pela *lex fori*, enquanto *lex processualis fori* e não pela lei do crédito. Aliás, esta conclusão é reforçada por considerações ligadas ao efeito do princípio *par est conditio creditoris*, ele mesmo consequência da ideia de igualdade entre os credores reclamantes do fundo. De facto, a não ser assim, o *foro* estaria a discriminar os credores reclamantes em função da sua respectiva nacionalidade[565]. A este respeito, e em sentido semelhante, um autor chama a atenção para «...a imprescindível exigência de regular segundo uma disciplina unitária a limitação da responsabilidade do armador»[566].

c) Questão delicada é a de saber como indemnizar os credores, nacionais de países não aderentes ao sistema de Bruxelas. Em termos gerais, nos termos que acabam de ver-se, no plano puramente jurídico, dir-se-á que esses nacionais deverão beneficiar dos recursos desses fundos pois, a não ser assim, criar-se-ão discriminações em função da nacionalidade. Nota, contudo, um autor, que «...a limitação dos objectivos do fundo pode ser necessária por razões politicas»[567]. Sem embargo do que precede, a verdade é que, ao menos no caso português, sendo o seu direito constituído pela convenção de Londres de 1992, esta deve ser aplicada sempre que a questão vier a surgir em Portugal, salvo, naturalmente, uma eventual – sem agora curar se a mesma é possível – bilateralização da jurisprudência *Amoco Cadiz*, sempre que a mesma juridicamente for a solução aplicável à face do direito português.

---

[565] Neste sentido, VON BAR, *Environmental Damage in Private International Law*, *cit.*, "Recueil des Cours", *cit.*, pág. 402, de acordo com o qual «Um fundo internacional de compensação só funciona correctamente se contemplar todas as vítimas que deseja proteger de acordo com os mesmos critérios jurídicos materiais».

[566] SERGIO CARBONE, *La Disciplina Giuridica del Traffico Marittimo Internazionale*, Bolonha, 1982, pág. 232.

[567] Neste sentido, VON BAR, *Environmental Damage in Private International Law*, *cit.*, "Recueil des Cours", *cit.*, pág. 402. A verdade é que, no caso do *Amoco Cadiz*, os lesados, nestes se incluindo o próprio Estado francês, prescindiram dos recursos que a CLC/69 colocava à sua disposição, através da determinação ao proprietário do navio, determinação essa seguida, para constituir um *fundo de limitação*.

A averiguação a que acaba de proceder-se fora ditada pela necessidade de mostrar que há matérias que desde logo foram sujeitas à lei da
bandeira. Nesta medida, embora a partir de um outro ângulo de perspectivação desta temática, novamente se vê não haver razões para o facto do
critério da *lex loci delicti*, em termos genéricos, sobrepor-se a qualquer
outro. Os resultados obtidos vão, de resto, no sentido inverso, antes confirmando a conclusão já antecipada isto é a sua constante derrogação, seja
pela lei da bandeira, seja pela lei do foro, seja, enfim, pela lei a que a
garantia em concreto constituída está sujeita. Assim, essa sua residualidade bem justifica a jurisprudência *Amoco Cadiz*, ainda que à margem de
um qualquer vago e incerto *favor laesi*.

51. Um magistrado judicial a quem, para decisão, é apresentado
um litígio internacional tem, antes de mais, de averiguar a sua própria
competência para o mesmo. De facto, só assim, num segundo momento,
poderá proceder à respectiva resolução. Ocorre aqui o que, segundo
expressão doutrinária já consagrada, é designado como correlação primária. A este respeito nota Júlio González Campos que «Com efeito, uma
correlação «primária» ou geral entre os dois grupos de regras surge
perante o juiz de fundo a quem é confiado um litígio que comporta um
elemento estrangeiro se este, uma vez admitida a sua competência para
decidir o litígio ou para fundamentar este, recorre às regras do direito
internacional privado da *lex fori*, enquanto lei aplicável para reger a
relação litigiosa»[568]. Mas, na sombra, perfila-se um outro aspecto desta
correlação primária a, igualmente, dever ser trazido para o primeiro plano.
Na verdade, uma outra forma de correlação primária existe «...se a *lex fori*
for aplicada na sua totalidade aos diferentes estádios de um litígio que
comporta um elemento estrangeiro – primeiro as regras sobre competência judiciária, depois as regras de direito internacional privado e as regras
de direito material – isso implica que o legislador quis dar um «tratamento
unitário» às relações privadas internacionais»[569]. Esta última tem a ver, já
não com a determinação do tribunal competente, antes com o apuramento
do direito material que irá reger a relação jurídica controvertida. Este

---

[568] GONZÁLEZ CAMPOS, *Les Liens entre Compétence Judiciaire et Compétence
Legislative*, "Recueil des Cours", Volume 156, pág. 239.

[569] GONZÁLEZ CAMPOS, *Les Liens entre Compétence Judiciaire et Compétence
Legislative, cit.*, "Recueil des Cours", Volume *cit.* pág. 241.

último método «...pode ser aplicado por três técnicas diferentes»[570]. Uma delas, conhecida como *jurisdictional approach*, consiste em «...uma vez admitida a competência do juiz uma regra prescrever a aplicação do direito material do foro»[571]. Ora, foi isso o que, no caso do *Amoco Cadiz*, acabou por suceder.

Neste, o tribunal afirmou a sua *general jurisdiction*, decorrente da *admiralty law* aplicável, de forma imperativa à presente situação. Ora, por ser assim, seria, como foi, praticamente inevitável deixarem de daí resultar aspectos conexos com a dita prática. De facto, como já se observou, «Quem faz uso de uma jurisdição especial, pode aproveitar desse foro e estou convencido que muitos autores o fizeram»[572]. Mas, como imediatamente a seguir, o mesmo autor nota, «...uma tal manipulação não toca o problema jurisdicional, antes o da lei aplicável»[573]. Assim, sem prejuízo das vantagens que, porventura, as partes possam vir a retirar do *forum shopping*, este não surge exclusiva e necessariamente como algo, intencionalmente criado pelos litigantes, antes como a mera consequência, a que os litigantes podem, porventura, ser alheios, de uma dada maneira de coordenar as relações entre o *foro* e o *jus*. Outrossim, não se está perante algo que em, si mesmo, seja, intrinsecamente, inconveniente. De facto, através do mesmo, podem as partes prosseguir objectivos, cuja razoabilidade, mesmo em termos de justiça material, seja insusceptível de ser posta em causa. De facto, a meu ver, as reservas, que não poucas vezes o *forum shopping* suscita, resultam de um entendimento do direito internacional privado como assentando numa regulamentação de relações jurídicas para as quais há sempre uma determinada localização natural, sendo tarefa do intérprete encontrar essa dita disciplina. Contudo, na medida em que este pressuposto for posto em causa e, na medida em que, não o sendo, se entender, no entanto, que haverá outros aspectos que, também eles, devem

---

[570] GONZÁLEZ CAMPOS, *Les Liens entre Compétence Judiciaire et Compétence Legislative, cit.,* "Recueil des Cours", Volume *cit.* pág. 241.

[571] Cfr. JÚLIO GONZÁLEZ CAMPOS, *Les Liens entre Compétence Judiciaire et Compétence Legislative, cit.,* "Recueil des Cours", *cit.,* página 241.

[572] Neste sentido, KURT SIEHR, *Traffics Accidents,* in "Transnational Tort Litigation, Jurisdictional Principles", Edited by Campbell McMachlan and Peter North, Oxford, 1996, págs 189 e segts e, em particular, página 196.

[573] Neste sentido, KURT SIEHR, *Traffics Accidents,* in "Transnational Tort Litigation", *cit.,* páginas 189 e segts e, em particular, página 196.

228 *Poluição Marítima por Hidrocarbonetos e Responsabilidade Civil*

ser tidos em atenção, a prática em causa deverá ser encarada, tão só, como uma consequência insusceptível de ser objecto de juízos de valor negativos e, consequentemente a dever ser evitada.

A primeira questão que, no caso *Amoco Cadiz*, o tribunal norte--americano tinha perante si, a levar a cabo de acordo com os critérios da sua *general jurisdiction*[574], era o da determinação da medida da sua própria competência internacional directa para conhecer do litígio em causa. Dado emergir este último de um evento ocorrido nas costas francesas, dir--se-ia serem competentes os tribunais do lugar da ocorrência do sinistro, ou seja os tribunais franceses. De facto, por aplicação da regra que dá competência ao tribunal do lugar da ocorrência do evento (criando assim o que poderá denominar-se de *foro delitual*), dir-se-ia ser esse o tribunal competente.

Na verdade, o artigo IX/1 da CLC/69, cuja redacção, de resto, é idêntica à da versão da CLC/92, ao ocupar-se da questão da competência internacional, considera como competentes os tribunais do ou dos Estados em cujo território ou territórios o evento ocorreu, sendo considerado evento, ex artigo I/8, da CLC/69, «...qualquer facto ou conjunto de factos com a mesma origem e dos quais resulta uma poluição». Como os factos em causa haviam ocorrido nas costas oceânicas francesas – independentemente da lei material que, posteriormente, seria designada – os tribunais franceses, dir-se-ia, seriam os internacionalmente competentes. Aliás, muito provavelmente, foi esse mesmo o raciocínio que o proprietário do *Amoco Cadiz* fez, ao requerer a constituição do *fundo de limitação* junto de um tribunal francês. De facto, quanto a esta última situação, também a CLC determina que o tribunal para requerer a constituição do *fundo de limitação*[575] é aquele que for competente para conhecer da questão da indemnização pelos prejuízos causados pela poluição.

---

[574] Sobre os conceitos de *general jurisdiction* e de *specific jurisdiction* e a sua correspondência com os correspondentes conceitos da Convenção de Bruxelas, cfr. HAROLD KOH, *International Jurisdiction in United States Courts*, "Recueil des Cours", Vol. 261, págs. 135 e segts., *passim*.

[575] A regra não é evidente. Em direito inglês considera-se que os procedimentos relativos à limitação da responsabilidade do proprietário do navio devem ser requeridos no tribunal do respectivo domicílio. Cfr., a este respeito PETER SCHLOSSER, *Jurisdiction and International Judicial and Administrative Co-operation*, "Recueil des Cours", Volume 284, página 80.

Este, no entanto, não foi o caminho que o tribunal norte-americano de 1.ª instância entendeu trilhar, pelo que as coisas acabaram por ocorrer de uma forma diferente. Com efeito, o tribunal considerou encontrar-se em face de uma causa relativa a um assunto de direito marítimo (*admiralty law*) para o qual o tribunal norte-americano tem exclusiva competência internacional. Assim, aplicando o artigo III, secção I, da sua Constituição, de acordo com a qual «The judicial power of United States shall extend (...) to all cases of admiralty and maritime jurisdiction», veio a considerar possuírem os tribunais norte-americanos competência internacional directa para conhecerem da questão em causa. A verdade é que, nem por isso deveria daí seguir-se, inevitavelmente, a competência do Tribunal de Chicago. Um autor já teve ocasião de recordar[576] a frase do Juiz Jackson, de acordo com a qual «...um tribunal pode recusar a sua competência mesmo quando a mesma é autorizada». De resto, não pode sem mais, transitar em julgado, a afirmação segundo a qual é incontroverso a situação em causa configurar um litígio relativo a uma questão de direito marítimo *(admiralty law),* aceitando-se, pois, a competência do Tribunal de Chicago. Na verdade, ao admitir que, neste caso, se está perante um litígio de direito marítimo, não pode esquecer-se a possibilidade de o visionar como diferendo de natureza ambiental. Um documento como a CLC/69 contém disposições (caso, entre todos paradigmático, é o que resulta das disposições relativas à limitação da responsabilidade do proprietário do navio) que inegavelmente fazem dela uma convenção de âmbito, eminentemente, marítimo. A verdade é que não pode ignorar-se a evolução que a convenção sofreu no âmbito do Protocolo de Londres de 1992. Aliás, para além dos contributos jurisprudenciais[577], não pode igualmente esquecer-se que doutrinariamente também essa natureza foi posta em destaque[578] como, em suma, deverá ter-se presente que o debate, sobretudo jurisprudencial, em torno da ressarcibilidade do dano ecológico, em parte substancial, é a partir da CLC que tem vindo a ser equacionado.

---

[576] HAROLD KOH, *International Jurisdiction in United States Courts, cit.*, pág. 151.

[577] Caso do navio *Haven* ou do navio *Patmos.*

[578] Na sua importante colectânea, *Documents, International Law and the Environment,* Londres, 1995, os respectivos autores, PATRICIA BIRNIE e ALAN BOYLES, não deixaram de incluir na mesma a Convenção de Londres sobre a responsabilidade dos proprietários dos navios tanque – a CLC/92 – acompanhada de importante anotação que a contextualiza devidamente.

230   *Poluição Marítima por Hidrocarbonetos e Responsabilidade Civil*

A ser assim, a solução encontrada é discutível. E a verdade é que o *United States Court of Appeals – Seventh Circuit,* não deixou de questionar a correcção de uma tal maneira de ver as coisas. Efectivamente, após recordar que todas as partes consideram a questão como de direito marítimo, sem explicar porque razão, nota que «...indemnizações e culpa pertencem ao direito substantivo»[579]. É certo, observa ainda o Tribunal de recurso, que embora «...o Supremo Tribunal tenha criado um direito (*a nonstatutory right*) de indemnização em casos de direito marítimo (...) explicou que isto justificava-se só pelo seu poder de criação de regras tanto materiais como relativas a danos em casos de direito marítimo». Ora, prossegue o tribunal, inexiste neste caso esse poder porque as regras deste caso são «...largamente proporcionadas pelo direito francês»[580].

Assim, pode pensar-se, foram considerações de natureza *homeward trend*[581], ligadas à especial forma que nos Estados Unidos, por vezes os conflitos de jurisdição ou sequer uma qualquer *long arm jurisdiction,* que explicam a posição tomada pelo tribunal norte americano[582]. É duvidoso ser essa a explicação adequada, pelas razões que, desde já, passam a explanar-se. Antes de mais, após chamar a atenção para o que, em seu juízo, corresponde ao estado do direito aplicável, o tribunal nota que «...apesar disso *(nonetheless),* uma vez que nenhuma das partes considerou ser aplicável o direito francês e não nos proporcionou os instrumentos para decidir a questão ao abrigo do direito francês, utilizaremos algum direito marítimo federal – deixando entretanto explícito que todas as questões de direito internacional privado se mantêm em aberto quando a questão for objecto do devido debate»[583]. Vê-se, pois, do que precede, não dar o

---

[579] Sentença in The Matter of Oil spill by The "Amoco Cadiz", United States Court of Appeals, Seventh Circuit, 24 de Janeiro de 1992, "Il Diritto Marittimo", *cit.* (supra nota 45), pág. 1173.

[580] Sentença in The Matter of Oil spill by The "Amoco Cadiz", United States Court of Appeals, *cit.,* págs. 1173 e 1174.

[581] Cfr. ANTÓNIO MARQUES DOS SANTOS, *As Normas de Aplicação Imediata no Direito Internacional Privado, cit.,* 1991, páginas 41 e segts, *passim.*

[582] Sobre toda esta problemática, ANGELA LUPONE, *Conflitti di Leggi e di Giurisdizione nella Disciplina Statunitense e Comunitaria Della responsabilità del Produttore, Comunicazioni e Studi,* Milano, 1985, págs. 735 e segts., e, em especial, páginas 782 e 733, respectivamente.

[583] Sentença in The Matter of Oil spill by The "Amoco Cadiz", United States Court of Appeals, Seventh Circuit, 24 de Janeiro de 1992, "Il Diritto Marittimo", *cit.* página 1174.

Aspectos do Direito Internacional Privado

raciocínio do tribunal norte-americano o flanco a críticas desse sentido. As passagens transcritas mostram, antes, que se o Tribunal se considerou competente, isso ficou a dever-se ao acordo que, de certa maneira, considerou a esse respeito, ter havido entre litigantes. De resto, cumpre notar que o tribunal não diz que as regras são exclusivamente proporcionadas pelo direito francês. Antes, limita-se a referir – e de passagem – que as regras deste caso são «...**largamente** proporcionadas pelo direito francês» (sublinhado meu).

Ainda que a questão tivesse aparecido doutra forma, a conclusão do Tribunal não teria sido outra. De facto, muito simplesmente, de forma a aferir a sua competência internacional directa, o tribunal teria de proceder à própria qualificação da situação que tem perante si. Mas isso já pressupõe ser competente. Esta dificuldade, há muito conhecida da doutrina do direito internacional privado, soluciona-se através da admissão de uma *correlação primária*[584] entre os dois grupos de normas, feita por meio da *lex fori*[585]. Ora, no caso de que aqui nos ocupamos, foi isso o que sucedeu. No âmbito da citada correlação primária, o tribunal de 1.ª instância considerou estar perante uma questão de direito marítimo com repercussões no âmbito ambiental. Logo, aplicando a suas regras relativas à matéria e, na sequência da aplicação que das mesmas fez, veio a considerar-se competente. Aliás – mesmo não esquecendo ter sido diferente o juízo do tribunal de recurso – não pode esquecer-se o relevo que, no âmbito da solução dada a este caso, foi conferida a situações factuais verificadas, cuja natureza jurídica, puramente marítima, é incontroversa. A título de exemplo, recorde-se o relevo atribuído, aliás justificadamente, ao apuramento da eventual influência no desfecho final do dito acidente, do cumprimento defeituoso do contrato de assistência e salvação celebrado com uma empresa de rebocadores e cujo propósito era precisamente o de evitar a perda do navio--tanque em causa, de forma a procurar minimizar os danos que, na ocasião da celebração eram ainda evitáveis, pelo menos parcialmente.

Isto, acrescente-se não é posto em causa por outra, igualmente possível, visão das coisas. Na verdade, não foi o carácter marítimo da questão

---

584 Sobre este aspecto, JÚLIO GONZÁLEZ CAMPOS, *Les liens entre compétence judiciaire et compétence legislative*, "Recueil des Cours", Volume 156, páginas 239 e segts, *passim*.

585 Cfr. JÚLIO GONZÁLEZ CAMPOS, *Les Liens entre Compétence Judiciaire et Compétence Legislative, cit.,* "Recueil des Cours", *cit.,* página 240.

232 Poluição Marítima por Hidrocarbonetos e Responsabilidade Civil

em causa a levar à instauração da acção judicial nos tribunais norte-
-americanos. De facto, proposta nos tribunais franceses, também esse
facto seria aceite sem qualquer dificuldade. A razão que determinou o
posicionamento adoptado, decorreu, antes, do entendimento dos litigantes,
de acordo com o qual o elemento de conexão *lex loci delicti comissi*, consagrado na CLC/69, deveria ser considerado como puramente fortuito[586].
Para além destas razões, contudo, dever-se-á ter presente que os critérios
de *general jurisdiction*, aqui aplicáveis, sempre seriam susceptíveis de
levar a esse resultado. De facto, nota Jünger, «...nada impede um litigante
de propor uma acção judicial contra dado réu (ou no caso de uma sociedade no lugar da sua principal sede efectiva) por dano ambiental onde quer
que o mesmo tenha sido produzido»[587]. De resto, nota este mesmo autor,
que já no caso *Reasor-Hill Corp v Harrison,* decidido pelo Supremo Tribunal do Arkansas, este último «...afastou a regra que utilizava para impedir a propositura de acções no Estado da residência do poluidor por injusta
e ilógica, recusando-se a aplicá-la num caso que envolvia um insecticida
vendido no Arkansas, espalhado no solo no Mississipi»[588].

Esta estreita ligação entre a competência para, respectivamente,
conhecer das questões da indemnização e da constituição do fundo de
limitação elimina qualquer possibilidade de encontrar nesta matéria um
qualquer tipo de *forum arresti* ao qual pertenceria o conhecimento destas
questões. Se, na verdade, tiver sido requerido arresto sobre bens do proprietário do navio, caso a acção principal venha a ser proposta posteriormente, sempre será ao tribunal competente em virtude dos critérios
constantes da CLC, que pertencerá ocupar-se das questões que, após a propositura da acção para efectivação da responsabilidade civil do proprietário do navio venham a colocar-se. A mesma ordem de reflexões suscita-se
no caso de estar em questão a acção relativa à constituição do *fundo de
limitação*. Este facto merece ser salientado por, a meu ver, impedir, mesmo
que tão só no domínio limitado das questões marítimas previstas na CLC,

---

[586] Neste sentido, cfr. ANDREAS LOWENFELD, *International Litigation and the
Quest for Reasonableness, cit.,* pág. 134.

[587] *Environmental Damage,* in "Transnational Tort Litigation, *Jurisdictional
Principles",* cit. pág. 203.

[588] *Environmental Damage,* in "Transnational Tort Litigation, *Jurisdictional
Principles",* cit. pág. 202.

Aspectos do Direito Internacional Privado   233

o funcionamento do chamado sistema do *sistership*, que veio reforçar a verdadeira *actio in rem*, típica do direito marítimo[589]. Aliás, bem vistas as coisas, a acção prevista na CLC/92 – e já assim sucedia na CLC/69 – contra o proprietário do navio, deve ser considerada como uma verdadeira *actio in rem*[590].

52. O aspecto que acabo de referir também surge no domínio da própria CLC, seja à luz da versão de Bruxelas seja ao abrigo da redacção de Londres. A questão é encarada nos artigos V/3, 7 e IX/1. Mas, destes preceitos, o artigo IX/1, central diz que: «Quando um evento tiver causado prejuízos devidos à poluição no território, nele se incluindo o mar territorial, ou numa área mencionada no artigo II, de um ou mais Estados Contraentes, ou quando tiverem sido tomadas medidas de salvaguarda para prevenir ou atenuar os prejuízos devidos à poluição nesses territórios, incluindo o respectivo mar territorial ou tal área, os pedidos de indemnização apenas podem ser apresentados perante os tribunais daquele ou daqueles Estados contraentes». De forma abreviada, mas que respeita integralmente a disposição transcrita, pode resumir-se a regra desse artigo IX/1, dizendo que a regra nele contida é a de que «Quando um evento tiver causado prejuízos por poluição ou quando tiverem sido tomadas medidas de salvaguarda para os prevenir ou atenuar, os pedidos de indemnização relativos aos mesmos terão de ser propostas nos tribunais dos respectivos Estados contraentes».

A intenção que no preceito transparece é a de como que criar o que poderia denominar-se de *foro delitual* que, no campo do *foro*, acompanhasse o *jus*. É duvidoso que assim tenha sucedido. Antes, porém, de examinar essa questão, a pergunta cujo aparecimento, contudo, não pode ser evitada é a de saber se o foro instituído na CLC, tal como se encontra consagrado, isto é, concebido como único admissível, pode ser aceite. De

---

[589] Neste sentido, PIERRE BONASSIES, *La Loi du Pavillon et les Conflits de Droit Maritime, cit.*, pág. 561.

[590] De facto, como já houve ocasião de ver, o proprietário do navio, através da constituição do fundo de limitação, pode exonerar-se de outra qualquer responsabilidade ressarcitória. Ora, na *actio in rem*, o titular dirige-se contra aquele que detém o objecto do seu direito. Dado que, após a constituição do referido fundo, mais nenhuma outra qualquer acção poderá vir a ser instaurado contra o proprietário do navio e dado que o fundo, verdadeiro sucedâneo do próprio navio, tem o objectivo de indemnizar os lesados, encontramos, assim, reunidos os traços de uma *actio in rem*.

234   *Poluição Marítima por Hidrocarbonetos e Responsabilidade Civil*

facto, é profundamente problemática a instituição deste foro do delito nos termos quase absolutos em que, na dita convenção, aparece juridicamente estruturado, pelo menos à primeira vista. Por isso, não pode evitar-se, algo, a este respeito dizer. Neste ponto destas observações justifica-se, pois, ser aberto um parêntesis.

Como justificação para este foro, dir-se-á porventura, que o mesmo como que se impõe por si e que, a seu favor, podem ser alinhadas importantes razões. De facto, subjacente a essa regra, para mais se for centrada no local da produção dos danos, subjaz a intenção de ir ao encontro dos lesados. Ao permitir-se que estes possam litigar na área onde os danos ocorreram, tem-se presente o facto de, por via de regra, o domicílio do lesado coincidir com o local em que sofreu os danos. Além disso, sempre poderia dizer-se que, caso tivesse sido consagrado, pelos redactores da CLC/69, o foro da domicílio do proprietário do navio, com isso se prejudicaria os lesados. De facto, navegando bom número de petroleiros com bandeiras de complacência, obrigar o lesado a, obrigatoriamente, demandar o autor da lesão no seu domicílio, podia significar forçar os lesados a litigar em tribunais de determinação difícil e relativamente aos quais podia haver dúvidas sobre a sua independência e imparcialidade[591]. A consagração do *forum delicti* vai, assim, ao encontro do propósito de obviar a tais eventuais desvantagens para os lesados. No caso do *Marão*, v.g., o comerciante que procurou ser ressarcido dos danos sofridos fê-lo no tribunal do lugar em que havia sofrido os danos que judicialmente reclamava, e que, ao mesmo tempo era o do seu domicílio. Foi pois uma preocupação de tutela do lesado que justificou a existência da regra da atribuição da competência ao tribunal do lugar – tribunal da área, na terminologia da CLC – da ocorrência do facto lesivo e do qual emergiu a responsabilidade civil extra-contratual.

Mas, em tese geral, outras circunstâncias podem ser relembradas que suscitam dúvidas sobre as vantagens de um tal foro, dadas as respectivas consequências. Recorde-se, em primeiro lugar, que foi a reflexão sobre o que pode haver de fortuito no lugar de produção dos danos um dos motores da chamada revolução norte-americana de conflitos de leis. Aliás, no caso *Amoco Cadiz*, essa mesma circunstância foi invocada como

---

[591] Neste sentido, Cristophe Bernasconi, *Civil Liability resulting from transfontier environmental damage: a case for the Hague Conference?*, Secretary at Permanent Bureau, página 48.

justificação para demandar os réus em foro diferente do organizado na CLC. Relembre-se, em segundo lugar, que muitas das razões que explicam este tipo de situações estão muito próximas de outras que, tendo natureza internacional e dando causa à responsabilidade civil extra-contratual, levam a conflitos de jurisdições resolvidos de outras formas. Acresce que, não sendo a CLC uma *convenção ambiental*, esse tipo de preocupações, mesmo não estando expressamente enunciadas no respectivo articulado, acabam por surgir no seu horizonte normativo, e, por essa razão, a complexidade da determinação do lugar da ocorrência do facto ilícito aumenta. Evoque-se a este respeito, v.g., o caso do *Amoco Cadiz,* no qual, no eclodir do processo causal que levou ao acidente, importante papel deve ser atribuído à avaria no sistema hidráulico dos lemes do navio[592]. Enfim, bem pode suceder que dois países, ambos aderentes ao sistema da CLC, igualmente, estejam entre si ligados pela Convenção de Bruxelas de 1968, aplicável ao reconhecimento de sentenças estrangeiras, podendo, assim, surgir a questão da articulação dos sistemas de competência internacional dos tribunais, respectivamente consagrados nestas duas convenções. Ora, também a temática suscitada por esta última circunstância tem de ser tida em conta, qualquer que seja o litigante que esteja em causa, ou seja, tanto no interesse do lesado como do autor da lesão. Feche-se, pois, o parêntesis aberto e retomemos o fio das nossas anteriores considerações sobre o alcance das disposições contidas na CLC, relativas à competência dos tribunais no seu âmbito normativo.

Das observações que precedem, haverá, em todo o caso, de reter a confirmação do que já se deixara intuído, a saber que as regras a examinar a este respeito, designadamente a do artigo IX/1 da CLC, qualquer que seja a versão que se considere, deverão ter em conta o imperativo de evitar um entendimento demasiado rígido dos critérios de competência dos tribunais consagrados nesse dito artigo IX/1.

(i) O artigo IX/1 remete para o artigo II, dizendo que são indemnizáveis os prejuízos devidos à poluição no território [de dado Estado], «...nele se incluindo o mar territorial, ou numa área mencionada no artigo II, de um ou mais Estados Contraentes». Este artigo II, afirma na alínea b) que a Convenção se aplica «Às medidas de salvaguarda onde quer que seja toma-

---

[592] Sobre este aspecto, Tito Ballarino, *Droit International Privé et Dommages Catastrophiques, cit.,* págs. 343 e segts.

236 *Poluição Marítima por Hidrocarbonetos e Responsabilidade Civil*

das, para prevenir ou reduzir tais prejuízos». Por seu turno, o artigo I/7, apresenta as «*Medidas de salvaguarda*»[593] como, «...quaisquer medidas razoáveis tomadas por qualquer pessoa após a ocorrência de um evento para prevenir ou limitar a poluição»[594]. A larga definição de medidas de salvaguarda contida na convenção permite considerar como tais as incluídas em contratos de salvação e assistência como, de resto, quaisquer outras medidas de índole contratual. Ponto é, tão somente, que sejam dirigidas a prevenir ou limitar a poluição. Note-se que não apenas os prejuízos por poluição, antes, de forma mais alargada a poluição. Ora, a aplicação do critério do artigo IX/3 pode determinar a competência do tribunal do lugar de salvação e assistência onde o contrato foi celebrado, fixando-se assim a compensação na base de critérios contratuais. Ora, de acordo com a CLC, este foro atrairá o foro definitivo como consequência do estabelecido nos artigos V/3 e no IX/3 da CLC. Constata-se, assim, ter sido consagrado um duplo foro na CLC, a saber um foro fixado em função do local onde foi praticado o facto causador da responsabilidade civil extra-contratual e um foro emergente do local da prática de medidas destinadas à prevenção da poluição ocorrida. Isto não deixa de evocar, sem no entanto, se confundir com ele, algo já acima assinalada, a saber o fenómeno da atracção da responsabilidade civil extra-contratual pela contratual. De facto, no campo dos conflitos de jurisdição, não tem sentido falar em fenómenos de atracção, como se se estivesse no campo dos conflitos de leis. Contudo, embora isso não integre qualquer fenómeno de atracção, poderá, porventura, aceitar-se ter o mesmo na CLC, um carácter residual, enquanto manifestação de uma ideia de proximidade. Por ser assim, o mesmo voltará a manifes-

---

[593] O texto inglês fala em «Preventive measures».

[594] Assinalo um problema, que não cabe examinar no quadro da análise aqui em curso, suscitado por este preceito. Na verdade, é discutível se esta definição será apropriada para o que está em causa. De facto, ao tratar-se de prevenir a poluição – e não apenas os prejuízos causados pela poluição – é demasiado restrito considerar que as mesmas são as tomadas após a ocorrência de um evento.

Como, em todo caso, tudo está em saber o que deve entender-se por "evento", sempre se dirá que o mesmo tanto pode ser o facto de que veio a resultar o processo de derramento como a daí proveniente contaminação. Ora, esta, a ocorrer, não é inevitável, mesmo que tenha havido derramamento, só, posteriormente ocorrendo. Como segundo artigo I/8, deve entender-se por evento, qualquer facto de que resulte a poluição, penso que "evento", para efeitos deste artigo, deve entender-se tão só a contaminação e não o derrramamento.

Aspectos do Direito Internacional Privado 237

tar-se caso nenhum dos outros foros em que um tais acções poderiam ser propostas, possua, em dada e bem limitada situação, competência internacional directa.

(ii) O que acaba de ser dito encontra agora confirmação nas disposições relevantes da Convenção de Bruxelas sobre reconhecimento e execução de decisões em matéria civil ou comercial ou nas do Regulamento (CE) n.º 44/2001, de 22 de Dezembro de 2001[595], sobre essa mesma matéria. De facto, de acordo com o preceituado nos artigos 57.º e 71.º da Convenção e do Regulamento, respectivamente, os mesmos não prejudicam as convenções de que os Estados aderentes «...sejam ou venham a ser parte e que, em matérias especiais, regulem a competência judiciária, o reconhecimento ou a execução de decisões». Ao que penso, entre as convenções que podem ser incluídas na previsão das duas disposições referidas, encontra-se a CLC[596]. Relativamente à Convenção de Bruxelas, a CLC é uma convenção especial. O artigo 71/2, alínea a), do Regulamento preceitua que o mesmo «...não impede que um Tribunal de um Estado--Membro que seja parte numa convenção relativa a uma matéria especial se declare competente em conformidade com tal convenção, mesmo que o requerido tenha domicílio no território de um Estado Membro que não seja parte nessa convenção». Ao escrever "não impede", a meu ver, o preceito em causa não impõe a sua própria aplicação, aceitando, pois, a competência do tribunal que, em virtude da outra convenção – que, no caso presente será a CLC – ao caso seja aplicável. Mas, ao dizer que *não impede*, a Convenção de Bruxelas mostra que não abdica da sua própria competência, tão somente, deixando à escolha da parte em causa a escolha entre um dos dois foros, ou seja a opção entre o foro previsto na CLC e o contemplado no Regulamento n.º 44/2001, pertence às partes. Esta visão do problema não é infirmada pelo artigo IX/1, que afirma que os «...pedidos de indemnização *apenas* podem ser apresentados perante os tribunais daquele ou daqueles Estados Contratantes» (itálicos meus). De facto, os Estados aqui

---

[595] Jornal Oficial das Comunidades Europeias, de 16.1.2001, págs. L 12/1 e seguintes.

[596] Neste sentido, embora em sede de direito espanhol, cfr. ALFONSO LUÍS CALVO CAVARACA, *Comentário al Convénio de Bruselas relativo a la Competencia Judicial y a la Execucion de Resoluciones en Materia Civil y Mercantil*, Madrid, 1994, pág. 720.

238 *Poluição Marítima por Hidrocarbonetos e Responsabilidade Civil*

aludidos são os do Estado em que tiverem sido causados danos por poluição, não, forçosamente, os do *forum delicti*. Assim, entre esses tribunais, quaisquer que sejam – considerando que nem a Convenção de Bruxelas nem a CLC definem o conceito de lugar de ocorrência do dano – poderão encontrar-se tanto o do lugar do domicilio do autor como o do réu desde que presente o condicionalismo previsto no artigo V/3 ou no artigo IX/3, ambos da CLC/92[597].

(iii) A multiplicação de foros que, viu-se acima, não é impossível, considerando tanto o texto da CLC, como a evolução que, a este respeito, a Convenção de Bruxelas assinala, pode favorecer, não é difícil reconhecê-lo, o fenómeno do *forum shopping*. Mas, não sendo realidade a estimular, em todo o caso, não merece ser entendida como dando causa a situações a, necessariamente, evitar. De resto, pode haver mesmo razões que mereçam ser tidos em conta. Em parte substancial, as críticas dirigidas ao *forum shopping* decorrem do facto de, ao que é dito, tal prática ser imputada à procura de mais elevadas indemnizações que, prossegue-se nesta visão das coisas, a escolha da lei de fundo permite. Ora, a escolha do foro teria em vista conseguir um tribunal que, desde logo, os litigantes sabem aplicar lei substancial que é mais favorável em matéria de indemnização às vítimas. Exemplo dessa prática seria o caso – que em tantos aspectos recorda o do *Amoco Cadiz* – sem com ele se confundir, *in re Paris Air Crash,* de 3 de Março de 1974[598], que tendo por base um acidente de aviação corrido próximo de Paris, foi julgado nos tribunais da Califórnia. De facto, muito provavelmente, conscientes das reduzidas indemnizações proporcionadas pela Convenção de Varsóvia (CV), os familiares das vítimas preferiram não invocar a regra *lex loci delicti*, que, dado o lugar onde o ilícito ocor-

---

[597] Em direito português, é mesmo possível questionar a constitucionalidade dos vários preceitos que na CLC se ocupam da competência internacional – directa e indirecta – dos tribunais. De facto, de acordo com o acordo com o disposto no artigo 165/1, «É da exclusiva competência da Assembleia da República legislar sobre as seguintes matérias, salvo autorização ao Governo: (...), alínea p) Organização e competência dos tribunais (...)». Ora, o Protocolo à Convenção Internacional sobre a Responsabilidade Civil..., foi aprovado pelo Decreto do Governo n.° 40/2001, de 28 de Setembro, à margem de qualquer autorização legislativa para tal efeito. O mesmo, de resto, já ocorrera com a anterior versão da CLC ou seja a que provinha da CLC/69.

[598] Sobre este caso, v.g. FRIEDRICH JÜNGER, *General Course of Private International Law,* "Recueil des Cours", Vol. 193, págs., 131 e 132, 171 e segts. e 299 e segts.

Aspectos do Direito Internacional Privado 239

rera, *prima facie* seria a aplicável pelo tribunal francês que, como tal, mandaria aplicar a dita CV. Ora, o que os autores fizeram foi invocar um defeito no desenho de uma porta, à qual, em última análise, o acidente ficara a dever-se. Desta forma conseguiram, mediante a invocação, aceite pelo tribunal, do instituto da responsabilidade civil do fabricante, indemnizações mais elevadas. A verdade é que, em casos como este, não se vê prosseguirem finalidades que possam considerar-se como devendo ser mantidas à margem das práticas aceitáveis. Além disso, e não falando já nos aspectos que a questão do *forum shopping* pode suscitar no plano das relações económicas internacionais[599], como também já se assinalou, não seria apenas «...a miragem de um ressarcimento maior a desviar os consumidores estrangeiros para os juízes dos Estados Unidos, mas a preparação dos consultores jurídicos, a possibilidade de acesso a meios de prova e tudo aquilo que em geral se pode definir como o clima legal»[600]. Aliás, também um dos valores que cabe ao direito das relações privadas internacionais prosseguir, quiçá paradoxalmente, melhor é assegurado com este tipo de procedimento[601].

Assim, a multiplicação de foros, quer decorra da evolução dos sistemas internacionais de reconhecimento, quer das práticas dos operadores privados vai ao encontro de tentativas para litigar onde melhores garantias processuais são dadas às partes e onde estas pensam conseguir melhores formas de tutelar os respectivos interesses. Mas, sobretudo, é a quase inescapável tendência para a multiplicação dos foros, em vez de ser considerada como causa do *forum shopping*, que deve, antes e inversamente, ser considerada como sua consequência directa, pois é a tentativa de conseguir uma lei mais favorável que leva à procura de foros alternativos.

53. Resta saber o que ficará da jurisprudência *Amoco Cadiz*, quer nos situemos no campo dos conflitos de leis quer no dos de jurisdição,

---

[599] Cfr. a este respeito, as judiciosas considerações de ANGELA LUPONE, *Confliti di Leggi e di Giurisdizioni nella Disciplina Statunitense e Comunitaria della Responsabilità del Produtore,* in "Comunicazioni e Studi", Milão, 1985, páginas 779 e segts., *passim.* De resto, os tribunais norte-americanos têm a plena consciência disso; cfr. a este respeito, FRIEDRICH JÜNGER, *General Course of Private International Law, cit.,* "Recueil des Cours", *cit.,* pág. 260.

[600] ANGELA LUPONE, *Confliti di Leggi e di Giurisdizioni, cit.,* página 780.

[601] FRIEDRICH JÜNGER, *General Course of Private International Law, cit.,* "Recueil des Cours", *cit.,* pág. 261.

240 *Poluição Marítima por Hidrocarbonetos e Responsabilidade Civil*

sempre com a reserva e a prudência que juízos prospectivos sempre pressupõem.

A – A partir de um tal ponto de vista, no que concerne os conflitos de leis, direi, antes de mais, que a mesma traduz, agora no campo do direito ambiental-marítimo, a reiteração de uma ideia que, há longos anos, foi afirmada no campo da responsabilidade extra-contratual, a saber a de que a sua sujeição à lei do lugar do ilícito pode ser redutora e que, no que aos conflitos de jurisdição se refere, a aceitação de um qualquer foro delitual, por vezes por imperiosa determinação legal, é inconveniente, criando um *forum shoppping* legal, isto é impõe-se que dado tribunal conheça de certo e determinado ilícito, para, desta forma, o mesmo ser forçosamente disciplinado por dada lei. Ora, sendo assim, a aplicação do critério de conexão previsto na CLC/92 terá de ser restrito às situações em que na génese do incidente, tão só surjam danos causados por um acto ilícito, nada mais se encontrando que possa estar na génese da situação em exame nesse caso, como, v.g. no caso *Amoco Cadiz*, aconteceu, dada a intervenção de navios que procuraram, embora sem qualquer sucesso, salvar o navio sinistrado.

Reconhecer-se-á, em seguida, decorrer dessa jurisprudência a possibilidade das partes, mesmo *ex post facta*, acordarem, ainda que de forma tácita, mesmo no âmbito da responsabilidade civil extra-contratual, na aplicação de dado sistema jurídico por elas escolhido ou de dado foro[602]. E, complementarmente, acrescentarei poder isso levar à escolha de uma lei que, só parcialmente, tenha alguma conexão com a *lex loci delicti*, considerando a ideia de residualidade das normas relativas à responsabilidade civil extra-contratual. Aliás, por essa mesma razão, esta última, bem pode vir a ser subalternizada. Em terceiro lugar, observarei que, especialmente neste campo, em que o instituto da salvação e assistência pode ser chamado a desenvolver papel de relevo, fenómenos de atracção da conexão extra-contratual pela contratual podem fazer girar este tipo de situações em torno da discussão sobre se o dano não terá, afinal de contas, na sua

---

[602] A Convenção de Roma consagra esta solução no seu artigo 3/2, embora tão só no âmbito das obrigações contratuais. A questão que, mesmo tratando-se de solução não isenta de controvérsia, surge no âmbito da jurisprudência *Amoco Cadiz* é que, no âmbito ambiental, pode não ser essa lei aplicável ou pelo menos, pode não reger toda a questão.

génese um contrato de salvação e assistência defeituosamente executado. A questão, com muita acuidade recorde-se, surgiu em pleno neste caso. Notarei, em quarto lugar, que a tutela dos lesados por danos ambientais não pressupõe, necessariamente, a presença de um *favor laesi*, mesmo que o problema revista especiais contornos no campo dos conflitos de jurisdição. Na verdade, a tutela dos lesados não carece, mesmo no plano do direito privado internacional, de particulares justificações. De facto, sendo objecto de tutela no plano puramente interno, o que certamente careceria de explicação seria o facto de, no plano internacional, as coisas se passarem de forma, porventura, diferente. Quanto ao mais, sempre se acrescentará que a cisão entre o lugar da conduta e o lugar da verificação do dano que a mesma causou é realidade que, igualmente, o direito interno bem conhece e da qual não retira qualquer especial consequência, relativa à indispensável protecção da vítima.

B – Relativamente aos conflitos de jurisdição, porventura o reconhecimento da presença dos múltiplos factores que comandam a escolha de dado foro levou à tentativa de construção de um princípio unificador. Quero aludir ao que Lowenfeldt, mais acima, cunhou de princípio de razoabilidade (*the principle of reasonableness*). Ora, na já acima aludida tentativa de visão prospectiva, deverá, igualmente, ter-se presente que, no reconhecimento da presença de um tal princípio, vai aceite um importante directriz reguladora. De facto, uma tal ideia proporciona a explicação material para o facto pelo qual uma sociedade multinacional «...pode razoavelmente ser considerada responsável por um naufrágio causado por uma sociedade neta ou bisneta mas não pela hipoteca de um navio, que não garantiu»[603]. Na verdade, embora a aceitabilidade de tal princípio, enquanto regra de direito internacional privado aplicável, corresponda a uma exigência normativa a, sempre, ter presente neste campo, a verdade é que, na sua ausência, no domínio da CLC, não seria seguro bastarem as competências que a dita convenção atribui à lei da nacionalidade do navio para criar um verdadeiro elemento de conexão que retire à *lex loci delicti* a competência para disciplinar os factos ocorridos no campo da poluição marítima em que nos situamos. Mas que um tal princípio, sem embargo

---

[603] ANDREAS LOWENFELD, *International Litigation and the Quest for Reasonableness, cit.*, pág. 293.

242 *Poluição Marítima por Hidrocarbonetos e Responsabilidade Civil*

da sua incerta base normativa, pode ser fonte de futuros desenvolvimentos neste sector, encontrar-se-á nas trágicas consequências de tantos sinistros deste tipo, de que os casos dos navios-tanque *Erica* e *Prestige* são os mais recentes exemplos. É que o acautelamento e a tutela do que poderá denominar-se ética ambiental, nos nossos dias tão importante, pode beneficiar de uma visão que integre todos os aspectos em causa num princípio unificador superior. Alguns procuram encontrá-lo numa denominada *ordem pública ecológica*[604]. Uma tal ideia de ordem pública ecológica, que muito pouco é, para além de mera ideia descritiva, traduz, em todo o caso, o enorme lugar que tal tipo de solicitações, presentemente, tem. Nesta medida, o aludido princípio de razoabilidade pode servir de base normativa para uma consideração das questões que se cruzam na escolha do foro.

54. É bem possível que, chegados a este ponto, se observe que a jurisprudência *Amoco Cadiz*, nascida da não aplicação da CLC/69 e, porventura mesmo criada para a sua não aplicação, justamente por essa razão, tem pouco para oferecer a quem procura reconstituir o sistema de Direito Internacional Privado que, na mesma, é proposto. E tem tanto menos quanto como, de resto, acima houve ocasião de mostrar[605], bem vistas as coisas, é possível sustentar que a aplicação do critério da *lex loci delicti*, não imporia necessariamente a aplicação da CLC como não excluiria, inelutavelmente, a aplicação do direito material norte-americano e respectivos critérios ressarcitórios. Tudo está, afinal de contas, na determinação de qual o conceito de *lugar do delito* a ter em atenção. Uma tal afirmação, cuja primeira parte é talvez exacta, pode, porventura, deixar em segundo plano que, não apenas os montantes passíveis de serem atribuídos – sem, bem entendido, esquecer a importância que, em tal decisão essa circunstância, pesou – comandaram a escolha de dado foro por banda dos litigantes, em particular dos lesados, sem verdadeiramente pôr directamente em causa a temática internacional privada da CLC. Não partilho um tal ponto de vista. De facto, essa jurisprudência para além de ter chamado a atenção para o facto de os elevados danos causados não se conciliarem com os

---

[604] Cfr., v.g., ALEXANDRE KISS, *L'Ordre Public Écologique*, in "L'Ordre Public Écologique, Towards an Ecological Public Order", sous la Direction de MARGUERITE BOUTELET & JEAN-CLAUDE FRITZ, Bruxelles, 2005, páginas 155 e segts., *passim*.

[605] Cfr. supra n.° 484 e n.° 485.

Aspectos do Direito Internacional Privado 243

reduzidos montantes colocados à disposição dos lesados[606], desencadeou um intenso debate sobre a ressarcibilidade do dano ecológico, ainda hoje em curso. O que, porventura, está na base destas aporias é o facto da CLC assentar numa rigorosa e exclusiva canalização da responsabilidade, convertida em regra legal, imperativa e irrenunciável. Por sua vez, essa concepção arranca do facto, inegável, sem dúvida, de, para além de outros, sempre eventuais intervenientes, não ser fácil, neste campo, compaginar situação em que o proprietário do navio não tenha um lugar central nos acontecimentos. Sem embargo de ser assim, a verdade é que a possibilidade, como forma do dito proprietário se exonerar da presunção de responsabilidade que sobre si recai, de, v.g., invocar a culpa de terceiro, pode deslocar o eixo central dos factos ocorridos para uma localização geográfica distante daquela em que a actuação de terceiro (para continuar com esse exemplo) ocorreu e, em que portanto, se situa o foro mais adequado para os factos em apreciação. Mas, de qualquer forma, a consideração das decisões da jurisprudência, no que toca àquilo de que aqui nos ocupamos, permite equacionar a problemática a ter em consideração e a repensar as vantagens e os limites de tal jurisprudência. Nessa medida, a sua utilidade para a aplicação judiciária da CLC dificilmente poderá ser questionada.

De facto, quase sempre, este tipo de incidentes marítimos encontra, na sua génese, uma multiplicidade de causas, para cuja averiguação o *forum delicti*, pode não ser, necessariamente, o adequado, ou pelo menos o mais adequado. Ora, a CLC, ao de uma forma, quase imperativa, impor dado foro, determinando, assim, a lei material a que a relação controvertida será sujeita – estar-se-á, nesse caso, perante uma situação de *forum shopping* potenciado pela lei – impede a escolha do foro que melhor convém à apreciação dos factos controvertidos. No que precede, não está em causa, note-se, a existência de um *forum delicti*, apenas a sua pretensão de exclusividade[607]. A jurisprudência que acima foi passada em revista, disso é prova eloquente. Nesta medida, a jurisprudência *Amoco Cadiz* – e não será esse o seu menor mérito – permitirá pôr em destaque os aspectos

---

[606] Tão válida era a preocupação dos lesados na obtenção de indemnizações mais elevadas que desde esse acidente não pararam sucessivas revisões da CLC no sentido de aumentar recursos que permitam fazer face aos pedidos – sempre em acréscimo – formulados pelas vítimas da poluição marítima.

[607] Neste sentido, CRISTOPHE BERNASCONI, *Civil Liability resulting from transfontier environmental damage: a case for the Hague Conference?, cit.*, página 48.

244   *Poluição Marítima por Hidrocarbonetos e Responsabilidade Civil*

negativos da consagração em termos de exclusividade de uma qualquer forma de *foro delitual*, sobretudo se entendido este como foro único, e, consequentemente, com vocação para se ocupar de qualquer questão que, no âmbito do que aqui nos ocupamos, venha a surgir.

Muito, porventura, para além da interacção entre o sistema da Convenção de Bruxelas sobre a competência judiciária de 1968 e o sistema de normas de conflitos de jurisdição contidas na CLC/92, incluindo a sua eventual evolução – em particular no que concerne à leitura jurisprudencial que da mesma as instâncias judiciárias foram fazendo – as soluções a que se for chegando também passarão pelo facto de, na escolha de tais soluções, não deverem ser esquecidas e ponderadas as suas consequências[608]. Aliás, isso permitirá dar relevo à dimensão ecológica que será, igualmente, melhor tida em conta, a partir de perspectiva que conceda aos lesados maior possibilidade de seleccionarem o foro que os mesmos considerarem o mais apropriado para fazerem valer em juízo as respectivas pretensões, designadamente essas.

O afastamento do foro da área em que o evento lesivo ocorreu, não implica, menos ainda inevitavelmente, como uma sua directa consequência, uma menor atenção à aludida dimensão. Também isso, a jurisprudência *Amoco Cadiz* o veio mostrar. De notar que isso não implica o esquecimento das posições dos civilmente responsáveis, designadamente do proprietário do navio. Na verdade, uma tal possibilidade, poderá conceder-lhes, também a eles, a possibilidade de terem acesso a um foro em que mais adequadamente possam invocar e provar as causas de exoneração que lhes aproveitam e que estão consagradas na CLC. Veja-se, v.g., o caso – entre muitos outros que não seria difícil aqui compaginar – da causa legal da sua exoneração (facto de terceiro) constituída pela recusa de permitir a entrada de um navio em perigo num porto de refúgio, que bem distante se pode encontrar do local da verificação dos danos.

---

[608] Sobre a questão da tomada em consideração, no decurso da actividade interpretativa, das consequências respectivas, cfr. WINFRIED HASSEMER, *Sistema Jurídico e codificação: a vinculação do juiz à lei*, página 298, in "Introdução à Filosofia do Direito e à Teoria do Direito Contemporâneas", Edição Fundação Calouste Gulbenkian, Lisboa, 2002.

CAPÍTULO VI
Conclusão. Perspectivas de futuro

55. Descrever os mais importantes aspectos do sistema conjunto CLC/92 e IOCPF/92 foi o objectivo proposto e que se procurou levar a cabo nas linhas antecedentes. O mesmo não deve, no entanto, ser apresentado como realidade fechada, o que equivaleria a deformá-lo. O condicionalismo que está na sua génese e que pretende disciplinar constantemente, reveste novas formas, apresenta novas perspectivas, não cessando de surpreender com inesperadas pretensões, de resto, consequências das sempre diferentes exigências que o factualismo da poluição marítima por hidrocarbonetos origina. Por tal motivo, perante o nosso horizonte, perpassa a dúvida de saber qual a capacidade do sistema conjunto CLC/IOPCFund para fazer face a novas dimensões que, no campo ressarcitório, venham a surgir. Estas, é certo, no fundo parecem ser – se é que não o são mesmo – as mesmas dificuldades jurídicas que já, precedentemente, se manifestavam. Por um lado, não deve perder-se de vista as acrescidas exigências indemnizatórias. Esta mais elevada dimensão dos danos cujo ressarcimento, presentemente, é pedido, em todo o caso, decorre não tanto de maior rigor na selecção e aplicação das regras vigentes, quanto do facto, de, presentemente, uma *public opinion* muito sensível às questões que, directa ou indirectamente, afectam o meio-ambiental, potencia a criação de novos paradigmas jurídicos, que acabarão por repercutir-se no aparecimento de novas perspectivas jurídicas na interpretação dos critérios de reparação dos danos dos lesados até agora desconhecidos[609]. Mas, por

---

[609] Cfr., a este respeito, os debates realizados em 2003, na Faculdade de Direito de Dijon, publicados sob o título *L'Ordre Public Écologique*, Bruxelles, 2005, são, a meu ver exemplares e, ao mesmo tempo ilustrativos desta maneira de encarar esta temática na qual adquire relevo a existência de tentativas de elaborar o que pode intitular-se de ordem pública ecológica ou ordem pública ambiental, na expressão de um dos intervenientes no

246 Poluição Marítima por Hidrocarbonetos e Responsabilidade Civil

outro lado, algo paradoxalmente, porventura, é essa acrescida pressão para a aceitação das situações ressarcitórias que pode ser fonte de acrescidas dificuldades. De facto, os meios financeiros para fazer face aos pedidos deste tipo de prejuízos são escassos. A mencionada pressão pode torná-los insuficientes, não obstante o reforço de meios, como o prova o apareci-mento do *Suplementary Fund.* A tentativa de fazer incluir neste tipo de danos os que, tão somente, de forma indirecta, têm ligação com a realidade da *contaminação,* é susceptível de pôr em causa o sistema vigente que, mesmo em relação a danos que, *prima facie,* parecem ser indemnizáveis, têm limitações. Nenhum sistema segurador ou de base seguradora, mais cedo ou mais tarde, deixa de ter limites. Como nota Sinde Monteiro, «...na falta de instrumentos adequados para conter a indemnização dentro de limites razoáveis, a reparação do prejuízo puramente económico pode facilmente conduzir a uma "responsabilidade excessiva"»[610]. Ora, serão estas realidades que poderão, porventura, levar ao redimensionamento dos mecanismos indemnizatórios da CLC/92 acima examinados. Em boa parte, tudo dependerá da maneira como, tanto doutrinária como jurispru-dencialmente, a questão do ressarcimento do dano económico vier a ser encarada. Das mesmas poderão provir novos rumos que, porventura, de forma ao menos parcialmente, tenham em atenção tanto essas novas como outras maneiras de visionar estas realidades[611].

Ao que para cima fica, algo mais, terá de ser, em todo o caso, acres-centado. Na verdade, das reflexões dos precedentes capítulos haverá a reter, como ideia central, o entendimento segundo o qual o sistema ressar-citório constituído, simultaneamente, pela CLC e pelo IOPCFund assenta num mecanismo da responsabilidade civil. Igualmente, porventura pelo facto da coluna vertebral das convenções se centrar no dito mecanismo, as eventuais repercussões ambientais dos derramamentos serem encaradas

---

dito colóquio (MARIE-CAROLINE VINCENTE-LEGOUX, *L'Ordre Public Écologique en Droit Interne,* pág. 97).

610 JORGE SINDE MONTEIRO, *Protecção dos interesses económicos na responsabili-dade civil por dano ambiental, cit.,* pág. 139.

611 Trata-se, em todo o caso, de visionar esta temática, de *lege ferenda* o que não é o nosso objectivo. Sobre perspectivas a este respeito, SINDE MONTEIRO, *Protecção dos interesses económicos na responsabilidade civil por dano ambiental, cit.,* págs. 154 e segts., *passim,* com amplas referências bibliográficas.

não tanto como lesões em si mesmas consideradas, como tal devendo pois ser ressarcidas, mas, antes, como causadoras de danos, estes a deverem ser indemnizados, causados a posições jurídicas individuais. Isso, conforme também oportunamente foi sublinhado, implica que a protecção ambiental não seja a dimensão que a CLC coloca em primeiro lugar ou, sequer, em destaque.

De resto, o facto de todo o sistema ressarcitório ter sido alicerçado a partir do instituto da responsabilidade civil a isso sempre levaria. Mas pode ter ficado relativamente subalternizada a percepção de que o sistema indemnizatório, na sua dupla dimensão de CLC/92 e IOPCFund/92, porventura por se alicerçar em tradições e institutos típicos do direito marítimo, como é, v.g., o caso do instituto da limitação da responsabilidade civil do proprietário do comandante do navio, apesar de tudo, não ignora, ainda que não a releve totalmente, a dimensão ambiental desta temática. Prova-o o facto de, através do Protocolo de Londres de 2003[612], aqui abreviadamente designado por Protocolo/2003, ter sido criado um terceiro Fundo de Indemnização – o *Supplementary Fund* que eleva os montantes a que deverá recorrer-se para fazer face a acrescidas necessidades indemnizatórias. Ora, estas ganharam especial acuidade com os incidentes – e, sobretudo, com a visibilidade dos mesmos – do *Erika* e do *Prestige*. Ora, em face da sua gravidade tornou-se visível a irrenunciabilidade de concretizar o que está enunciado no quarto considerando do Protocolo/2003, a saber *a importância de manter a viabilidade do sistema internacional de responsabilidade civil e de compensação por poluição causado por hidrocarbonetos.*

O que precede tem a ver com a imperiosa actualização dos recursos do IOPCFund, de forma a fazer face a acrescidas exigências indemnizatórias, devidas à multiplicação dos incidentes marítimos causadores de poluição por hidrocarbonetos e do aumento da expressão quantitativa dos prejuízos daí advenientes reclamados, tudo a repercutir-se no aumento de litígios[613] emergente desses vários incidentes. Acresce o facto das preocupações marítimas ambientais – mesmo que nunca ignoradas pela juris-

---

[612] Texto em MANUEL JANUÁRIO DA COSTA GOMES, *Leis Marítimas, cit.*, págs. 913 e segts.

[613] Segundo informação da IOPCFund (sessão de 30 de Junho de 2005) só o incidente com o «Erika» deu ligar à propositura de 795 acções contra o Fundo, das quais 412 foram resolvidas amigavelmente e 51 retiradas.

248 *Poluição Marítima por Hidrocarbonetos e Responsabilidade Civil*

prudência que se foi formando a este respeito – estarem cada vez mais presentes no contencioso da CLC.

56. A verdade é que será no contexto do IOPCFund que a tomada em consideração de tais exigências deve ser efectuada. Isto, ao fim e ao cabo, significa dever ser afastada na apreciação desta problemática a tomada em atenção doutras fontes normativas que, *prima facie*, parecem poder trazer contributos para essa tarefa. É, v.g., o caso da CNUDM ou da Convenção sobre a intervenção no alto mar.

Não se afigura que os dados do problema mudem substancialmente com uma interpretação da CLC/92 que leve em atenção os dados que resultam da CNUDM,[614] mesmo dando esta uma noção mais ampla de *poluição do meio marinho*. Na verdade, nesse documento, a mesma é definida (artigo 1/1, alínea 4) como *a introdução pelo homem, directa ou indirectamente, de substâncias ou de energia no meio marinho, incluindo os estuários, sempre que a mesma provoque ou possa vir a provocar efeitos nocivos tais como danos aos recursos vivos e à vida marinha, riscos à saúde do homem, entrave às actividades marítimas, incluindo a pesca e as outras utilizações legítimas do mar, alteração da qualidade da água do mar, no que se refere à sua utilização, e deterioração dos locais de recreio.* Mas, relativamente ao que aqui está em causa, bem vistas as coisas, as inovações não são substanciais. Refira-se, antes de mais, que ao definir *poluição*, a CNUDM, proporciona-nos uma definição que não tem em atenção apenas a poluição por hidrocarbonetos. De facto, na dita convenção está em causa toda e qualquer forma de poluição causada no meio marinho, qualquer que a sua fonte possa ser. Isso explica a ausência de alusões à *contaminação*, fenómeno que denota a viscosidade própria dos hidrocarbonetos. Além disso, nessa definição, não são contemplados danos no *meio ambiente*, não falando a CNUDM senão em *deterioração dos locais de recreio* (*reduction of amenities*, no texto inglês ou *dégradation des valeurs d'ágrement*, no texto francês). Com a noção de poluição alargada à *deterioração dos locais de recreio,* não se admite algo que anteriormente não fosse já susceptível de ser ressarcido e que a jurisprudência já admi-

---

[614] Portugal aderiu ao sistema da Convenção de Montego Bay, através do Decreto do Presidente da República, n.º 67-A/97, de 14 de Outubro; Diário da República, I Série A, n.º 238, de 14 de Outubro de 1997.

Conclusão. Perspectivas de Futuro 249

tira. Assim, ter-se-á, consistir a única visível alteração no facto do dano abranger a «Introdução (...) indirecta pelo homem, dircto ou indirectamente de substâncias ou energia no meio marinho, incluindo os estuários, sempre que a mesma provoque ou possa vir a provocar efeitos nocivos...», seguindo-se uma enunciação meramente exemplificativa dos mesmos. Esta fórmula, nada de novo acrescenta ao que, neste momento, a CLC, oferece ao seu intérprete. E outras convenções de direito marítimo ocupam-se de outros tipos de poluição como, v.g., sucede com a chamada *Bunker Convention*[615]. De facto, mesmo que as coisas pudessem ser diferentes relativamente ao texto de 1969, a verdade é que a CLC/92 considera dano por poluição, admitindo a possibilidade do seu ressarcimento, o *custo das medidas de salvaguarda bem como quaisquer perdas ou danos por elas causadas* se razoáveis[616-617]. Assim, mesmo que a poluição não chegasse a manifestar-se, poderiam ter surgido danos indemnizáveis resultantes das medidas feitas para evitar ou minimizar esse dano. Nesta ordem de ideias, preceituar que a poluição também integra a simples possibilidade da sua ocorrência, é confirmar, com diferente redacção, a aceitação do princípio do conceito alargado de dano de poluição. Ora, já anteriormente – porque constante do protocolo de 1984 – tal princípio fora reconhecido em direito privado, nomeadamente na CLC/92, alargando ou, pelo menos, precisando o conceito de dano de poluição indemnizável. De facto, as medidas preventivas estão autonomizadas e, em consequência, são ressarcíveis enquanto tais, mesmo que com as limitações que acima deixei assinaladas. É certo que, com a expressão *...provocar efeitos nocivos tais como...*, constante do citado preceito da CNUDM, fica assegurada a possibilidade de concretização casuística dos ditos *efeitos nocivos*, designadamente no plano judicial. Mas, bem vistas as coisas, não é diferente a situação na CLC, também ela não eliminando de todo a necessidade de concretizações judiciais do termo *contaminação* que pode alargar o âmbito do prejuízo a ser ressarcido. Contudo, como na CNUDM, o ressarcimento

---

[615] Sobre esta convenção internacional, cfr., supra nota n.° 56.

[616] Não definido o que é «...custo razoável...», a determinação de tal conceito terá de ser deixada para a jurisprudência

[617] O texto inglês é, a este respeito, mais abrangente que o francês do qual a tradução oficial portuguesa da CLC/92 está próxima. De facto, no texto inglês, escreve-se: *the costs of preventiv measures*, escrevendo-se, antes, no texto francês: *le coût des mesures de sauvegarde*.

continua ligado à ideia de restauração natural do ambiente, na medida em que o ser humano é atingido pela deterioração do meio ambiente, e não à de indemnização por danos causados ao meio ambiente, em si mesmo considerado. Que é assim, resulta, como afirma um autor, do facto do próprio princípio da restauração levar a uma definição abrangente. Na verdade, como Pierre-Marie Dupuy teve ocasião de observar, a não ser desta maneira, a ideia de restauração natural seria impossível[618]. Assim, não se vê que a ideia de reposição natural – presente na CLC – tenha sido abandonada, subalternizada ou adquirido um diferente sentido na CNUDM. Logo pode admitir-se, o único efeito normativo efectivo da sua definição respeita à controvérsia em torno do artigo I/5 da CLC, no que respeita à distinção, presente na CLC, entre *óleos persistentes* e *óleos não persistentes* que, à face da mesma, fica privada de razão de ser.

Justamente por ser como precede, a doutrina tem sublinhado a continuidade entre os laços existentes entre o artigo 235.° da CNUDM, por um lado, e as convenções CLC e as do Fundo, por outro lado falando um autor da inspiração que a primeira recebeu das segundas[619] e um outro considerando ser o IOPCFund uma primeira realização prática (*first practical implementation*) do mencionado artigo 235.°[620-621]. De facto, a meu ver, será do contrário de que se trata. Na verdade, a CLC/69, na ocasião da assinatura da CNUDM, já possuía uma experiência e uma prática em matéria

---

[618] Afirma, literalmente, este autor «Otherwise Restoring a polluted environment turns out to be impossible if its impairment has not caused direct damage to any individual or corporate body», *The Preservation of the Marine Environment*, in «A Handbook on the New Law of the Sea», Edited by René-Jean Dupuy, Daniel Vignes, pág. 1164

[619] HANS CORELL, *The law of the Sea*, in "The IOPC Funs'25 years of compensation victims of oil pollution incidents", London, 2003, pág. 35.

[620] THOMAS MENSAH, *The IOPC Funds: how it all started*, "The IOPC Funds'25 years of compensation victims of oil pollution incident", *cit.* pág. 49.

[621] Não é inteiramente claro o artigo 235.° da CNUDM. De facto, a 1.ª parte desse preceito dispõe que os Estados deverão zelar pelo cumprimento *das suas obrigações internacionais relativas à protecção e preservação do meio-marinho*. E a 2.ª parte desse artigo acrescenta: *Serão responsáveis de conformidade com o direito internacional*. Pareceria assim que só da responsabilidade de direito internacional se trataria. A verdade é que o n.° 2 desta mesma disposição acrescenta que Os *Estados devem assegurar através do seu direito interno meios de recurso que permitam obter uma indemnização pronta e adequada...* Ora, já se encontrando em vigor uma convenção relativa à indemnização pelos danos causados por determinada forma de poluição, penso que estas disposições não se aplicam ao campo normativo já assegurado pelas CLC/69 e, agora, CLC/92.

Conclusão. Perspectivas de Futuro

de ressarcimento de prejuízos por poluição por hidrocarbonetos, cuja consagração nesse tratado pouco acrescentava, a respeito da responsabilidade civil. Isto para não falar no facto de não poucas dificuldades interpretativas a esse respeito terem sido já objecto de tomada de posição judicial.

Algo de semelhante deve ser dito relativamente ao papel que a Convenção de 1969 sobre a intervenção no alto mar, porventura pode desempenhar. Viu-se acima que uma das razões afirmadas pelo Tribunal de Apelação de Messina foi o facto da «...*amplitude da definição de dano dada pela convenção sobre responsabilidade civil, valorada em relação à definição dada pela convenção sobre a intervenção no alto mar aos interesses conexos dos estados ribeirinhos, como a área do dano coberta pela responsabilidade civil compreenda também qualquer dano causado aos litorais e aos interesses conexos dos estados ribeirinhos*»[622]. Esta posição, contudo, não pode ser aceite. O ponto de vista do Tribunal de apelação de Messina assenta na ligação entre as duas convenções. Ora, este entendimento foi, *de lege ferenda*, amplamente debatido no decurso dos trabalhos preparatórios da convenção sobre a intervenção[623]. De facto, o Canadá propôs *ligar* as duas convenções, de forma a que só houvesse obrigação do Estado costeiro de pagar ao proprietário aquilo a que estava perante ele obrigado em virtude das medidas de intervenção quando, por sua vez o proprietário indemnizasse os danos por poluição causados pelo seu navio. Esta proposta, contudo, foi rejeitada, bem como propostas feitas por vários Estados costeiros nesse mesmo sentido[624] e, em geral, quaisquer iniciativas neste mesmo sentido foram recusadas. De qualquer das maneiras, nem sequer foi dessa forma que a jurisprudência *Patmos* perspectivou a dita conexão entre as duas convenções. Na verdade, a conexão que a mesma propôs consistiu em interpretar os conceitos definitórios de uma das convenções (a CLC) à luz dos da outra (a convenção sobre a intervenção no alto mar). Mas outra era a «ligação» a que as partes presentes nas discussões no decurso dos trabalhos preparatórios da convenção sobre a intervenção pretendiam aludir. De facto, a ligação proposta pelos Estados costeiros tinha a ver com a ligação a ser feita com os Estados marítimos, ou

---

[622] Sentença cit., "Il Diritto Marittimo", Ano XCI, fascículo IV, pág. 1056.

[623] Sobre esta controvérsia cfr. M'GONIGLE, ZACHER, *Pollution, Politics, and International Law, cit.*, págs. 160 e segts.

[624] A este respeito, cfr. M'GONIGLE, ZACHER, Pollution, Politics, and International Law, cit., págs. 165, em especial a nota n.º 62.

252 *Poluição Marítima por Hidrocarbonetos e Responsabilidade Civil*

melhor com os Estados da nacionalidade do navio (Estados da bandeira). No fundo, para além da própria dificuldade em encontrar uma definição adequada para o que, no contexto desta convenção, deve entender-se por interesses[625], estava-se como que perante a percepção de que a CLC, só por si, poderia ser bastante para acautelar os interesses dos Estados costeiros vítimas da poluição, e de que, portanto, os aspectos da mesma que aproveitassem aos Estados da nacionalidade só seriam aplicados se e quando o Estado de que o navio poluidor arvorasse a bandeira, por sua vez, assegurasse o cumprimento das suas obrigações de natureza indemnizatória. E, nessa medida, a CLC/69, convenção de direito civil, foi complementada com uma convenção de direito internacional público.

A verdade é que conceitos de natureza jus-publicística são insusceptíveis de transposição para uma convenção de direito privado e de, uma vez terminada tal operação, converterem-se em conceitos de direito privado. A levar-se a cabo uma tal acção hermenêutica, quebrar-se-ia o equilíbrio de interesses que presidiu à elaboração das duas convenções. Isto admitindo, agora no plano da lógica jurídica, a sua própria exequibilidade.

57. O fenómeno de transformação no âmbito interno do sentido normativo inscrito em dada instrumento de direito uniforme, doutrinariamente, nada tem nem de novo nem de desconhecido. O mesmo não traduz senão a vontade de preponderância da *ratio*, relativamente à *auctoritas*. Como tal, é tendência que se manifesta constantemente. O facto de neste caso, *a ratio* ter génese interna e *a auctoritas* provir de fonte externa não lhe concede recorte próprio. Daqui decorre a possibilidade de chegar-se a um resultado que desconheça ou subalternize a intenção normativa dos autores do sistema internacional de responsabilidade civil e de compensação por poluição causado por hidrocarbonetos, de conformar de dada maneira as relações jurídicas em causa neste tipo de situações. A susceptibilidade disso suceder, em todo o caso, não sendo, repete-se, exclusiva do direito uniforme, encontra no seu campo, terreno de eleição para florescer. A este respeito, na doutrina portuguesa, Marques dos Santos notava, quanto às divergências jurisprudenciais relativas à interpretação

---

[625] O artigo II, 4 da Convenção sobre intervenção em Alto Mar, define o que, por *interesses relacionados*, deve ser entendido. Na doutrina JEAN-PIERRE QUÉNEUDEC, *La Notion d'État Interessé en Droit International*, "Recueil des Cours" Volume 255, páginas 389 e sgts., *passim*.

Conclusão. Perspectivas de Futuro 253

das leis uniformes, que «...na falta de um órgão central de unificação da jurisprudência, acabam por atenuar, senão mesmo por subverter, o carácter uniforme dessas leis»[626]. Perante a possibilidade desta *duplex interpretatio*[627], de resto, decorrente, ela própria, da evolução legislativa, uma rápida, constante e progressiva afirmação dos valores ambientais no âmbito desta convenção, *nolens volens*, pode levar a que os tribunais, mesmo não abandonando inteiramente a ortodoxia maritimista do sistema internacional relativo à responsabilidade civil por danos devida a poluição, a utilizem para efectuarem *leituras ambientais* dos litígios que, a este respeito, lhes sejam submetidos para apreciação. Se isso vier a suceder, o intérprete nacional da convenção, designadamente o judiciário, poderá vir a encontrar-se num dilema de muito difícil saída. Com efeito, ou respeita a pureza da ortodoxia do dito sistema internacional – e, assim, mesmo não as ignorando, não dá primazia às preocupações jurídico-ambientais – ou, concede-lhes o primeiro lugar – e, concomitantemente, subalterniza as exigências normativas marítimas-internacionais, tal como as mesmas foram consagradas nas mencionadas convenções internacionais em nome da sua própria ortopraxia. A este respeito, direi não poder ignorar-se que interpretações ambientais da convenção sobre responsabilidade civil estarão, porventura, cada vez mais presentes em futuras direcções da jurisprudência que, a este respeito, vierem a formar-se. Mas isso só será possível, se porventura, os valores marítimo-internacionais – inscritos desde o início no quadro da CLC/69 e, em seguida, mantidos no âmbito da CLC/92 – não

---

[626] Marques dos Santos, *Direito Internacional Privado, Introdução* – I Volume, Lisboa, 2001, pág. 25.

[627] Para Betti, esta expressão pretende descrever o fenómeno que se tem «... quando uma norma, um instituto jurídico de um precedente ordenamento passa para um novo, enquanto permanece inalterado o texto da norma; ora, enquadrada no novo ordenamento, a norma, textualmente imodificada assume um novo significado, essencialmente diverso». Ainda segundo este autor, «...a *duplex interpretatio* resulta objectivamente, de forma espontânea e sem arbítrio do enquadramento modificado, da enunciação normativa num contexto diverso dado pela nova ordem jurídica...», Emilio Betti, *Interpretazione della lege e sua eficienza evolutiva,* in "Diritto Metodo Ermeneutica", Milão, 1991, pág. 535. Na verdade, colocada a norma que define «prejuízo por poluição» num ordenamento jurídico que, a partir de certo momento, passou a ver as questões ambientais receberem um enquadramento normativo específico, leva a ver essa mesma norma sob um ponto de vista, também ele, ambiental. A visão da jurisprudência, ao evocar outros «lugares ambientais», bem vistas as coisas, procede da consciência, mais ou menos clara, de ser impossível proceder à interpretação das disposições relevantes da CLC 1969, sem dar tradução prática a uma tal actuação interpretativa.

254 *Poluição Marítima por Hidrocarbonetos e Responsabilidade Civil*

vierem a ser considerados como excluindo ou, pelo menos, subalterni-zando, possíveis rumos de sentido ambiental[628]. Contudo, fazer juízos de prognose relativos a orientações e rumos que correntes jurisprudenciais, nesta matéria, poderão ou não seguir, sempre serão difíceis e, sobretudo não se integram num escudo de direito positivo.

Sempre podendo, em todo o caso, dizer-se, que, não obstante o *ethos* dos nossos dias, tal como o mesmo se revela – de manifestações de *public opinion* a elaborações político-sociais e mesmo jurídico-hermenêuticas – revestir, no campo em que as convenções sobre poluição marítima se ins-crevem, um sentido inequivocamente *ambiental*, não é seguro que o apare-cimento de um dado sentido normativo relativamente a essas preocupa-ções leve a uma inelutável manifestação nessa direcção e nesse sentido valorativo e, mais ainda, ser esse sentido o ambiental-ecológico. De facto, a verdade é que não pode dizer-se que a jurisprudência formada a partir desta convenção, mesmo não desconhecendo tais valores, pretenda que merecem primazia, no quadro jurídico traçado nessa convenção.

Não os ignorando, considera haver razões que impedem, numa even-tual ponderação dos vários valores em jogo, a opção pelos de natureza ambiental. Assim, nuns casos, silencia a dimensão jurídico-internacional desta temática. Noutros, fica-se por alguma prudência na escolha dos critérios ressarcitórios aplicáveis a este tipo de situações (caso, v.g., do *Amoco Cadiz*). Noutros, enfim, em face dos diversos textos legais aplicá-veis, antes considera haver outros valores de natureza e de dignidade, igualmente constitucionais, a que entende atribuir prevalência relativa-mente aos valores jurídico-ambientais[629] (casos do *Puertollano*, sentença

---

[628] Já em 1986 PIERRE BONASSIES notava que «... declarar o armador responsável e condená-lo a indemnizar as vítimas é, para o direito marítimo, reconhecer parcialmente o seu fracasso», porque, acrescenta « ... nenhum sistema de responsabilidade e de reparação, por excelente que seja, pode fazer reviver as riquezas destruídas», *Le Droit Maritime Clas-sique et la Securité des Espaces Maritimes, cit.* in "Espaces et Ressources Maritimes" *cit.* págs. 115 e segts. e, em especial, para a citação supra, 127.

[629] Não obstante apesar de, aliás, significativamente, a sentença do Tribunal da Figueira da Foz, acima assinalada (supra nota n.º 4), ter observado «... que todos somos mais ou menos sensíveis às questões do Ambiente, e que a preservação dos Oceanos e da Fauna Marítima é uma questão candente e uma das grandes responsabilidades perante as vindouras ...» nem por isso deixa de acrescentar que «... tais princípios não podem poster-gar os critérios de valoração das provas e os princípios constitucionais da presunção de inocência da arguida ...».

do Tribunal da Figueira da Foz de 10 de Abril de 1996 ou do *Exxon Valdez*, sentença de 23 de Março de 1994 do United States District Court – District of Alaska). É o caso, entre todos paradigmático, da necessidade de respeitar os princípios do Estado de Direito, como o é, igualmente, a exigência de respeito e de fidelidade a valores normativos que afastem tentativas de reconstrução jurisprudencial de textos legais vigentes, ainda que formadas e defendidas a partir ou com base nos ditos valores ambientais. Neste contexto, recorde-se as palavras que na sentença, já acima referida de 23 de Março de 1994[630] do United States District Court – District of Alaska (U.S.D.C.) foram proferidas ao rejeitar pedidos de indemnização por perdas não económicas formulados pelos nativos do Alaska no caso do *Exxon Valdez:* «...A ofensa à cultura nativa provocada pelo derramamento de crude no Estreito de Sound não é accionável na base de pedidos individuais. Aos que dizem que devia sê-lo, o Tribunal deve responder: O Congresso e os Tribunais de Apelação fazem a lei, não este Tribunal». Mesmo pronunciadas noutro contexto normativo, não pode deixar de notar-se esta atitude de prudência relativamente a qualquer forma de activismo judicial.

Ao que precede, deverá acrescer a questão de saber qual o relevo normativo que os tribunais, nomeadamente os portugueses, devem dar às directrizes de um organismo como o IOPCFund. De facto, pode colocar-se a questão de saber se os tribunais estão obrigados a seguir as suas orientações quando recomenda que as situações susceptíveis de ressarcimento sejam tão só as susceptíveis de enquadramento na definição do artigo I/6 da CLC/92. O Conselho de Administração do IOCPFund/92, na sua resolução n.º 8, aprovada na sua primeira sessão de Maio de 2003, considerou que «...os tribunais dos Estados Partes nas Convenções de 1992 deveriam ter em conta das decisões tomadas pelos órgãos directores do Fundo de 1992 e do Fundo de 1971, relativas à interpretação e à aplicação das ditas Convenções». É difícil prever qual a posição que, perante a mesma, os tribunais portugueses tomariam, caso tal questão viesse a surgir perante os mesmos. É que, repare-se, não é pedido que os tribunais sigam essas decisões. De forma mais restritiva, manifesta-se, tão só o desejo das mesmas serem tidas em consideração.

O artigo 8/3 da Constituição prescreve que as «...normas emanadas dos órgãos competentes das organizações internacionais de que Portugal

---

[630] Sentença de 23 de Março de 1994, "Il Diritto Marittimo", ano XCVII, págs. 533 e segts. e, para a transcrição supra no texto, pág. 542.

256 Poluição Marítima por Hidrocarbonetos e Responsabilidade Civil

seja parte vigoram directamente na ordem interna, desde que estabelecido nos respectivos tratados constitutivos». Assim, não se vê que a independência dos tribunais seja posta em causa na adopção de critérios como os mais acima apresentados.

Aliás, neste contexto, em face de um pedido ressarcitório, formulado no quadro do naufrágio e do afundamento do navio *Erika*, no qual a aplicação dos critérios do IOPCFund/92 levaria à improcedência do pedido, o Tribunal de Comércio de Rennes, veio a decidir que:

«Em virtude da Constituição francesa, os tratados internacionais ratificados pela França têm uma autoridade superior à das nossas leis.

– O Fundo estabeleceu os critérios de aceitabilidade para fins de uniformização de forma a estabelecer a igualdade de tratamento dos lesados. A convenção prevê que para que um pedido seja aceite deve haver um nexo de causalidade suficiente entre a poluição e dano sofrido pelo autor. Este laço de causalidade é determinado por factores económicos como o grau de dependência do autor em relação ao sinistro, uma proximidade geográfica, a diversificação das fontes de aprovisionamento do autor e os resultados económicos obtidos anteriormente.

– Uma grande parte das viagens organizadas foi vendida por «tour-operators». Estas vendas devem ser consideradas como vendas «em segundo grau», em virtude da Convenção de 1992, sobre a criação do «Fundo» e não são pois admissíveis.

Por estas razões, após o exame efectuado tendo em consideração a Convenção de 1992 e esta unicamente, o pedido é rejeitado»[631].

Assim, a meu ver, se porventura, o problema vier a ser colocado a um tribunal português, a resposta à questão não deveria ser de sentido substancialmente diferente do indicado. É esse, pelo menos no que se refere à solução de fundo atingida, para além das razões indicadas pelo tribunal

---

[631] Cit. em JEAN-SERGE ROUART, *L'Application des Critères du Fonds sur L'admissibilté des demandes: L'exemple de L'«Erika»*, comunicação apresentada à reunião da 38.ª Conferência do C.M.I., Vancouver, 2003, in www.comitemaritime.org./year/2003, págs. 10 e 11. Aliás, o mesmo autor neste mesmo estudo referira uma sentença do Tribunal de *Grande Instance* de Nantes de Janeiro de 2004, que rejeitara o pedido de indemnização por lucros cessantes apresentado por dois hotéis situados no centro de Nantes, estudo cit., pág. 10.

Conclusão. Perspectivas de Futuro 257

francês[632], que só merecem ser perfilhadas, o sentido da jurisprudência dos tribunais superiores portugueses neste assunto[633]. Assim, qualquer que seja a posição que, a este respeito, vier a ser adoptada, a verdade é que as exigências de uniformidade[634] na aplicação de uma dada convenção internacional – caso tanto da CLC/92 como do IOPCFund/92 – podem afastar ou, pelo menos, nem sequer levar em atenção objectivos ambientais, por imperativo do princípio da legalidade.

De resto, na jurisprudência internacional já foi afirmado que outras exigências normativas – no caso concreto, as decorrentes do respeito do direito dos tratados – devem sobrepor-se às exigências ambientais[635]. De resto, recorde-se, o Tribunal Judicial da Figueira da Foz, não obstante salientar que «...a preservação dos Oceanos e da fauna Marítima é uma questão candente e uma das grandes responsabilidades da nossa geração

---

[632] Em meu entender, sem, de qualquer forma, pretender esgotar as numerosas dificuldades que uma eventual aceitação da posição do tribunal francês suscitaria em direito português, questão que agora irá ser muito rapidamente abordada, penso que dois obstáculos impediriam a admissão de tal raciocínio. A primeira tem a ver com o facto de resolução da FIPOL não ter sido publicada no jornal oficial português. Assim, o tribunal em causa não poderia ter conhecimento da resolução por não publicada. Quanto ao facto de, na aplicação de um tratado dever ser tida em atenção a prática seguida na aplicação desse tratado (alínea b) do n.º 3 do artigo 3.º da Convenção de Viena do Direito dos Tratados, é duvidoso, considerando que os tribunais aqui em causa são chamados a aplicar o direito internacional público. Ora, normas sobre o âmbito do prejuízo indemnizável por danos causados no âmbito de relações jurídicas provindas da violação de normas relativas à responsabilidade civil extracontratual de direito interno, encontram-se fora de tal âmbito.

[633] Isto, em todo o caso, não significa afirmar e, menos ainda, aceitar a possibilidade das orientações do IOCPF/92, para além do âmbito interno respectivo, poderem ter qualquer efeito normativo. Aliás, o próprio IOCPF/92, cautelosamente, limita-se a aludir a uma atitude de «...ter em atenção...» as respectivas decisões.

[634] Ex artigo 31 da Convenção de Viena sobre o Direito dos Tratados

[635] Caso do projecto «Gbacíkovo – Nagymaros», entre a Hungria V/ Eslováquia, acórdão do Tribunal Internacional de Justiça de 25 de Setembro de 1997. Num juízo sobre a forma como os vários valores foram ponderados, notou-se que «...a decisão do Tribunal de respeitar o princípio "pacta sunt servanda", embora tomando em atenção exigências ambientais é correcta", MALGOSIA A. FITZMAURICE, *International Protection of the Environment, cit.*, "Recueil des Cours", *cit.*, pág. 384. De notar, em todo o caso, que no voto de vencido do Juiz Géza Herczegh foi defendido que os interesses em jogo não eram susceptíveis de serem colocados no mesmo plano. Com efeito, sustentou-se nesse voto de vencido, uns dos interesses em jogo eram de natureza financeira, outros relativos à «...salvaguarda do seu equilíbrio ecológico...». Ora, numa situação desse género, segundo o mencionado juiz, devia ser afirmada a regra *in dubio pro natura*.

perante as vindouras...», afirmando, assim, o princípio – cardinal no direito internacional do ambiente – da precaução, não deixou, já o vimos, de afirmar a supremacia, relativamente ao mesmo, dos «...princípios constitucionais da presunção de inocência da arguida».

58. O que precede, afirmado agora a partir de uma multiplicidade de horizontes normativos, confirma não serem os valores ambientais, ao menos tal como normativamente perspectivados no sistema CLC/IOPCFund, os únicos, actualmente, tidos em conta por esse conjunto de convenções internacionais. E o intérprete não poderá deixar de levar em atenção essa perspectiva, desde que, como é o caso, a mesma se encontre normativamente consagradas. Para além disso, ilustra ainda que a referida *public opinion*, de sentido ecológico, não constituiu impedimento a que, nas instâncias judiciais onde a questão surgiu, outras dimensões jurídicas do problema em causa permanecessem sem qualquer afirmação juridicamente relevante. E é tanto mais assim, quanto, e agora a partir de diferentes pontos de vista, foi afirmada a correcção de uma perspectiva que assume uma posição cautelosa perante uma qualquer tentativa de proceder a uma leitura de natureza exclusivamente ambiental da CLC/92 e da IOPCFund/92, ambas, mais acima, objecto da nossa atenção. Ou, se se preferir, a dimensão ambiental desses dois documentos, não obstante a sua relevância, não é a única a respeitar e a ter presente. Essa, de resto, perante o articulado das convenções em vigor, parece ser a situação actualmente vigente. Aliás, será sempre de acrescentar, os vários aumentos dos fundos destinados a proporcionar recursos para fazer face aos constantes acréscimos de pedidos por danos causados pela poluição devida por hidrocarbonetos, mostram a preocupação dos sistemas convencionais referidos em não perder de vista as instantes necessidades ressarcitórias a que estatutariamente devem fazer. Logo, ainda que indirectamente, a preocupação ambiental acaba por ser tida em consideração, ainda que subordinada a preocupações eminentemente marítimas.

Contudo, dever-se-á, talvez, acrescentar, é aceitável que a última palavra a este respeito pertença à jurisprudência. Pois não será tão razoável como desejável que à mesma, como instância reveladora, por excelência, em particular no campo do direito marítimo, de tendências que, posteriormente, poderão, vir a receber consagração legislativa, seja entregue, para não dizer confiado, tal encargo? Pois não será legítima a interrogação sobre se esta não será a mais célere e efectiva maneira de conseguir a adequação de todos os valores que haverá aqui que assegurar, para mais em tão delicada e sensível matéria?

BIBLIOGRAFIA

Alba Fernandez, Manuel – *Establishing Causation in Tort liability of classification societies,* "Il Diritto Marittimo", ano CVIII, págs. 339 e segts., 2006.

Allan, Stuart, Adam Barbara, Carter Cynthia – *The Media Poltics of Environmental Risk*, in Environmental Risk and The Media, London, 2000.

Alfonso-Luís Calvo Caravaca – *Comentário al Convenio de Bruselas relativo a la competência Judicial y a la Execucion de Resoluciones en Matéria Civil e Mercantil*, Universidade Carlos III, Madrid, 1994.

Almeida Alcides, Miranda Duarte – *Legislação Marítima anotada*, Almedina, Coimbra, 1971.

Anderson, Charles – *Recent Developments in the Exxon Valdez Case*, "Il Diritto Marittimo", XCVII, págs. 528 e segts.

Antunes Varela – *Direito das Obrigações, Vol. I, 9.ª edição*, Coimbra Editora, Coimbra, 1996.

Antunes Varela, Pires de Lima – *Código Civil Anotado,* Volume I, 4.ª edição, Coimbra Editora, Coimbra, 1987.

Antunes, José Engrácia – *Os Grupos de Sociedades, Estrutura e Organização Jurídica da Empresa Societária,* Almedida, 2.ª edição, Coimbra, 2002.

Aragão, Maria Alexandra de Sousa – *O princípio do poluidor-pagador*, Coimbra Editora, Coimbra, 1997.

Azevedo Matos – *Princípios de Direito Marítimo*, I, Ática, Lisboa, 1955.

Ballarino, Tito – *Questions de Droit International et Dommages Catastrophiques*, Recueil des Cours de L'Academie de Droit International, Tome 268.

Baptista Machado – *Lições de Direito Internacional Privado*, Almedina, Coimbra, 1985.

Basedow, Jürgen, Wolfgang Wurnmest, – *Responsabilidad de las Sociedades de Clasificación frente a terceros en el contexto de los accidentes de navegación*, in "Estudios sobre el Régimen de los vertidos de Buques en el Medio Marino", Dir. José Luis Meilan Gil, Thomson, Aranzadi, Navarra, 2006.

Baxi, Upendra – *Mass Torts, Multinational Enterprise Liability and Private International Law*, "Recueil des Cours de L'Academie de Droit Internationa", Vol. 276.

260 *Poluição Marítima por Hidrocarbonetos e Responsabilidade Civil*

BECK, Ulrich – *Politics of risk society* (ed. Jane Franklin), London, 1998.

BECK ULRICH, Joahnes Willms – *Conversations with Ulrich Beck*, London, 2004.

BEITZKE, Günther – *Les Obligations Délictuelles en Droit International Privé*, "Recueil des Cours de L'Academie de Droit International", Tome 115.

BERNHARDT Rudolf – *Interpretation in International Law*, in "Encyclopedia of Public International Law", ed. R. Bernhardt, North Holland, 1995.

BETTI, Emilio – *Diritto, Metodo, Ermeneutica*, Giuffrè, Milão, 1991.

BIRNIE PATRÍCIA, Alan Boyle, *Basic Documents on International Law and Environment*, Clarendon Press, Oxford, 1995.

BONASSIES, Pierre – *L'Affaire de L'Amoco Cadiz*, "Espaces et Ressources Maritimes, Económica", n.º 1, Paris, 1986.

— *Le Droit maritime classique et la securité des espaces maritimes,* "Espaces et Ressources Maritimes".

— *La Loi du Pavillon et les Conflits de Droit Maritime*, "Recueil des Cours de L'Academie de Droit International", Tome 268.

— Anotação *ao aresto de 23 de Novembro de 1993 do Tribunal de Comércio de Bordéus, (caso Heideberg)*, "Il Diritto Marittimo", ano XCV, (1993), págs, 1150 e segts., 2006.

BOUREL, Pierre – *Un nouveau Champ d'Exploration pour le Droit International Privé Conventionnel: Les Dommages causés á L'Environment*, "Mélanges Yves Loussouarn", Litec, Paris, 1994.

BOURGEOIS MARC, Marie-Claude Desrosier – *Le Droit Maritime*, Bruxelles, 2005.

BOYLE ALAN, Patricia Birnie – *Basic Documents on International Law and Environment*, Clarendon Press, Oxford, 1995.

BRANDÃO PROENÇA, José Carlos – *Ainda sobre o tratamento mais favorável dos lesados culpados no âmbito dos danos corporais por acidentes de viação*, "Estudos dedicados ao Prof. Doutor Mário Júlio de Almeida Costa", Lisboa, 2002.

— *A conduta do lesado como pressuposto e critério de imputação do dano extra-contratual Almedina, Coimbra*, 1998.

BRONZE, Fernando José – *Lições de Introdução ao Direito*, Almedina, Coimbra, 2.ª edição, 2006.

CARBONE, Sergio – *La Réglementation du Transport et du Trafic Maritimes dans le Developpement de la pratique Internationale,* "Recueil des Cours de L'Academie de Droit International", Tome 166.

CANOTILHO GOMES, Vital Moreira – *Constituição da República Anotada*, Coimbra Editora, Ld.ª, Coimbra, 1993.

CARBALO CALLERO, Torres Perez y Francisco Torres Pérez – *Aseguramiento de la responsabilidade civil por Contaminación Marina: la intervención de los Clubs de P & I*, in "Estudios sobre el Régimen de los vertidos de Buques en el Medio Marino", Dir. José Luis Meilan Gil, Thomson, Aranzadi, Navarra, 2006.

CARNEIRO DA FRADA – *Teoria da Confiança e Responsabilidade Civil*, Almedina, Coimbra, 2004.

CASSONI, Giuseppe – *Le droit international privé des groupes de societés. L'exemple italien pourrait devenir um modèle?*, "Revue Critique de Droit International Privé", 1986.

CATALA, Pierre – *La Nature Juridique des Fonds de Limitation*, anotação ao acórdão da Cour de Cassation (Chambre Commerciale), de 10 de Julho de 1990, "Mélanges Jean Derruppé".

CASTANHEIRA NEVES, A. – *Nótula a Propósito do Estudo sobre a Responsabilidade Civil de Guilherme Moreira*, "Digesta, Escritos acerca do Direito, do Pensamento Jurídico, da sua Metodologia e Outros", Volume 1.º, Coimbra Editora, Coimbra, 1995.

CHESCHIRE & NORTH – *Private International Law*, Butterworth, Londres, 1987.

COMENALE, Pinto Michele – *La responsabilità per inquinamenti da idrocarburi nel sistema della CLC*, Cedam Pádua, 1993.

CORDEIRO, Menezes – *Tutela do Ambiente e Direito Civil, in* "Direito do Ambiente", Lisboa, 1994.

    — *O levantamento da Personalidade Colectiva*, Almedina, Coimbra, 1994.

    — *Da Boa Fé em Direito Civil*, Almedina, Coimbra, 1984.

    — *Tratado de Direito Civil Português, I, Tomo III*, Almedina, Coimbra, 2004.

CORDEIRO, Pedro – *A Desconsideração da Personalidade das Sociedades*. Lisboa, 1989.

CORELL, Hans – *The Law of the Sea*, in "The IOPC Fund'25 years of compensation victims of oil incidents", London, 2003.

COSTA GOMES, Manuel Januário – *Assunção Fidejussória de Dívida*, Coimbra, Almedina, 2004.

    — *Leis Marítimas*, Coimbra, 1.ª edição, Almedina, 2004; 2.ª edição, Coimbra 2007.

COUTINHO DE ABREU, Jorge – *Da Empresarialidade*. Almedina, Coimbra, 1996

CRIFÒ, Giuliano – D*anno. Premessa storica*, "Enciclopedia Dell Diritto", Milão, 1962, Volume XI.

DE LA RUE, Trotz, *Admissbility and assesment of claims for pollution damage*, in "Il Diritto Marittimo" XCVI, 1994

DE YTURRIAGA, José António – *Regional Convention on the Protection of the Marine Environment*, "Recueil des Cours", Volume 162.

DESPAX, Michel – *Droit de L' Environment, Litec*, Paris, 1980.

DESROSIER MARIE-CLAUDE, Marc Bourgeois – *Le Droit Maritime*, Bruxelles, 2005

DIEZ-PICAZO, Luis – *Fundamentos del Derecho Patrimonial, II, Las Relaciones Obligatorias*, Civitas, Madrid, 1993.

DONATI, Antígono, *Assicurazione Marittime e Aeronautiche*, "Enciclopedia del Diritto", III, Giuffrè, Milão, 1958.

Du Pontavice Emmanuel, René Rodière – *Droit Maritime*, 11.ª edição, Dalloz, Paris, 1991.

Du Pontavice Emmanuel – *L'Apport du Procés de L'Amoco Cadiz,* in "Le droit de L'environment marin, developpements récents", Economica, Paris, 1988

Dupuy, Pierre-Marie – *The Preservation of Marine Environment* in Dupuy--Vignes, Handbook of the New Law of the Sea, Martinus Nijhoff Publishers, The Hague/Boston/London, Hague/Boston/London, 2000.

Elwan, Olmaia – *La Loi Aplicable á la Garantie á Premiére Demande*, "Recueil des Cours de L'Academie de Droit International", Tome 275.

Enriquez, Sofia – *Abandono Liberatório de Navio: Garantia Especial das Obrigações?*, Relatório de Mestrado. Faculdade de Direito da Universidade de Lisboa, 2002.

Fach Gómez, Katia – *La Contaminación Transfronteriza en Derecho Internacional Privado*, Bosch, Barcelona, 2002.

Ferrari Bravo, Luigi – *Les rapports entre Contrats et Obligations Délictuelles en Droit International Privé, Récueil des Cours*, "Recueil des Cours de L'Academie de Droit International", Tome 146.

Ferrarini, Sergio – *Le Assicurazione Marittime*, Giuffrè, Milão, 1981.

Fitzmaurice Malgosia – *International Protection of the environment*, "Recueil des Cours", Volume 293.

Francioni Francesco – *La Conservation et gestion des ressources de L'Antartique*, "Recueil des Cours", volume 260.

Frederico Martins, *Direito Comercial Marítimo*, Livraria J. C. Rodrigues & C.ª, Lisboa, 1935.

Garcia-Pita y Lastres, Jose Luís – *Aspectos Jurídicos Mercantis da Llamada «responsabilidade civil», por daños en el sinistro del Prestige*, in "Estudios sobre el Régimen de los vertidos de Buque en el Medio Marino", Dir. José Luis Meilan Gil, Thomson, Aranzadi Navarra, 2006.

Gonzalez Campos, Julio – *Les Liens entre Copetence Judiciaire et Competence Legislativ en International Privé, Récueil des Cours*, "Recueil des Cours de L'Academie de Droit International", Tome 156.

Griggs, Patrick – *Places of Refugee*, "Il Diritto Marittimo", 2003.

Gundling, Othmar – *The Amoco Cadiz Incident*, in "Encyclopedia of Public International Law", ed. R. Bernhardt, North Holland, Vol. I, 1992.

Heredia, José Manuel Sobrino – *L'Affaire du Prestige: Cadre Juridique Communautaire*, in "L'Europe et la mer", Bruylant, Brruxelles, 2005.

Gadamer, Hans Georg – *Vérite et Methode*, Seuil, Paris, 1996.

Hassemer, Wienfried – *Sistema Juridico e codificação: a vinculação do juiz à lei*, "Introdução à Teoria do Direito Contemporâneo", Edição Fundação Calouste Gulbenkian, Lisboa 2002.

Heidegger, Martin – *Être et Temps*, Gallimard, Paris, 1986.

IVALDI, Paola – *Wilful Misconduct e Colpa Grave Tra Diritto Internazionale e Diritto Interno*, "Rivista di Diritto Internazionale Privato e Processuale", Ano XXII.

JAYME, Erik – *Identité Culturelle et Integration: Le Droit International Privé Post-Moderne, Environmental Damage in Private International Law*, "Recueil des Cours de L'Academie de Droit International", Tome 251.

JÜNGER, Friedrich – *General Course of Private International Law*, "Recueil des Cours", Vol. 193.

LANGAVANT, Emmanuel – *Droit de la Mer*, Paris, 1979.

KOH, Harold – *International Business Transactions in United States Courts, Recueil des Cours*, Vol. 261.

LARENZ, Kart – *Metodología da Ciência do Direito*, Tradução da 2.ª edição alemã, Fundação Calouste Gulbenkian, Lisboa, 1978.

LIMA PINHEIRO, Luís – *Direito Internacional Privado*, Volume II, Almedina, Coimbra, 2002.

LOPEZ SUÁREZ MARCOS – *El abandono y la renuncia al derecho de propriedade en relación con La carga hundida como consequência de un naufrágio*, in "Estudios sobre el Régimen de los vertidos de Buque en el Medio Marino", Dir. José Luis Meilan Gil, Thomson, Aranzadi, Navarra, 2006.

LOWENFELD, Andreas – *International Litigation and the Quest for Reasonableness*, "Recueil des Cours de L'Academie de Droit International", Tome 245.

LUCCHINI, Laurent – *Le Procés de L'Amoco Cadiz: présent et voies du futur* in Anuaire Français de Droit, Paris, 1985.

LUPONE, Angela – *Confliti di Leggi e di Giurisdizione nella Diciplina Statunitense e Comunitaria Della Responsabilita del Produtore*, Comunicazioni e Studi, Giuffrè, Milão, 1985.

M'GONIGLE, Michael e Mark Zacher – *Pollution, Politics and International law, Tankers at Sea*, University of California Press, Berkeley, London, 1970.

MAGALHÃES Collaço, Isabel Maria – *Problemas Jurídicos no Domínio do Risco Nuclear*, Lisboa.

MANUEL DE ANDRADE – *Teoria Geral do Direito Civil*, Coimbra, 1960.

MARQUES DOS SANTOS, António – *As normas de Aplicação Imediata no Direito Internacional Privado*, Almedina, Coimbra, 1991.

MARQUES DOS SANTOS, António – *Direito Internacional Privado*, I volume, Lisboa, 2001.

MARQUES DOS SANTOS, António – *Breves Notas sobre o Direito Internacional Privado do Ambiente*, "Estudos em Homenagem ao Professor Doutor Jorge Ribeiro de Faria", Coimbra Editora, Coimbra, 2003.

MENEZES LEITÃO – *Direito das Obrigações*, Volume I, 4.ª edição, Almedina, Coimbra, 2005.

MENSAH, Thomas – *The IOPC Funds: how it all started,* in "The IOPC Fund'25 years of compensation victims of oil incidents", London, 2003.

MIGUEL PERALES, Carlos – *La Responsabilidad Civil por danos al Medio Ambiente,* Civitas, Madrid, 1997.

MIRANDA DUARTE, Alcides Almeida – *Legislação Marítima anotada,* Almedina, Coimbra, 1971.

MOREIRA, Guilherme – *Estudo sobre a Responsabilidade Civil,* Boletim da Faculdade de Direito de Coimbra, 1977.

MIRANDA BARBOSA, Mafalda – *Liberdade VS/Responsabilidade,* Coimbra, Almedina, 2006.

MOREIRA, Vital e Gomes Canotilho – *Constituição da República anotada,* Coimbra Editora, Ld.ª, Coimbra, 1993.

MONTEIRO, Sinde – *Protecção dos Interesses Económicos na Responsabilidade Civil por Dano Ambiental,* in "A Tutela Jurídica do Meio Ambiente", Coimbra Editora, Coimbra, 2005.

— *Responsabilidade por Conselhos, Recomendações ou Informações,* Almedina, Coimbra, 1989.

MOTA PINTO, Carlos – *Cessão da Posição Contratual, Atlântida,* Coimbra, 1970.

O'CONNELL – *The International law of the Sea,* Clarendon Press, Oxford, 1982.

PEREIRA COELHO – *O problema da Causa Virtual,* Almedina, (reedição), Coimbra 1998.

PIRES DE LIMA, Antunes Varela, *Código Civil Anotado,* Volume I, 4.ª edição, Coimbra Editora, Coimbra, 1987.

POLLASTRINI, Raimondo, – *I Porti Rifugio,* "Il Diritto Marittimo", 2003.

QUÉNUDEC, Jean Pierre – *Conventions Maritimes Internationales,* Éditions Pedone, Paris, 1979.

QUÉNUDEC, Jean Pierre – *La Notion d'État interessé en Droit International,* Recueil des Cours, vol. 255.

RAPOSO, Mário – *Responsabilidade extra contratual das sociedades de classificação de navios,* Universidade do Minho, Braga, 2002.

— *Sobre o Contrato de Transporte de Mercadorias por Mar,* BMJ, 376, (1988).

— *Seguros Responsabilidade civil dos I & P Clubs,* "Colectânea de Jurisprudência", 1984, II, págs. 24 e 25.

— *Os P&I Clubs e o problema da acção directa,* "Estudos sobre o Novo Direito Marítimo", Coimbra Editora, Coimbra, 1999.

REMOND-GOUILLOUD, Martine – *La Mer, Droits des Hommes ou Proie des États,* René Rodière, Pedone, Paris, 1980.

— *Doit Maritime,* Pedone, Paris, 1998.

RIBEIRO DE FARIA, Jorge, *Direito das Obrigações,* Almedina, Coimbra, 1990.

ROBIN, Cécile – *La Comune de Mesquer encore deboutée: un nouvel échec dans l'application Du principe polluer-payeur, Journal dês accidents et des catastrophes,* 25, http://www.iutcolmar. Uha.fr/internet/recherché/Jcerdacc

RODIÈRE, René – *Traité General de Droit Maritime, Introduction, L'Armement,* Dalloz, Paris, 1976.

— *Traité General de Droit Maritime, Les Assurances Maritimes,* Dalloz, Paris, 1976.

— *Le Navire,* Dalloz, Paris, 1980.

RODIÈRE RENÉ, Emmanuel du Pontavice – *Droit Maritime,* 11.ª edição, Dalloz, Paris, 1991.

RODIÈRE, Renè/Martine Remond – Gouilloud, *La Mer, Droits des Hommes ou Proie des États,* Pedone, Paris, 1980.

RODRIGUEZ DOCAMPO, Maria José – *La Obligacion de Indemnizar del Propietario del Buque,* Tirant lo Blach, Valência, 2003.

ROSE, Hilary – *Trust and Scepticism in the new ages of the New genetics,* in "The Risk Society and beyond", Edit. Barbara Adam, Ulrich Beck and Joost Van Loon, London, 2002.

ROUART, Jean-Serge – *L'Application des critéres du Fonds sur L' admissibilité des Demandes: L'exemple de L'Erika,* www.comitemaritime.org./year/2003

RUIZ, José Juste – *El acidente del Prestige y el Derecho Internacional: de la prevencion falida a la reparacion insuficiente,* "Revista Española de Derecho Internacional", Vol, LV, 2003.

SALVI, César – *Responsabilità extracontratuale,* "Enciclopedia Del Diritto", Milão, 1988, Volume XXXIX.

SARAIVA, Rute – *Direito Internacional Privado, Responsabilidade e Ambiente,* "Estudos em memória do Professor Doutor António Marques dos Santos", I, Coimbra, 2005.

SCHÄFER, Ott – *Manual de Análisis Económico del Derecho Civil,* Civitas, Madrid, 1986.

SCHMIDT, Luísa – *Sociologia do ambiente: genealogia de uma dupla emergência,* "Análise Social", Lisboa, n.º 150, 1999.

SEIBT Cristoph – *Zivil Rechtlicher Ausgleich, Ökologischer Schäden,* Tubingen, 1994.

SOUSA RIBEIRO, Joaquim – *O ónus da prova da culpa na responsabilidade civil por acidente de viação,* "Estudos em homenagem ao Prof. Doutor J. J. Teixeira Ribeiro", II Coimbra, 1979.

SIERH, Kurt – *Traffics Accidents, Transnational Torts Litigation : jurisdictional principles,* Ed. Campbell McMachlan and Peter North, Clarendon Press Oxford, 1996.

STOLL, Hans – *Zweispurige Anknüpfung von Verschuldens und Gefahrdunungs im Internationales Deliktes Recht?,* "Festschrift für Murad Ferid", C.H. Beck, München, 1978.

TETLEY William – *Maritime Law as Mixed Law Sisytem* (1999)23, Tulane Maritime Law Journal, 317, consultado em www.mcgill.ca.maritimelaw.

TIMAGENIS, Gregorios – *International Control of Marine Pollution*, Oceana Publications, Inc., Dobbs Ferry, Sitjhoff & Noordhooff International Publishers, 1980.

TREVIRANUS, Hans Dietrich – *Preamble*, in "Encyclopedia of Public International Law", ed. R. Bernhardt, North Holland, 1997.

TRIMARCHI, Pietro – *Sulla Responsabilità dell Terzo per Pregiudizio al Diritto di Crédito*, "Studi in Memoria di Giacomo Delitala", III, Giuffre, Milão, 1984

TROTZ e De la Rue, *Admissbility and assesment of claims for pollution damage*, "Il Diritto Marittimo", XCVI, 1994.

VAN HOOYDONK, Eric – *The Obligation to Offer a Place of Refugee to a Ship in distress*, Comite Maritime Internacional Yearbook, 2003, www.comitemaritime,org/year/2003.

VON BAR, Christian – *Environmental Damage in Private International Law*, "Recueil des Cours de L'Academie de Droit International", Tome 268.

VIALE MIRELLA – *Inquinamento marítimo e damni ressarcibili*, "Il Diritto Maritimo", Ano CXI.

VIEGAS CALÇADA, António –*Das Cauções*, 1932, Esc. Tipográficas das Oficinas de S. José, Lisboa.

VINCENT-LEGOUX, Marie-Caroline – *L'Ordre Public Écologique en Droit Interne*, in "L'Ordre Public Écologique", Bruylant, Bruxelles, 2005.

ZACHER MARK, MICHAEL, M'Gonigle – *Pollution, Politics and International law, Tankers at Sea*, University of California Press, Berkeley, London, 1970.

WENGLER, Wilhelm – *A responsabilidade por facto ilícito em direito internacional privado*, Centro de Estudos de Direito Comparado da Faculdade de Direito da Universidade de Coimbra, Estudos e Monografias, VII, 1974.

WILLMS, JOAHNES, Ulrich Beck – *Conversations with Ulrich Beck*, London, 2004.

WOLFRUM Rüdiger – *Liability for Environmental Damage. A means to enforce environmental Standards, in Standards in "International Law, Theory and Practice*, "Essays in Honour of Eric Suy", Edited by Karel Wellens, Hague, Boston, London, 1998.

— *Means for insuring compliance with and Enforcement of International Environmental law*, "Recueil des Cours", Vol. 272, pág. 83.

WU CHAO – *La Pollution du Fait du Transport Maritime des Hydrocarbures. Responsabilité et Indemnisation*, Monaco, 1994.

WURNMEST, WOLFGANG, Jürgen Basedow – *Responsabilidad de las Sociedades de Classificacion frente a terceros en el contexto de los accidentes de navegació*n, in "Estudios sobre el Régimen de los vertidos de Buque en el Medio Marino", Dir. José Luis Meilan Gil, Thomson, Aranzadi, Navarra, 2006.

ÍNDICE

AGRADECIMENTOS 7

CAPÍTULO I
Introdução

1. Génese da convenção de Londres de 27 de Novembro de 1992.. 9
2. Poluição marítima e sociedade de risco.................................... 11
3. Dano por poluição e responsabilidade civil 17
4. Génese e evolução do sistema convencional 19
5. *Idem*. Convenções não indemnizatórias................................... 21
6. *Idem*. Convenções ressarcitórias 22

CAPÍTULO II
Natureza jurídica da CLC 1969/92

7. Considerações metodológicas 29
8. Noção de convenção ambiental.. 32
9. Noção de convenção ambiental e meio ambiente...................... 34
10. Análise da jurisprudência relevante 44
11. Equidade 50
12. O princípio poluidor pagador.. 52
13. Observações finais 55

268 *Poluição Marítima por Hidrocarbonetos e Responsabilidade Civil*

CAPÍTULO III
Responsabilidade civil e CLC/92

§ 1.º
A responsabilidade civil do proprietário do navio 57

14. Facto lesivo: derramamento de hidrocarbonetos 57
15. Contaminação: a jurisprudência constituída 61
16. *Excursus* 69
17. A contaminação: critérios legais 77
18. Responsabilização do proprietário do navio 80
19. *Excursus*. A ideia de comunidade marítima 88
20. Causas de exclusão de responsabilidade 91
21. A regra da canalização da responsabilidade civil 99
22. A temática dos portos de refúgio. Aspectos de direito público.... 108
23. A temática dos portos de refúgio. Aspectos de direito privado.... 111
24. Dogmática da responsabilidade civil e actividades perigosas 118
25. Desoneração do proprietário; causa virtual 120
26. Posições doutrinárias 128
27. Continuação. A doutrina portuguesa 130
28. Jurisprudência portuguesa 132
29. Obrigações *ex lege* 133

§ 2.º
A responsabilidade civil das sociedades classificadoras de navios 136

§ 3.º
A responsabilidade civil do capitão do navio 143

CAPÍTULO IV
A indemnização dos danos

30. Aspectos gerais 147
31. Canalização e fundo de limitação 148
32. Aspectos gerais do fundo de limitação 151
33. Composição do fundo de limitação 154
34. Questões processuais 156
35. Natureza jurídica do fundo de limitação 160

Índice 269

36. Concurso de credores 163
37. A questão da acção directa 167
38. P&I Clubs *(Protection & Indemnity Clubs)* 171
39. Propriedade dos bens constitutivos do fundo de limitação 177
40. Continuação; penhora do remanescente 179
41. Sentido geral da indemnização proporcionada pelo IOPCF 181
42. Complementos de indemnização 185
43. Embarcações não identificadas 189
44. Convenção do *Supplementary Fund* 190

CAPÍTULO V
Aspectos de Direito Internacional Privado

45. Observações introdutórias 193
46. *Lex loci delicti* 196
47. *Favor laesi* 199
48. Carácter facultativo da norma de conflito; a vontade das partes .. 202
49. Grupos de Sociedades, salvação e assistência, subrogação e acção directa 210
50. Lei da bandeira 223
51. Correlação entre o foro e o *jus* 226
52. *Specific jurisdiction* 233
53. *Specific jurisdiction*. O problema à luz da CLC/92 239
54. Observações conclusivas 242

CAPÍTULO VI
Conclusão. Perspectivas de futuro

55. Observações Gerais 245
56. CLC e Convenção das Nações Unidas do Direito de Mar 248
57. *Duplex Interpretatio* 252
58. Palavras Finais 258

BIBLIOGRAFIA 259

ÍNDICE 267